tunritha
häxen haghetissen
zunrite
HEXE hekse wicca
xorguina
hexse hagazussa indivina
stregha malefica
sorciere
bruja

witch

lamia

maga
hägs

Frauen, die hexen

Colette Piat

Frauen, die hexen

Aus dem Französischen und mit einem
systematischen Nachwort versehen
von Hildegard Gerlach,
mit einer Einführung von Günther Mahal
und 57 Abbildungen

Eulen Verlag

Vorderseite: Die Wetterhexen. Gemälde von Hans Baldung Grien, 1523. Städelsches Kunstinstitut, Frankfurt a. M.
Rückseite: Der Flug auf der Ofengabel, nach Molitor, 1489

Erbprinzenstraße 2 a
Gestaltung: Michael Wiesinger
Printed in Germany

ISBN 3-89102-104-6

Inhalt

Zur Einführung

Hexen haben Konjunktur

Kein Zweifel – die Hexen haben Konjunktur. Der „Spiegel" befaßt sich ausführlich und bebildert mit einer nicht mehr ganz neuen, dafür energisch monokausalen Forschungsthese; eine eher fade Fernsehreportage über ebenso törichte wie lukrative Hexerei versteht es, die termingerecht desinformierten Gläubigen wider das vermutete Böse und für die Einschaltquoten Propaganda laufen zu lassen; die Berliner Frauenkneipe „Blocksberg" kehrt mit harschem Besen durstige Männer von der Theke; immer mehr Frauen wollen sich in einem früheren Leben mit roten Haaren und auf dem Scheiterhaufen wiederentdeckt haben; Hexenclubs mit bühnenreifer Choreographie und von sinistrer Exklusivität haben lange Wartelisten; folgerichtig nehmen sich alerte Reklamemanager des diabolischen Flairs an, das mit dem Rüchlein des Verbotenen und Abseitigen zu werben erlaubt; stoffreiche und aktivistische Ausstellungen über das Hexen-Thema ziehen Tausende an; ernsthafte Verleger und okkultistische Geschäftemacher füllen die Auftragsbücher; Universitätsveranstaltungen zur Hexen-Problematik verzeichnen gesteigerten Lerneifer; Wicca-Riten und satanistische Mysterien avancieren in ihrer Eigendarstellung zu Pforten der Selbstbefreiung – die Reihe der Varianten ist länger, als sie lohnt.

In einer Zeit, in der seitens der katholischen Kirche der Teufel das eine Mal abgeschafft und dann wieder glorios restituiert wird, in der schwindende Religiosität ein Vakuum für Erstzformen schafft; in einer Ära, in der die Technikgläubigkeit regierungsamtlich verordnet, verkabelt und computerisiert wird; in einer Epoche, die den faszinos grünschimmernden Berechenbarkeiten immer weniger traut – in den Jahren also um 1984 haben es die Hexen-Parolen nicht schwer, modisch verbraten und gierig geglaubt zu werden. Auf ihre noch nicht einmal sehr umwegige Weise ist die Renaissance eines überaus polymorphen Hexentums eine hausgemachte Antwort auf Fragen, die von den bislang zuständigen Institutionen nicht mehr gelöst oder nicht einmal angegangen werden.

Abergläubisches Treiben, Selbsttraumatisierung, intellektuelles Ausklinken, Gruselsucht im gedankenlos-gefahrfreien Raum aufgeklärter Absicherung, der Hypnose oder den Drogen verdankte Flugimaginationen, auffallenssüchtige baisse couture, wollüstig provozierende Exzentrik, dümmlicher Mummenschanz, viel Ernsthaftigkeiten neben halbseidenem Schnickschnack – all diese Momente (und einige mehr) formieren das Hexenbild und die Hexenpositur unserer Tage, die als einheitlich und eindeutig zu bezeichnen mehr als naiv wäre. Hexe ist nicht gleich Hexe: die Skala reicht von der dumpf erlittenen Selbstquälerei bis zur kichernd-glitzernden Schickeria; begleitet von einem Wortgebrauch, der nur noch vagen Kitzel verspürt, und überzuckert von allerhand appetitlichen Hexlein, die auf ihren Kosenamen kommoder reiten als auf den weiland Besen ...

Eindeutig jedoch und von grauser Uniformität ist jener geschichtliche Abschnitt einer unsäglichen Barbarei, der aufgrund einer päpstlichen Ermunterung und nach einer penibel perfektionierten ‚Betriebsanleitung' von der Schwelle zur Neuzeit und bis weit herauf ins 18. Jahrhundert zwei oder fünf oder sechs Millionen Frauen das Leben kostete; man sollte hier nicht lange über Zahlen streiten, die im übrigen nie werden exakt ermittelt werden können. Fest steht, daß zwei oder fünf oder sechs Millionen Frauen zuviel mit Fragen und Folterwerkzeugen gepeinigt und umgebracht wurden – auf Geheiß und von Männern der Kirche, deren Verirrung so weit ging, daß sie an das Heilsförderliche ihrer Massaker glauben mochten. Für die auftragsgemäß eifrigen Gottesstreiter waren die Hexen Buhlinnen des Teufels, Schädigerinnen, Unruheherde, deren menschenfeindliches und widergöttliches Trachten vor allem nach einer Sinnlichkeit stand, die in sexuellen

Perversionen sich auszumalen die gestählte Frömmigkeit der Dominikaner-Inquisitoren offenbar keineswegs überforderte. Das müssen schon harte und aufopferungsfreudige Burschen gewesen sein, die Tag für Tag das Flehen und die Schreie, das Blut und den Leichengeruch überstanden ...

Die „klassische" Hexe ist eine aus den windigsten Gründen denunzierte Frau; sie ist eine als Feindin angesehene Projektionsgestalt für religiöse Obsessionen und Machträusche; sie wird psychoterroristisch exploriert und gebrochen; sie wird mit tödlich funktionierendem Aberwitz ausgerottet. Der Sadismus und die Bestialität, die dabei – juristisch ausgeklügelt, mit den demütigendsten Körperprüfverfahren und mit vernebelndem Weihrauch – zum Austrag kommen, bringen für die einmal angeklagten Frauen automatisch die irdisch vorweggenommene Apokalypse. Daß Kepler seine Mutter retten konnte, bedeutet eine Mischung aus Wunder und Opportunität. Millionen anderer Frauen hatten keine berühmten Söhne.

Eines freilich wurde lange übersehen: Die „Hexenbulle" des Papstes Innozenz VIII. (1484) und der verräterisch genug betitelte „Hexenhammer" seiner „geliebten Söhne" Sprenger und Institoris (1487) – beide gründliche Deutsche – fingen bei ihrer Hexenhysterie keineswegs bei einem Punkte Null an. Sie konnten an Vorstellungsmuster, Vorurteilssyndrome und Klappmessermechanismen anknüpfen, die das Mittelalter über ausgebildet worden waren und die bis in (nicht nur) germanische Zeiten zurückreichten. Die Herren in den Soutanen werden durch derlei Genealogien keineswegs entlastet; ihr monströses Verdienst bleibt es, unter christlichem Vorzeichen ein auswegloses Verfahren erteufelt und einen jahrhundertelangen Massenmord als Heilswerk gerechtfertigt zu haben.

Erst die Wissenschaftler des 20. Jahrhunderts haben die frühen Unheilsstränge der „Hexen"-Verfolgungen in den Blick gebracht; ebenso die durch und durch positiven, anerkannten und selbstbewußten Frühformen der Göttinnen, der Seherinnen, der weisen Frauen und anderer dominanter Vertreterinnen einer matriarchal geprägten Wissens- und Wirkensfülle. (Weiß man noch, daß in „dominant" das Wort „domina" steckt; auch, was hieraus zu schließen sei?)

Neben anderem wird auch über diese Frühstufen und ihre Filiationen in Hildegard Gerlachs Nachwort systematisch die Rede sein – von einer ausgewiesenen Kennerin der Hexenproblematik; sie erweitert sowohl geographisch als auch historisch Colette Piats ausschließlich mit französischem Material arbeitendes Buch. Dieses Buch ist wissenschaftlich recherchiert, und es geht in seinen ersten Kapiteln hinter das späte 15. Jahrhundert mit seiner kirchlich-blutigen Initiation der Hexenverfolgungen zurück. Bei allem narrativ-szenischen Sachbuch-Charakter aber: Colette Piat hat ein ungemein persönliches Buch geschrieben, engagiert, parteinehmend, aus der Nahperspektive betroffenen Abscheus vor dem schauerlichsten Männlichkeitswahn aller Geschichte.

Die Hexen haben Konjunktur. In Colette Piats faktentreuem Plädoyer und in Hildegard Gerlachs souveräner Aufarbeitung eines Stammbaums mit vielen Wurzeln und noch mehr Ästen liegt keine billige Konjunkturreiterei vor, vielmehr Aufklärung im strengsten Sinn.

Dr. habil. Günther Mahal,
Wissenschaftlicher Leiter des
Faust-Museums Knittlingen

Erstes Kapitel

Der Hexenhammer

Es war an einem Januarmorgen des Jahres 1487. In dicken Flocken fiel der Schnee in die Gassen Straßburgs; es war bitterkalt, nur einige Kinder spielten draußen, hinter den Fenstern waren Frauen beim Wollespinnen zu sehen; ein Rabbiner eilte, weit vom Judenviertel entfernt, dicht an den Mauern entlang. Es waren nur wenige Menschen unterwegs – lediglich in einer engen Gasse, wo es selbst an Markttagen ruhig war, herrschte lebhafter Betrieb: vor der Werkstatt des Buchdrukkers Johann Prüß des Älteren waren die Gesellen gerade dabei, Stapel von bedrucktem Papier auf Karren zu laden, weiße, gut verschnürte Blätter, die von den Autoren nochmals gelesen und von Meister Johann Prüß sorgfältig korrigiert waren.

Als Bücher sollten sie bald unter dem Titel *Malleus maleficarum (Der Hexenhammer)* in ganz Europa Gedanken des Hasses verbreiten. Danach würden für mehrere Jahrhunderte die Scheiterhaufen auflodern. Die Verfasser dieses entsetzlichen Buches hießen Jakob Sprenger und Heinrich Institoris; beide gehörten dem Dominikanerorden an und waren im Auftrag der Römischen Inquisition in den westlichen Gebieten des Reiches unterwegs. Zwei Männer, von denen Heinrich Institoris vermutlich den Hauptanteil an dem Werk hatte; auf jeden Fall aber zwei Inquisitoren, die nach Aussage zeitgenössischer Chronisten vor Glaubenseifer glühten und in Wort und Schrift für die christliche Religion kämpften. Der „Hexenhammer“ sollte ihre beste Waffe in diesem Kampf werden.

Warum aber ist nur von Hexen die Rede und nicht von Hexern? Das ist nicht willkürlich, denn in diesem blutrünstigen

Werk, das zum Handbuch der Verfolgung werden sollte, erklären Sprenger und Institoris ganz eindeutig: „Man sage *Ketzerei der Hexen* und niemals der Hexenmeister – diese letzteren sind nicht von großer Bedeutung." Das war eine Formulierung, die Schule machte, später – unter Ludwig XIII. – wiederaufgegriffen wurde und von Jules Michelet zitiert wird: „Auf einen Zauberer kommen zehntausend Zauberinnen ..."

Geschichtsschreibung ist niemals objektiv; sie bietet heute für das Phänomen Hexenverfolgung verschiedene Erklärungen an, die sich je nach Autor unterscheiden: Der Frauenfeind beschuldigt die Frau, der Ungläubige klagt die Kirche an, der Schwärmer spricht von zauberischen Feen, der Marxist macht eine ungerechte Gesellschaftsordnung verantwortlich, in der die zins- und fronpflichtige Leibeigene, auf der untersten Stufe stehend, es müde ist, zu einem Gott zu beten, der ihr doch nie zur Hilfe kommt. Doch bei jedem der geschilderten Fälle wird sich zeigen, daß an jedem dieser Deutungsversuche etwas Wahres ist.

Es wäre Wahnsinn, die Geschichte aller Hexen erzählen zu wollen. In Frankreich etwa gibt es außer Jeanne d'Arc, der kleinen Jeanne aus Domrémy, die wegen Tragens von Männerkleidern verbrannt wurde, eine Heerschar einfacher, unbekannter Frauen, die man ins Gefängnis, auf die Folter und zum Scheiterhaufen zerrte: Frauen, die nicht schreiben konnten, die den vornehmen Richtern in Barett und Hermelin weder bildungsmäßig gewachsen waren noch die physische Kraft besaßen, den Verhören zu widerstehen. Die Prozesse haben kaum Spuren von ihnen hinterlassen, denn im allgemeinen wurden die Gerichtsprotokolle zusammen mit den Verurteilten auf dem Scheiterhaufen verbrannt. So bleiben nur die Schriften der Hexenjäger selbst.

Genannt seien hier einige Namen, die uns wiederbegegnen werden: da sind Jean Bodin, der Schinder Lothringens – Henri Boguet, der im französischen Juragebiet wütete – Philippe de Lancre, der sich aufs Baskenland stürzte; alle diese dämonischen Hexenverfolger waren ebenso gefürchtet wegen ihrer Schriften wie auch wegen der Unbekümmertheit, mit der sie Menschen auf den Scheiterhaufen brachten. Schließlich Ja-

Das Treiben der Hexen und Zauberer.
Holzschnitt aus dem „Layenspiegel“ des Landvogts Ulrich Tengler, 1509.

kob Sprenger und Heinrich Institoris, die Autoren des berüchtigten „Hexenhammers“, der für die Hexenprozesse das war, was das Strafgesetzbuch für unsere moderne Gerichtsbarkeit ist. Dieses Brevier der Inquisition war im damals seltenen Kleinoktav-Format gedruckt, damit der Richter es in der Tasche tragen konnte. „Es wäre nicht passend gewesen“, schreibt der französische Historiker Jules Michelet (1798–1874), „hätte der in Verlegenheit gesetzte Richter während der Sitzung auf dem Tisch einen Folianten geöffnet; er konnte ungezwungen mit einem Auge hinblicken und unter dem Tisch in seinem Handbuch der Dummheit nachsehen.“

In immer neuen Auflagen wurde der berühmte „Hexenhammer“ leider zu einem großen Bucherfolg, vor allem in den Gebieten, in denen die Verfolgung am blutigsten wütete. Die Autoren forderten, daß die weltlichen Gerichte die Inquisition bei ihrem Kampf gegen die Hexen unterstützen mußten; tatsächlich geschah dies mit wachsender Grausamkeit. Heute macht die Lektüre des „Hexenhammers“ betroffen, man steht fassungslos vor so viel Menschenverachtung und Dummheit, wie sie hier Seite für Seite vorgetragen werden.

„Weil noch in den jetzigen Zeiten“, schreibt Sprenger beispielsweise, „die Ruchlosigkeit der Hexerei mehr unter den Weibern als unter den Männern sich findet, wie die Erfahrung selbst lehrt, können wir bei genauer Prüfung der Ursache über das Vorausgeschickte hinaus sagen, daß, da sie in allen Kräften, der Seele wie des Leibes, mangelhaft sind, es kein Wunder ist, wenn sie gegen die, mit denen sie wetteifern, mehr Schandtaten geschehen lassen. Denn was den Verstand betrifft, oder das Verstehen geistiger Dinge, scheinen sie von anderer Art zu sein als die Männer, worauf Autoritäten, Verstand und verschiedene Beispiele in der Schrift hindeuten. *Terentius* sagt: ‚Die Weiber sind leichten Verstandes, fast wie Knaben‘; und *Lactantius, Institutiones 3* sagt, niemals habe ein Weib Philosophie verstanden, außer Temeste; und *Sprüche 11* heißt es, gleichsam das Weib beschreibend: ‚Ein schönes und zuchtloses Weib ist wie ein goldner Reif in der Nase der Sau‘. Der Grund ist ein von der Natur entnommener: weil es fleischlicher gesinnt ist als der Mann, wie es aus den vielen fleischlichen Unflätereien ersichtlich ist. Diese Mängel werden auch gekennzeichnet bei der Schaffung des ersten Weibes, indem sie aus einer krummen Rippe gleichsam dem Mann entgegengeneigt ist. Aus diesem Mangel geht auch hervor, daß, da das Weib nur ein unvollkommenes Tier ist, es immer täuscht. Denn es sagt *Cato:* ‚Weint ein Weib, so sinnt es gewiß auf listige Tücke ...“ (Hexenhammer I, S. 98 f.).

Man müßte das ganze Buch zitieren; auf jeder Seite werden Heimtücke, Minderwertigkeit und vor allem der zutiefst teuflische Charakter der „dem Aberglauben und der Hexerei ergebenen“ Frau beklagt. Arme Inquisitoren, armer Sprenger ... Sie sind wirklich zu bedauern in ihrer offenkundigen Besessenheit von Körper und Sexus der Frau. Empfehlen sie nicht sogar den Richtern, die „Hexe“ in den Gerichtssaal oder in die Folterkammer rückwärts eintreten zu lassen, nur um nicht ihrem Blick zu begegnen? Das Wesen der Frau fasziniert sie: „Hören wir noch von einer anderen Eigenschaft: der Stimme. Wie nämlich die Frau von Natur lügnerisch ist, so auch beim Sprechen. Denn sie sticht und ergötzt zugleich: daher wird auch ihre Stimme dem Gesange der Sirenen verglichen, welche durch ihre süße Melodie die Vorübersegelnden anlocken und dann töten. Sie töten, weil sie den Geldbeutel entleeren, die Kräfte rauben und Gott zu verachten zwingen ... Schließen wir: Alles geschieht aus fleischlicher Begierde, die bei ihnen unersättlich ist. Wie das *Buch der Sprüche* sagt: ‚Drei sind's, die niemals satt werden, und vier, die sprechen nie: Genug!‘ Die Unterwelt, verschlossener Mutterschoß, die Erde, die des Wassers niemals satt, das Feuer, das nie spricht: ‚Genug!‘ Darum haben sie auch mit den Dämonen zu schaffen, um ihre Begierden zu stillen. – Hier könnte noch mehr ausgeführt werden; aber den Verständigen ist hinreichende Klarheit geworden, daß es kein Wunder, wenn von der Ketzerei der Hexen mehr Weiber als Männer besudelt gefunden werden. Daher ist auch folgerichtig die Ketzerei nicht zu nennen die der *Hexer,* sondern der *Hexen,* damit sie den Namen bekomme a potiori; und gepriesen sei der Höchste, der das männliche Geschlecht vor solcher Schändlichkeit bis heute so wohl bewahrte: Da er in demselben für uns geboren werden und leiden wollte, hat er es deshalb auch so bevorzugt" (Hexenhammer I, S. 104–107).

Vielleicht waren sie auch bedauernswert, die von ihren sexuellen Phantasien verfolgten Zölibatäre, die den Teufel und sein Gesinde sogar für ihre nächtlichen Pollutionen verantwortlich machten. Mit gespielter Gleichgültigkeit prüften sie die Frage, ob Hexen an ihren intimsten Körperteilen zu rasieren seien, damit Satan sich nicht dort verstecken könne. Wie der französische Historiker Robert Mandrou in seiner Einleitung zum „Hexenhammer" betont, führten sie einen verzweifelten, nicht enden wollenden Kampf gegen jene, die sie ständig an das Feuer erinnerten, das sie in sich selber trugen. „Die Frau, Symbol der Begierde, Brandherd für die Welt" ist nie ungefährlich, denn auch die Sexualität erscheint niemals so schlimm und teuflisch, als daß sie nicht doch noch verführerisch sein könnte. Insofern stellt jede Gefangennahme wegen Hexerei, jede Verurteilung, jede Hinrichtung einen neuen Versuch dar, das „Übel" der bedrohlichen Geschlechtlichkeit aus der Welt zu schaffen. Im Angesicht des Scheiterhaufens sieht sich der Inquisitor gepackt von der aberwitzigen Vorstellung des Thomas von Aquin, mit Hilfe des Feuerbrandes in der Hand ließe sich die Fleischeslust aus dem eigenen Inneren vertreiben.

Sprenger und Institoris haben diese neurotisch-sexistische Fehlhaltung nicht allein und nicht als erste vertreten. Wie Robert Mandrou betont, waren diese Autoren stark geprägt durch das zölibatäre Klosterleben und eine männlich-patriarchalische Vorstellung. Ohne Zweifel handelt es sich aber auch um das Erbe eines kulturellen Racheaktes, um die männliche Antwort auf eine frühere Epoche des Matriarchats, „als die Frau den Rang einer Priesterin und Prophetin innehatte; so ist es auch nicht erstaunlich, daß beispielsweise die Hebamme im ‚Hexenhammer' als dem Manne ebenbürtig an Macht erscheint, und zwar sowohl im Guten wie im Bösen . . ."

Die Quellen des „Malleus" werden übrigens von den Autoren ausführlich zitiert: Augustinus, Chrysostomus, Paulus, Thomas von Aquin sowie Isaias und alle Propheten des Alten Testaments.

Links: Papst Innozenz VIII. (1484–1492), der die verhängnisvolle Hexenbulle erließ. Kupferstich.

Rechts: „Du sollst so dünn gefoltert werden, daß die Sonne durch dich scheint!" Gemälde von Ferdinand Piloty, um 1876.

Es wäre aber ungerecht, nicht auch Papst Innozenz VIII. zu erwähnen: Er hatte mit der Bulle „Summis desiderantes affectibus", die anstelle eines Vorworts fungierte und in der er „seine geliebten Söhne Heinrich Institoris und Jakob Sprenger" ausdrücklich mit dem Kampf gegen die Hexerei beauftragte, dem Buch seinen Segen gegeben. Auch Johannes XXII. muß genannt werden: Seine mehr als ein Jahrhundert zuvor erschienene Bulle hatte bereits zur Verfolgung aufgerufen. Ärzte haben sich ebenfalls schuldig gemacht: Aus ihrem medizinischen Wissen heraus lieferten sie die Anleitung für die Suche nach dem „Teufelsmal" mittels dicker Nadeln, die angeblichen Hexen in den Körper getrieben wurden. Von wenigen Ausnahmen abgesehen, haben sie nicht einen Augenblick am teuflischen Ursprung physiologischer Störungen gezweifelt.

Sogar Ambroise Paré, ein berühmter französischer Chirurg des 16. Jahrhunderts, kam, wie viele andere zeitgenössische Gelehrte und Philosophen, den Inquisitoren zu Hilfe. „Niemand kann leugnen", schrieb er, „daß es Hexen gibt, die durch unbekannte, teuflische Mittel Menschen und Tiere an Körper und Geist, Gesundheit und Leben schädigen." Und er fügt erstaunlicherweise hinzu: „Größere Erfahrung sowie die

Vernunft zwingen uns, dies zu sagen, denn die Gesetze haben Strafen gegen diese Leute festgesetzt."

Von Bedeutung war schließlich auch die „öffentliche Meinung", die blinde Masse. Die kleinen Landbewohner waren mißtrauisch und schnell erbost auf die Heilerin im Dorf, wenn deren Arzneimittel einmal versagten; die alleinlebende, allzu begehrenswerte junge Frau machte man ebenso zum Sündenbock wie die von den Jahren entstellte Alte: Plötzlich konnte ein Hagel von Steinen auf sie niedergehen, sie wurden von Dorfbewohnern ins Wasser geworfen, um zu sehen, ob Satan sie oben schwimmen lasse, oder fielen einer Massenexekution zum Opfer.

Diese Zeiten sind keineswegs vorüber. Erst kürzlich mußte eine heilkundige Frau, die man des „Übeltuns" verdächtigt hatte, ihr Heil in der Flucht suchen und sich vor einer entfesselten Menschenmenge in einem Winkel ihres eigenen Hauses verstecken, bis die Polizei eintraf. Auch in einer angeblich „modernen" Welt ändern sich die Denkweisen viel weniger rasch, als man glauben sollte. Die Ängste leben weiter, und Wahrsagerinnen haben, was ihre berufliche Zukunft angeht, selbst im Zeitalter des Computers nichts zu fürchten.

Es ist nicht Absicht dieses Buches, die besonderen Kräfte dieser verfolgten Frauen zu bezweifeln oder gewisse Phänomene, die unserer Vernunft noch nicht zugänglich sind, für die aber die Wissenschaft zunehmend Erklärungen findet, in Abrede zu stellen. Hier geht es darum, die Verfolgungen selbst anzuprangern – zu zeigen, wie im Laufe der Geschichte der Sterndeuter oder die „weise Frau", denen Medizin und Pharmazie so viele Heilmittel verdanken, abwechselnd geachtet und gefürchtet wurden, bis man sie schließlich unter Führung kirchlicher Autoritäten und Eliten verfolgte und verbrannte – befangen in jenem dunklen Aberglauben, der jahrhundertelang die „Hexenjagden" kennzeichnete.

Zweites Kapitel

Der Teufel und die Wissenschaft

Durch die Straßen von Paris eilt ein Mann in den Sechzigern – so glücklich und mit sich selbst beschäftigt, daß er weder die Pferdebahn bemerkt noch die vorübergehenden Menschen; auch die Rufe der Fischhändler und Fuhrleute hört er nicht. Für ihn ist dieser 7. November 1862 ein besonders wichtiger Tag, denn er ist auf dem Weg zur Verlagsbuchhandlung Hachette, wo heute mit der Auslieferung jenes leidenschaftlichen Buches begonnen wird, das er geschrieben und vier Tage zuvor dem Drucker druckreif abgeliefert hat. Der Titel: „Die Hexe"; sein Verfasser: Jules Michelet.

Es ist Mittag, und im Verlag scheint etwas in der Luft zu liegen. Michelet erhält nur ausweichende Antworten; die Exemplare, die heute ausgeliefert werden sollen, sind nicht da.

„Monsieur Asseline, was geht hier vor?"

„Hören Sie ... Ich weiß nicht recht, wie ich es Ihnen sagen soll. Wenden Sie sich an Monsieur Templier. Zweifellos kann nur er ..."

„Was macht denn Templier hier? Das Buch wird doch heute ausgeliefert?"

„Herr Professor, ich bin nur ein kleiner Angestellter; nur Monsieur Hachette oder Monsieur Templier ..."

„Asseline, sagen Sie mir die Wahrheit!"

„Ich weiß nicht. Also kurzum ... Ich möchte sagen ... Ich glaube, Monsieur Templier ist etwas besorgt wegen einiger Passagen in Ihrem Buch. Ich sage Ihnen das, aber ..."

„Welche Passagen?"

„Äh ... Ich glaube, es ist wegen der Einleitung."

„Der Einleitung? Warum?"

Jules Michelet (1798–1874) und seine zweite Frau, Athénais Mialaret.

„Ich weiß nicht, Monsieur."

„Und außer der Einleitung?"

„Noch ein anderer Abschnitt, soweit ich gehört habe. Ein Abschnitt, der ein bißchen ..."

„Welcher?"

„Ich glaube, es geht um die Geschichte der Cadière; es gibt doch ein Kapitel mit dieser Überschrift in Ihrem Buch?"

„Ja ... und?"

Tatsächlich hatte Templier, der über einige Abschnitte entsetzt war, sich entschlossen, den Vertrag mit dem Autor zu lösen und die bereits gebundenen Exemplare des Buches, die schon hausintern verteilt waren, von der Auslieferung zurückzuziehen. Am folgenden Tag wurden Umschlag und Titelblatt mit dem Namen Hachette eingestampft. Michelet erhielt sein Werk in Druckbögen zurück und bot es nun dem Verleger Pagnerre an. Aber auch Pagnerre lehnte ab ...

Daraufhin wandte Michelet sich an den Verleger Hetzel, der das Manuskript annahm, aber die Streichung derjenigen

Passagen verlangte, an denen bereits Hachette Anstoß genommen hatte. Das so verstümmelte Buch erschien im November 1862.

Man sollte meinen, Michelets Mißgeschick sei damit zu Ende gewesen. Aber nein ... Es ist ziemlich sicher, daß einer der Verleger, die das Buch abgelehnt hatten, höheren Orts Verbindungen hatte – jedenfalls war „Die Hexe" kaum im Handel, als der kaiserliche Staatsanwalt, ein gewisser Monsieur Lenormant, ohne den Inhalt zu kennen, den Verleger Templier zu sich zitierte. Hetzel erhielt ebenfalls eine polizeiliche Vorladung und verlor völlig den Kopf; es verbreitete sich das Gerücht einer drohenden Beschlagnahme, schließlich gar einer Verschwörung; unter dem Druck der Staatsanwaltschaft weigerte sich der Verleger, eine zweite Auflage herauszubringen. Entmutigt gab Michelet den Kampf auf und erklärte sich bereit, in Belgien zu verhandeln. Nach einigen Monaten erschien „Die Hexe" schließlich in Brüssel erneut; in Frankreich dagegen konnte das polizeilich verfolgte anstößige Werk nicht offen verkauft werden.

„Es ist alles obskur an dieser merkwürdigen Geschichte", betont eines der Vorworte zur „Hexe". „Wer hat Michelet denunziert? Ein Leser? Das ist zweifelhaft, da das Buch der Öffentlichkeit noch kaum bekannt war. Ein mißgünstiger Kollege? Das ist noch unwahrscheinlicher, denn die Presse hatte keinerlei Grund, seinen Angriff zu verschleiern. Einer der Buchhändler, denen das Werk vorgelegt worden war, und der Wert darauf legte, die verletzte Religion und Moral zu verteidigen? Das ist anzunehmen; hinzu kam dann noch der Wunsch, einer Regierung gefällig zu sein, die das so wenig verdiente wie das autoritär-restaurative Zweite Kaiserreich unter Napoleon III. ..."

Was war so Skandalöses an der „Hexe"? Die beanstandeten Passagen sind heute allen Lesern zugänglich. Der eine Abschnitt, der die wiederholte Vergewaltigung der Nonne Cathérine Cadière durch ihren Beichtvater behandelt, fiel wegen seines erotischen Gehalts der Zensur zum Opfer – ähnlich wie Flauberts „Madame Bovary" oder Baudelaires „Blumen des Bösen". Der andere ... Ach! Der andere beschuldigte die

Kirche, blind und langweilig zu sein: „Man sehe sich die Unfähigkeit der Kirche an, etwas zu erzeugen", schrieb Jules Michelet in dem zensierten Abschnitt. „Wie sind ihre Engel blaß, grau in grau, diaphan! Man kann durch sie hindurchsehen. Selbst in den Dämonen, die sie von den Rabbinern übernommen hat, jene schmutzige, grunzende Legion, suchte sie einen Realismus des Schreckens, den sie nicht erreichte. Diese Gestalten sind eher grotesk als schrecklich; umherschwebende Possenreißer.

Ganz anders steigt Satan aus dem brennenden Busen der Hexe hervor, lebendig, bewaffnet und mit einem Ruck.

Welche Angst man auch immer vor ihm haben mag, man muß zugeben, daß man ohne ihn vor Eintönigkeit sterben würde. Von allen Geißeln, mit denen diese Zeiten geschlagen werden, ist die Langeweile noch die härteste. Versucht man, die Drei Heiligen Personen miteinander reden zu lassen, wie Milton die unglückliche Idee hatte, so wächst die Langeweile bis zum äußersten. Von der einen zur anderen ein ewiges Ja. Von den Engeln zu den Heiligen das gleiche Ja. Diese, die in ihren Legenden am Anfang sehr anmutig waren, haben alle in ihrem Aussehen eine fade Verwandtschaft sowohl untereinander als auch mit Jesus. Alles Vettern. Gott bewahre uns davor, in einem Lande leben zu müssen, wo jedes Menschenantlitz in desolater Ähnlichkeit das schale Einerlei der Klöster und Sakristeien aufweist.

Jener Schelm dagegen, der Sohn der Hexe, ist um eine Replik nicht verlegen. Er antwortet Jesus. Ich bin sicher, daß er ihm die Langeweile vertreibt, geschlagen wie er ist mit der Fadheit seiner Heiligen."

Anders ausgedrückt: indem Michelet die dramatische Kritik an Gott vortrug, übernahm er zugleich schalkhaft die Verteidigung Satans, dessen Rolle ihm reizvoller erschien. Die Wahrheit sagt sich eben nie angenehm ...

Aber das ist noch nicht alles. Das ganze Buch war, wie gesagt, in Gefahr, beschlagnahmt zu werden, denn hier unternahm ein Historiker zum ersten Mal nicht nur die Verteidigung der Hexe – er rechtfertigte sie sogar. Hinzu kam, daß Michelet ohnehin dauernd Verwirrung stiftete ... Ein umstrit-

Links: Drei Hexen. Kreidezeichnung von Hans Baldung Grien, 1514.
Rechts: Die junge Hexe. Gemälde von Antoine Wiertz, 1857.

tener, ständig von der Suspendierung bedrohter Universitätsprofessor, hatte er auch noch in zweiter Ehe eine um vierunddreißig Jahre jüngere Frau zu heiraten gewagt. Schön, sinnlich, begehrenswert, wurde sie für ihn die „Frau" schlechthin, eine Frau, die ihm besonders auf sexuellem Gebiet Erfüllung schenkte, woraus er kein Geheimnis machte. Sie offenbarte ihm zugleich das Bild jener anderen Frau, die sich jahrhundertelang gegen Hunger, Leibeigenschaft und Erniedrigung aufgelehnt hatte, indem sie zum Sabbat ging wie zu einer revolutionären Versammlung oder an Schwarzen Messen teilnahm, die ebenfalls eine Form des Protestes darstellen. Durch das Sammeln schmerzlindernder Pflanzen setzte sie sich zugleich der Verfolgung durch diejenigen aus, die sich in Zukunft ihr Wissen und ihre Entdeckungen aneignen sollten.

Seit seinem Erscheinen hat das skandalumwitterte Buch sogar die wohlwollendsten Leser schockiert; in Michelets Freundeskreis war man betrübt, wenn nicht gar entrüstet. Eugène Noël kritisierte „die Mühe, die Geschraubtheit, die Weinerlichkeit eines phantasielosen, verlogenen Romans ohne jedes Interesse“, der aus der armen Hexe eine völlig unmögliche Person mache. Selbst Charles Alexandre, ein treuer Freund Michelets, scheute sich nicht, in einem bisher unveröffentlichten Brief vom 15. Dezember 1862 zu schreiben: „Nach Lamartine und nach Victor Hugo, der alle mit seinen *Elenden* tyrannisiert hat, kommt nun auch noch Michelet mit einem richtigen Schundroman daher. Ich habe ihm meine Enttäuschung über die *Hexe* deutlich mitgeteilt; er hat mir in einem erregten und gekränkten Brief geantwortet. Er ist ganz besessen von allem Geschlechtlichen. Die Schwarze Messe hat ihn verhext, und nun ist der Teufel los! Dieses Buch reizt die Sinne wie Spanische Fliegen ... Ich habe ihn in Paris gesehen, ihn und sie, ohne etwas von ihrer ‚Sünde‘ zu ahnen.“

Dennoch war Jules Michelet nicht der erste Anwalt der Hexen. Schon in der Zeit der großen Verfolgungen sind vereinzelte Stimmen zu ihren Gunsten laut geworden: François Rabelais, Michel de Montaigne, später Cyrano de Bergerac, Voltaire und vor allem Johann Weyer, den man für seinen Mut bewundern muß.

Geboren 1515 in Grave an der Maas (Nordbrabant) und aus einfachen Verhältnissen stammend, wurde Johann Weyer Schüler des berühmten *Agrippa von Nettesheim.* Dieser stammte aus Köln, lehrte an der Universität Dôle (Franche-Comté), war Arzt in Turin und später Advokat in Metz; er führte ein abenteuerliches Leben und begründete eine Bruderschaft von Magiern, die sich aus zeitgenössischen Alchimisten und Theosophen zusammensetzte. Seine Gelehrsamkeit, seine Taubheit, seine Brille und sogar seine Eheprobleme sind von Rabelais in *Gargantua* unter dem Namen des Zauberers „Herr Trippa“ verewigt worden. Nachdem er auf allen möglichen Gebieten tätig gewesen war, erhielt dieser seltsame Mann während seiner Advokatentätigkeit in Metz Gelegenheit, eine Hexe zu verteidigen; er mußte alsbald fliehen, um nicht mit ihr zusammen verbrannt zu werden.

Auch *Johann Weyer* hat sich vergleichbaren Gefahren ausgesetzt: mit den in seinem Buch *De praestigiis daemonum* (1577) vertretenen Ansichten stand er in Widerspruch zur gesamten zeitgenössischen Literatur und bekämpfte nach Kräf-

Johann Weyer (1515–1588).
Kupferstich aus dem
17. Jahrhundert.

ten die öffentliche Meinung. „Das Holz und die Haufen von Reisig, auf denen Unschuldige verbrannt werden, sollte man zu besseren Zwecken verwenden, und die Kosten, die man für den Unterhalt der Henker aufbringt, würden sich erheblich vermindern." Er stellt den wenigen humanen die „scharfmacherischen" Bischöfe gegenüber und betont, es sei besser, zehn Schuldigen zu verzeihen als einen Unschuldigen sterben zu lassen. Er geht sogar noch weiter, indem er über die „Kapuzenträger" spottet, die Unwissenheit und Arglist der Priester anprangert und erklärt: „Es ist die Pflicht der Mönche, sich stärker auf die Heilkunst zu konzentrieren, anstatt Kranke dem Scheiterhaufen zu überantworten."

Auf medizinischem Gebiet ist Weyer einer der Fortschrittlichsten – verglichen mit der Ignoranz und Feigheit zeitgenössischer Ärzte. Ungeachtet des damit verbundenen Risikos bringt er in seinen Werken Probleme der weiblichen Pathologie zur Sprache: darunter Ausbleiben der Menstruation, Scheinschwangerschaften, und er weist auf die Notwendigkeit hin, Klosterfrauen, die unter hysterisch bedingter „Besessenheit" leiden, zu isolieren. Jede Zeile läßt erkennen, daß ihr aufgeschlossener und scharfsinniger Verfasser frei war von dem damals überall verbreiteten groben Aberglauben.

Unglücklicherweise hatten die Schriften Johann Weyers nur geringen Erfolg. Seine Stimme wurde gänzlich übertönt durch die Pamphlete seiner Gegner.

Links: Nicolas Rémy, Staatsanwalt von Lothringen, der sich brüstete, 900 Hexen in weniger als zehn Jahren verbrannt zu haben.
Rechts: Jean Bodin (ca. 1530–1596). Kupferstich aus dem 17. Jh.

Nicolas Rémy (1530–1612), von 1576 bis 1591 Oberrichter von Lothringen, wurde bekannt als großer Hexenjäger. Der geistreiche und kritische Gelehrte ist berühmt als Verfasser einer *Geschichte Lothringens,* aber leider auch eines dem „Hexenhammer" ähnlichen Handbuches der Hexerei mit dem Titel *Daemonolatria* (1595). Nicolas Rémy erzählt darin unter anderem, daß er eine junge Frau verbrennen ließ, weil sie mit einem aus dem Gehäuse einer Weinbergschnecke hergestellten Pulver die Schafe ihrer Nachbarin vergiftet habe. Eine unglückliche Mutter beschuldigte der eigene Sohn, ihn zu teuflischen Versammlungen mitgenommen und einem dämonischen Succubus zugeführt zu haben; in der Tat waren Kinder die besten Denunzianten. Rémy scheut sich auch nicht zu erzählen, daß er einige, die ihre Eltern der Teilnahme am Sabbat beschuldigt hatten, aus diesem Grund verschonte. Aber er ließ sie nackt auspeitschen und um den Scheiterhaufen herumtreiben, auf dem ihre Eltern den Feuertod erlitten. Auf diese Weise hat Nicolas Rémy rund dreitausend Hexen und Zauberer in den Tod geschickt. Wie Jean Palou in seinem 1957 erschienenen Buch *La Sorcellerie* schreibt, „erscheint er als Typus des heimlichen Sadisten, hochintellektuell und noch wahnsinniger als seine Opfer".

Jean Bodin. Gegen Johann Weyer, der vergebens der Vernunft Gehör zu verschaffen suchte, trat im Jahre 1580 ein aus der Grafschaft Anjou stammender berühmter Rechtsgelehrter auf. Eigens um diesen „kleinen rheinischen Arzt" zu widerlegen, wie er im Vorwort schreibt, hatte Jean Bodin ein bösartiges, stellenweise beleidigendes Werk *Traité de la Démonomanie des Sorciers* verfaßt – nur zu dem einen Zweck, „das abscheulichste Verbrechen, das es jemals gab" aufzudecken und „denjenigen zu antworten, die sich mittels gedruckter Schriften bemühen, die Hexen um jeden Preis zu retten, so daß man glauben könnte, der Satan habe sie dazu angestiftet".

Bodin ist im allgemeinen bekannt als ein hervorragender Ökonom, der das Problem der Inflation gut kennt. Unglücklicherweise wurde jedoch der Dämonologe sehr viel mehr gelesen als der Ökonom; sein Werk wurde von 1580 bis 1600 in Paris, Antwerpen, Lyon und Rouen in mindestens zehn Ausgaben publiziert; 1581 erschien in Basel eine lateinische, 1581 in Straßburg eine deutsche, 1589 in Venedig eine italienische Übersetzung. Das Buch hatte besonderen Erfolg und Einfluß, weil Bodin schriftstellerisches Talent besaß und seine Persönlichkeit keinen Anlaß zu irgendwelcher Kritik bot.

Henri Boguet, Oberrichter von Saint-Claude im französischen Jura, zeigte sich nicht weniger grausam als Bodin: 1602 hat er einen berühmten, in seinen Einzelheiten erschreckenden *Discours exécrable des sorciers* veröffentlicht.

Er sah, unter ständiger Berufung auf Sprenger und Bodin, in der Hexenverfolgung eine Pflicht des Staates, die, weil von Gott selbst befohlen, vor allem anderen Vorrang habe. „Die Hexen sind überall zu Millionen", schrieb er, „sie vermehren sich auf Erden wie die Raupen in unseren Gärten. Welch eine Schande für die Behörden, denen doch die Verfolgung von Straftaten und Verbrechen obliegt." Er starb im Jahr 1619 nach einem „erfüllten Leben".

Und schließlich noch *Pierre de Lancre,* ein vornehmer und gebildeter Mann, der unter anderem das Buch *„Tableau de l'inconstance des mauvais anges et démons"* (1612) verfaßte. Er sollte mit der ganzen sadistischen Infamie, deren er fähig war, zum Henker des Baskenlandes werden.

Eines ist allen diesen Autoren ebenso gemeinsam wie den Verfassern des „Hexenhammers“: ihre Frauenfeindlichkeit. Sie folgt der Dogmentradition und läßt sich in die lange Reihe der erzählenden didaktischen Literatur des späten Mittelalters einordnen. Und selbst, wenn man Frauenfeind sein kann, ohne deshalb gleich Hexen zu verbrennen, „muß man doch zugeben“, schreibt ein Priester, „daß es – theologisch gesehen – nur ein kleiner Schritt ist von der Verachtung der Frau bis zu der Behauptung, diese sei die Vermittlerin zwischen Mensch und Teufel“. Besser könnte man es nicht ausdrücken . . .

Und heute?

Seit dem Erlöschen der letzten Scheiterhaufen sind zweihundert Jahre vergangen. Und doch ist der Kampf gegen die Hexerei nicht beendet. Über Hexen schreiben bedeutet auch heute noch: Partei nehmen für oder gegen den Teufel, das Geheimnisvolle, die Kirche, die Frauen, Verfolgungen ganz allgemein. Wie kann es verwundern, daß solche Themen noch immer die widersprüchlichsten Meinungen hervorrufen.

Ein wichtiger Punkt ist dabei: der Teufel hält heute reichere Ernte als je zuvor. Auch im Zeitalter der Informatik findet er seine Anhänger in Gestalt von Kartenlegerinnen, heilkundigen Frauen sowie in modernen Hexen- und Satanistenzirkeln aller Art. Der Anti-Glaube setzt seinen Siegeszug fort, indem er sich unter Umständen sogar als traditionelle Religion ausgibt, versteckt unter dem Deckmantel angeblicher Erscheinungen oder Wunder.

Fest steht, daß die Wissenschaft, statt wie im Zeitalter des Positivismus eher hemmend zu wirken, heutzutage das Vorhandensein besonderer Kräfte ahnt und von daher selbst das Irreale berührt und glaubhaft macht. Alles ist in Zukunft möglich und vorstellbar: Gedankenübertragung oder Hypnose beispielsweise gelten als ernstzunehmende Tatsachen. Die einst von den Hexen verwendeten Pflanzen, mit deren Hilfe sie Krankheiten heilten oder zum Sabbat „flogen“, werden per Katalog angeboten. Zugleich lebt das Irrationale weiter: auch wir fürchten uns vor Zauber und Hexerei und sind fast ebenso abergläubisch wie unsere Vorfahren zur Zeit Bodins oder Rémys; vor allem in ländlichen Gebieten ist der Glaube an Hexen und Schadenzauber noch wach. Der *Große* und der *Kleine Albert,* zwei fälschlich dem Albertus Magnus zugeschriebene populäre Zauberbücher, werden zum Teil in Luxusausgaben immer wieder nachgedruckt – wahre Bibeln des Teufels, in denen man alle nur gewünschten Rezepte finden kann: um Liebe zu erzwingen, Krankheiten zu heilen, Gold herzustellen oder gar ganz einfach Seife oder Safran zu vermehren.

Ist der „Hexenhammer" noch immer aktuell?

Man sollte meinen, die Ansichten eines Montaigne, eines Johann Weyer oder eines Voltaire hätten sich heute endgültig durchgesetzt. Die Tatsache, daß Jules Michelet 1862 mit seinem Auftreten gegen die Hexenprozesse noch Ärgernis erregte, ist andererseits sehr aufschlußreich. Und selbst heute, mehr als ein Jahrhundert später, sind die alten Vorurteile noch nicht überwunden. Zeitgenössische Autoren greifen historische Hexenprozesse ohne kritische Distanz wieder auf: So fehlt etwa in *La Vie exécrable de Guillemette Babin,* einem Buch des Juristen Maurice Garçon, eine kritische Kommentierung der auf der Folter erpreßten Geständnisse der Unglücklichen sowie der Auslassungen ihrer Richter aus rechtsgeschichtlicher Sicht. Er steht damit keineswegs allein; auch viele andere denken gar nicht daran, die Inquisitoren zu kritisieren – sie ziehen es vor, viel von unterhaltsamen Hinrichtungen zu erzählen.

Der Ansatz Michelets ist zum Glück durch so bedeutende Autoren wie Robert Muchembled (Autor des 1979 erschienenen Buches *La Sorcière au Village*) und Robert Mandrou, der in seinen Arbeiten die Hexenproblematik modern analysiert, indem er zugleich die Gründe für Michelets Scheitern und die Fortdauer des Problems erklärt, entsprechend abgesichert. „Michelets Buch kam viel zu früh", schreibt Robert Mandrou. „Heute, da eine Frauenzeitschrift sich ausgerechnet ‚Hexen' nennt, würde Michelets Buch in entsprechend modernisierter Form ganz sicher großen Erfolg haben, und zwar in demselben Maß, in dem es eine Ehrenrettung der Rolle der Frau in alten Zeiten miteinbezieht, als die männliche Allmacht im Recht ebenso wie in der Rechtsprechung selbstverständlich war. Wenn es wahr ist, daß die Zeiten sich ändern – und zwar viel langsamer, als viele Frauen wünschen –, so trifft es andererseits zu, daß eine Veränderung des Denkens im Gange ist, deren ganze Konsequenzen wir noch gar nicht überschauen. Fest steht, daß 1862, als Michelet diese Gegen-Macht, welche Frauen gegenüber der in ‚Feudalherr' und ‚Pfarrer' symbolisierten Männerherrschaft ins Leben riefen, beschrieben hat, er kaum Gehör finden konnte. Zu lange hatte in diesem Land die typisch französische Vorstellung überwogen, die Frau revanchiere sich im Bett und führe letztlich die Männer an der Nase herum. Man braucht sich ja nur vor Augen zu führen, wie streng weiblicher und wie milde männlicher Ehebruch beurteilt wird, um den Wert eines solchen Mythos zu erkennen. Michelet hat also das große Verdienst, hier den Schleier ein wenig gelüftet und gezeigt zu haben, daß Frauen in einer Welt, in der Männer das ‚Sagen' hatten, sehr wohl in der Lage waren, eine wirksame Gegen-Kultur aufzubauen."

Gleiche Ursachen, gleiche Wirkungen: Auch Mandrou ist umstritten und wird seinerseits angegriffen. Nur als Anekdote soll hier der amerikanische Forscher Alfred Soman genannt werden, von dem Mandrou nicht ohne Bosheit schreibt, dieser zeige „eine späte Berufung zum Studium der Hexerei", indem er in ihre Fußstapfen trete. Soman nimmt eine Gegenposition zu Mandrou ein, da er die Hinrichtungen in einem 1977 in der Zeitschrift *Annales* erschienenen Artikel über die Hexerei im 16. und 17. Jahrhundert zu bagatellisieren versucht. Dies gab übrigens bald darauf Anlaß zur literarischen „Hinrichtung" Somans durch Robert Mandrou in dessen bisher letztem Buch *Possessions et sorcellerie du XVIIIe siècle* (1979), wo er darauf hinweist, der Amerikaner habe die Bedeutung der Folter nicht recht begriffen: „ ‚Inquisitionsfolter' kann nicht auf die höheren Gerichtshöfe bezogen werden, da ja alles von den unteren Instanzen erledigt wurde. Es liegt kein Grund vor, mit der Feststellung zu prahlen, das Pariser Gericht habe sie nicht angewendet."

Hinter diesen scheinbar spitzfindigen Streitigkeiten um Begriffe, Wörter und Fakten bleiben die Geister hinsichtlich von Grundsatzfragen in bezug auf Ethik und Religion weiterhin geschieden, besteht der mehr als tausend Jahre alte Konflikt zwischen Ordnung und Freiheit weiter fort. Auf diesem Gebiet gibt es immer eine gewisse Zurückhaltung, sei es hinsichtlich der traditionellen Ehrfurcht vor der Kirche und der etablierten Ordnung, deren natürliche Gegnerin die Hexe war, sei es aus verkappter Frauenfeindlichkeit, die auch dann noch besteht, wenn sie geleugnet wird. Bleibt also noch der Teufel. Für Michelet war er der Anarchist schlechthin, bei welchem man Zuflucht suchte – für Mandrou ist er ein Hirngespinst, das als Vorwand für Intoleranz und Unterdrückung benutzt wurde. Für viele und besonders für die kirchliche Hierarchie ist die Existenz des Teufels Teil der Glaubenslehre, ein Dogma, das vom Papst immer wieder bekräftigt wird. „Wir Katholiken", betont 1976 der Abbé Pierre Villette in einer Schrift über die Hexenverfolgung in Nordfrankreich, „können die Möglichkeit einer teuflischen Einflußnahme nicht von vornherein ablehnen."

Die Scheiterhaufen sind noch warm und ständig bereit, wieder aufzulodern. In unserer modernen Welt sind die Hexen übrigens abgelöst worden von den Verehrern eines politischen oder weltlichen Teufels, die man ebenfalls zum Tode verurteilt. Folgt man dem englischen Kulturkritiker Aldous Huxley (1894–1963), so gehören beispielsweise in den Vereinigten Staaten von Amerika Kommunisten und Gleichgesinnte zu dieser Gruppe – sie sind „Agenten einer fremden Macht, denen es im günstigsten Falle an Patriotismus mangelt und die schlimmstenfalls als ‚Verräter', ‚Ketzer', ‚Volksfeinde' bezeichnet werden."

Darüber hinaus gibt es bei diesen Hexengeschichten aus der Vergangenheit etwas ähnliches wie eine Kollektivschuld, deren Erben wir sind. In ihr erkennen wir die Phantasmen, die Grausamkeit und Dummheit ganzer Völker – sind aber nur ungern bereit, dies zu akzeptieren.

Drittes Kapitel

Die Geschichte von Gyptis und Petta

Ein Haufen Erde, Kreuzhacken, Schaufeln, parkende Wagen am Straßenrand. Schon seit Tagen sind die Männer mit Grabungsarbeiten beschäftigt; ihre Schaufeln haben Mauerreste freigelegt, allmählich wird eine Höhlung sichtbar. Die Arbeiter erkennen, daß sie eine keltische Grabkammer vor sich haben. Einige Stunden später kommt ein schlammbedecktes, mit Edelsteinen geschmücktes Skelett zum Vorschein. Neben ihm finden sich Teile eines Wagens mit bronzenen Radnaben und ehemals bunter Leinenbespannung sowie verschiedene Ton- und Bronzegefäße, darunter ein schwerer bronzener Mischkessel, dessen Deckel die Statuette einer jungen, schönen, lächelnden Frau trägt. Das Skelett, das im Januar 1953 in der Nähe des französischen Dorfes Vix nordwestlich von Châtillon-sur-Seine, am Fuße des Mont Lassois entdeckt wurde, identifizierte man als das einer etwa dreißigjährigen Frau, die vor rund zweitausendfünfhundert Jahren gelebt hat (vermutlich eine Angehörige des im 6. Jh. v. Chr. auf Mont Lassois residierenden keltischen Adelsgeschlechts). Wir wissen nichts von ihr, aber wir können uns zurückversetzen in das prähistorische Gallien, als das Land noch mit mächtigen Eichen bedeckt war und übersät von Dolmen; in die Zeit der Druiden und der Priesterinnen des keltischen Hauptgottes Esus.

„Petta, gib mir bitte meinen Schmuckkasten! Hast du das Halsband gesehen, das mein Mann mir zuletzt geschenkt hat?“

Die Sprecherin ist in ein langes, feines Gewand in zarten Farben gekleidet; um den Hals trägt sie einen Ring aus gedrehter Bronze, um welchen sich spiralförmig ein Lederrie-

Keltische Druidin.
Zeichnung von Gustave Doré (1832–1883).

men windet, an den Handgelenken bronzene, mit Bernstein besetzte Armreifen und auch um die Knöchel Bronzeringe.

„Schau, Petta! Es ist ein Halsband aus Bernsteinperlen."

„Und diese kleinen Steine?"

„Glimmer und Schlangenstein."

Petta hält den Schmuck gleichgültig in der Hand und gibt ihn ihrer Schwester zurück.

„Gefällt er dir nicht?"

„Doch aber . . ."

„Ja, ich weiß, so etwas interessiert dich nicht sehr."

Gyptis und Petta haben die gleiche Gestalt, die gleichen blauen Augen und das gleiche lange blonde Haar. Gyptis ist älter und besitzt die runden, vollen Körperformen einer sehr glücklichen Frau. Ihr Gatte herrscht über die beim Mont Lassois gelegene Stadt, wo der von Norditalien nach Britannien führende Handelsweg vorbeigeht; das aus der Bretagne und aus Cornwall importierte Zinn wird hier gelagert. Sie erinnert sich noch gut, wie sie ihn vor drei Jahren bei einem Festmahl ihres Vaters erwählte, indem sie dem Fremden, der sie angelächelt und sogleich bezaubert hatte, ihren Becher reichte. Ihr Vater hatte sich dieser Wahl gefügt, und die Hochzeit war gefeiert worden.

Auch Petta ist schön, aber bis jetzt flieht sie die Gesellschaft von Männern. Ihre Kleider sind ohne Verzierungen, Hals und Arme tragen nur rituellen Schmuck. Petta ist jünger als Gyptis, aber dennoch erscheint ihr Gesicht ernster, ihr Blick durchdringender und seltsam tiefgründig. Manchmal hat sie Träume, über die sie aber nie spricht: hat sie nicht „gesehen", daß ihre Schwester in naher Zukunft eines gewaltsamen Todes sterben wird? Wie sollte sie da nicht Schweigen bewahren?

Petta lebt in einer ganz anderen Welt. Am sechsten Tag des letzten Wintermondes, im Februar oder März, nimmt sie an der Zeremonie des Mistelpflückens teil. Wenn diese in den Zweigen anderer Bäume auftaucht, dann schenken die Druiden ihr keine Beachtung – finden sie sie aber nach langem Suchen auf der Eiche, so wissen sie, daß der Himmel sie schickt und die Gottheit selbst den so bezeichneten Baum ausgewählt hat. Am sechsten Tag des Mondes muß die immergrüne Mistel auf der winterkahlen Eiche erscheinen, und nur diese Pflanze gilt als Symbol des Lebens inmitten einer unfruchtbaren, toten Natur.

Der weißgekleidete Druide steigt auf den Baum und schneidet mit einer goldenen Sichel die Mistel ab, während die anderen die Pflanze in einem weißen Tuch auffangen. Anschließend bittet man den Gott, sich seinem Volk gnädig zuzuwenden. Die Zeremonie endet mit einem Festmahl aus Freude über den Erhalt der wunderbaren Pflanze, die Heilung und Fruchtbarkeit schenkt. Die gleichfalls dem Druidenstand angehörenden Barden besingen die Heldentaten der Führer, wobei sie sich selbst auf der Harfe oder einer Art Leier begleiten. Sie sagen auch die Zukunft voraus, denn die Barden haben, ebenso wie Petta, die Gabe des Zweiten Gesichts.

Manchmal erzählt Petta Gyptis von den großen Druidenfesten, und Gyptis stellt ihrer jüngeren Schwester, deren Wissen sie beunruhigt und erschreckt, manche Frage.

„Was hat es mit der Mistel auf sich?"

„Die Eiche ist der heilige Baum des Esus, die Mistel eine dem Gwyon geweihte Pflanze; sie vereinigt in sich alle Kräfte, die in den sechs magischen Pflanzen aus Cerridwens Zauberkessel enthalten sind . . ."

Petta hält erzürnt inne, denn Gyptis betrachtet zerstreut den Glanz eines neuen Schmuckstücks aus Schiefer an ihrem Arm.

„Unterbrich dich nicht, Petta, ich höre dir zu. Du sprachst von Cerridwens Kessel. Du hast mir diese Geschichte schon einmal erzählt, aber ich habe sie vergessen."

Geduldig nimmt Petta ihre Erzählung vom Anfang der Welt wieder auf: „Cerridwen, die große weiße Göttin, ist diejenige, die in Urzeiten alles Wissen besaß; sie legte sechs zauberkräftige Pflanzen in den ehernen, perlengeschmückten Kessel und kochte aus ihnen einen Trank, der die Gabe der Allwissenheit verlieh."

„Welches sind diese sechs Pflanzen?"

„Selago oder Goldkraut, Bilsenkraut, Samolus, Schlüsselblume, Klee und Eisenkraut, die Pflanze des Zweiten Gesichts. Gwyon, der spätere berühmte Barde und Seher, war bei Cerridwen, um auf den Kessel achtzugeben und die Kräuter zu mischen. Plötzlich spritzten drei Tropfen auf seinen Finger; er steckte diesen sogleich in den Mund und wurde dadurch der Zukunft kundig. Die erzürnte Cerridwen wollte ihn töten, aber Gwyon ergriff die Flucht."

„Und gelang es ihm zu fliehen?" fragt Gyptis.

„Er nahm tausend verschiedene Gestalten an, um Cerridwen zu entkommen, aber Cerridwen tat ihm gleich. Schließlich verwandelte Gwyon sich in ein Weizenkorn, aber die Göttin nahm die Gestalt eines schwarzen Huhns an, packte es und schluckte es hinunter – so wurde sie schwanger und brachte neun Monate später ein wunderbares Kind zur Welt, das den Namen Taliésin erhielt, das bedeutet ‚Guter Schatz' oder ‚Schöne Stirn'."

Gyptis betrachtet ihre Schwester; von ihrer Erzählung hingerissen, scheint sie selbst Cerridwen und Gwyon zu sein auf der Suche nach Erkenntnis.

Eines Tages begleiteten die beiden Schwestern Gyptis' Gatten auf eine lange Reise in die Bretagne. Petta hatte viel erzählen hören von den zahllosen Dolmen und Menhiren, den Riesensteinen und Hünengräbern, auf denen das Volk Gwyons nachts tanzte und wo die Toten ihre letzte Ruhestätte fanden. Es waren Steine ohne Schriftzeichen oder Bilder, weil Gott den Götzendienst verbietet. Vor der Küste entdeckten Petta und Gyptis eine Insel, einen fast unzugänglichen Felsen im offenen Meer, der von den wenigen Küstenbewohnern mit Argwohn und Furcht betrachtet wurde.

„Das ist Sena, die Insel der Neun ‚Gallicenae'," erklärte man ihnen. „Es sind Priesterinnen, die ewige Keuschheit gelobt haben. Sie verstehen Krankheiten zu heilen, die sich menschlicher Kunst entziehen; sie vermögen durch ihre Gesänge Wind und Wellen zu erregen und zu beruhigen; und sie wissen die Zukunft vorauszusagen."

„Wie kann man zu ihnen gelangen?" fragte Petta begierig.

„Das ist unmöglich; sie enthüllen ihre Geheimnisse nur denjenigen, die zu ihnen kommen, um das Orakel zu befragen."

„Was soll das alles!“ unterbrach Gyptis. „Laß uns weiterfahren. Der Wind und das Meer machen mir Angst.“

Aber Petta hielt sie entschlossen am Arm zurück: „Die Seele ist unsterblich, und du hast keinerlei Ursache, die Wellen oder die Druidinnen der Insel Sena zu fürchten.“

„Was weißt du denn davon?“

Gyptis' Schwester antwortete nicht; sollte sie eingestehen, daß deren Tod auf der zu ihrem Haus führenden Straße bereits wie mit feurigen Buchstaben eingraviert war?

Die Ängste, die Gyptis auf dieser Reise durchzustehen hatte, waren noch lange nicht zu Ende. Eines Abends gelangten sie in der Nähe der Loiremündung zur Insel der Druidinnen von Namneton (dem heutigen Nantes). Aus großer Entfernung konnten die beiden Frauen die Priesterinnen beobachten, die mit seltsamen Vorbereitungen beschäftigt waren. Ihr Tempel war von unzähligen Feuern umgeben, und die herrschende Betriebsamkeit deutete auf ein Fest oder Opfer hin. Petta hatte erzählen hören, daß die Druidinnen der Loire jedes Jahr das Dach ihres Tempels abtragen und es in derselben Nacht wiederaufbauen mußten – Sinnbild für die Zerstörung und Erneuerung der Welt. Nachdem sie das Gebälk abgebrochen und das Stroh des alten Daches verbrannt hatten, mußten sie sich mit dem Wiederaufbau sehr beeilen.

Gyptis und Petta setzten sich auf einen Mantel und betrachten das Schauspiel, Stimmengewirr und undeutliche Rufe klangen zu ihnen herüber, aber dank der vielen Feuer war es so hell, daß ihnen nichts von dem ungewohnten Anblick entging. Wie Petta geahnt hatte, machten die Priesterinnen sich tatsächlich auf ein bestimmtes Zeichen hin wie rasend daran, das Dach zu zerstören; während des zweiten Teils der Nacht trugen sie, gebeugt unter der Last von Steinen, Holz und Stroh, eilends die neuen Baustoffe herbei. Plötzlich ließ eine von ihnen ihre Last fallen – sofort brach ein allgemeines Geheul aus.

„Was geschieht jetzt?“ fragte Gyptis.

„Nichts, nichts Schlimmes“, antwortete Petta ruhig.

„Sieh, sieh nur, das ist entsetzlich!“

Die Priesterinnen hatten ihre Arbeit unterbrochen. Nun

stürzten sie sich auf die Schuldige, rissen ihr erst die Haare, dann die Gliedmaßen aus und zerlegten ihren Körper nach und nach in Stücke. Petta schaute regungslos zu, ohne ein Wort zu sagen. Ihre Schwester aber verlangte nun energisch eine Erklärung:

„Du sagst nichts? Du billigst das?"

„Es gibt nichts zu billigen, auch nichts zu verurteilen. Es ist das Fest der Sonnenwende, welches die Erneuerung der Erde vorschreibt; man kann weder gegen Esus noch gegen Samahn, den Totenrichter, kämpfen."

„Und du, liebe Petta, du, die ich zur Welt kommen sah und mit der ich gespielt habe – du könntest den Jungfrauen von Sena ähnlich werden? Du könntest wie die weißhaarigen Priesterinnen der Kimbern Kriegsgefangenen die Kehle durchschneiden, um den Ausgang von Schlachten vorherzusagen?"

„Ich brauche weder Blut noch Eingeweide, um so etwas zu erkennen. Ich möchte überhaupt keine Schlacht, aber ich kann Esus nicht verurteilen wegen der gerechten Opfer, die er fordert."

„Warum heiratest du nicht einen Mann, den du liebst? Du würdest glücklich sein wie ich."

„Mein Schicksal führt mich einen anderen Weg", antwortete Petta ruhig, „mein Platz ist bei Barden und Vaten, unter der Eiche, in der Nähe des Großen Druiden, der mich Weisheit lehren wird. Ich bin die Tochter Cerridwens, die die wirksamen Pflanzen kennt und alles Wissen besitzt."

Die Schreie auf der Insel hatten inzwischen aufgehört; die Bauarbeiten wurden schweigend und in großer Eile fortgesetzt, während die Feuer allmählich niederbrannten und der Morgen heraufdämmerte.

„Ich bin ewig", sprach Petta mit seltsamem Ton weiter, „selbst wenn mich eines Tages die Flamme erreicht, sogar wenn ich wie diese Frau vom Stamm der Namneten umkommen muß – nicht unter den Schlägen von Priesterinnen, sondern unter denen gottloser Neider."

Petta hatte sich erhoben und deutete auf unsichtbare Schatten; ihr Blick war starr auf den Horizont gerichtet, in eine andere Welt, eine andere Zeit. Vielleicht sah sie schon irgendwo in der Zukunft Druidinnen, Frauen, die verkannt, gedemütigt oder gar durch Feuer vernichtet wurden.

Nach langer Reise kehrten die beiden Schwestern mit den Pferden und den Gefolgsleuten von Gyptis' Ehemann zurück zum Mont Lassois. Gyptis hatte einen ihrer Ohrringe abgenommen, um ihn besser betrachten zu können; sie freute sich. Würde sie bei der Heimkehr nicht ihr geräumiges Haus wiederfinden, ihren bronzenen Schmuck und ein angenehmes Leben an der Seite ihres Gatten?

Aber Esus hatte anders entschieden. Gyptis sollte schon in ihrem dreißigsten Lebensjahr sterben, wenige Tage nach ihrer Rückkehr aus der Bretagne. Vielleicht waren die ruhigen Pferde, die gewöhnlich den Wagen zogen, von einer Hornisse gestochen oder durch irgendein Hindernis plötzlich erschreckt worden. Man fand den zerbrochenen Wagen in der Nähe von Gyptis' Wohnung, unter ihm den unversehrten Körper der toten Frau – so wie es Petta vorhergesehen hatte.

Am selben Tage verließ diese das Haus ihrer Schwester für immer; sie wählte die Einsamkeit, den Kult des Esus, das Mysterium – und die Ewigkeit.

*

* *

Die Druidinnen sind die ersten Hexen, von denen wir Genaueres wissen. Aber das Neolithikum kannte zweifellos auch noch andere. In der Tat ist die Hexerei ein weltweites Phänomen und so alt wie die Menschheit selbst. Wie Andrée Lehmann, Verfasserin eines 1926 erschienenen Buches über die Rolle der Frau in keltischer Zeit, darlegt, ist Hexerei „die Kunst, Wunder zu tun, indem man die Elemente umwandelt, dem Menschen die Geheimnisse der Natur entdeckt, alle seine Wünsche erfüllt, ihm Vergangenheit und Zukunft durch Totenbeschwörung enthüllt."

In der Antike gab es daher überall Hexerei: bei den Juden, den Griechen und ganz besonders in Rom, wo die Magie alles beherrschte. Nachts begaben sich die Hexen schwarzgekleidet und barfuß auf den Esquilin, wo sie magische Kräuter für ihre

Zaubertränke pflückten und den Manen schwarze Schafe opferten. Das Wort „Sabbat“ leitet sich vermutlich von „Sabbasies“ ab: religiösen Zeremonien, bei denen Bacchus „Sabbasius“ verehrt wurde, dem der Ziegenbock heilig war. Der Brauch, den Göttern bei Nacht zu opfern und nach dem Opfer ein Festmahl zu halten, ist ebenfalls jahrhundertealt. Was Kultus und Magie betrifft, gibt es durchaus eine kontinuierliche Verbindung zwischen den keltischen Druidinnen und den römischen Hexen.

Als das Evangelium sich in Gallien ausbreitete, kam es zu einem unerbittlichen Kampf zwischen den Göttern der Vergangenheit und der neuen Religion; man wollte die Konkurrenz ausschalten. Aber so leicht konnten die Menschen sich nicht trennen von all den niederen Gottheiten, die das tägliche Leben beherrschten: den Manen, Laren, Genien und den Mächten, die sich in Sternbildern oder Gewittern äußerten. So trat Satan an die Stelle Jupiters. Allmählich wuchs das Zutrauen zu diesem und verbündete sich mit den Besiegten der Vergangenheit gegen den neuen Herrscher. Die alten Riten wurden zu abergläubischen Praktiken und Hexereien. Aus der ehemaligen Göttin Diana wurde ein Dämon, welcher die Frauen zum Sabbat führt. Und ebenso wie das werdende Christentum seine Märtyrer hatte, so sollten nun auch die von ihm verworfenen Religionen die ihrigen hervorbringen. Diese Verfolgung kam allerdings nicht sofort zustande. (Der „Teufel“ wurde erst im Mittelalter „erfunden“.)

Auch die Barbaren hatten ihrerseits Seherinnen und Prophetinnen. Die früheste Strafbestimmung ist ein Artikel des Salischen Gesetzes aus dem beginnenden 6. Jahrhundert: Er sieht höchstens eine Geldbuße von 2500 Hellern vor für „jeden, der einen anderen Hexe nennt“. Drei Jahrhunderte später bezeichnete Karl der Große in seinen Kapitularien die Hexen und Zauberer als „verabscheuenswert“. Bis ins 13. Jahrhundert sind Verurteilungen jedoch selten, die Strafen viel weniger hart als in folgenden Zeiten.

Manche Hexen sind sogar, wenn man den erhaltenen Urkunden glaubt, mit der Angst davongekommen ...

Viertes Kapitel

Die beiden Hexen von Cassis (1299)

Nicht weit von Sainte-Baume, im Dörfchen La Roquebrussanne, war an einem Sommertag des Jahres 1299 schon die Dunkelheit hereingebrochen; die Erde duftete nach Thymian und Quendel, während die Kaninchen mit ihren weißen Schwänzchen sich im Gebüsch tummelten.

Man wußte zwar im Dorf, daß das Meer nur einige Meilen weit entfernt war, aber niemand aus La Roquebrussanne war jemals dort gewesen – ausgenommen vielleicht der Pfarrer oder der Sohn des Müllers, der vor zwei Jahren fortgegangen war und von dem es hieß, er habe ins Heilige Land reisen wollen.

Die provenzalische Sonne vergoldete die Häuser des Dorfes; die Schafe gaben, was man zum Leben brauchte, und die Grillen erfreuten mit ihrer Musik das Herz. Man wußte wohl, daß seine Heiligkeit der Papst empfohlen hatte, gegen die Feinde der Kirche, besonders gegen Ketzer und Zauberer, zu kämpfen, doch dazu war der Himmel zu blau und die Hitze allzu drückend. Manchmal stritten der Prior von La Celle und der Bischof von Marseille um die grundherrschaftliche Gerichtsbarkeit, aber Strafverfolgungen gegen Zauberer oder Hexen waren seit geraumer Zeit bei keinem von ihnen anhängig gewesen. Eines Tages aber ...

Ihr Name war Douceline Truc; eine schöne, stattliche Südfranzösin, die ihr schwarzes Haar unter einem dichten Leinentuch verbarg, so daß nur eine Adlernase, blasse Wangen und feurige Augen wie die der alten Ägypterinnen zu sehen waren.

Sie war früh Witwe geworden; ihr Mann Thomas war eines Abends fortgegangen, um zu wildern, und er war weder am kommenden Morgen noch in den folgenden Tagen zurückgekehrt. Erst viel später wurde seine Leiche abseits vom Wege gefunden, und zwar in einem solch verwesten Zustand, daß nicht mehr zu erkennen war, ob Doucelines Mann einem Schlaganfall oder dem Angriff eines Werwolfs erlegen war. Von diesem Tage an verbreitete sich allerdings das Gerücht, Douceline bringe Unglück. Sie war allein geblieben in dem am Dorfrand gelegenen Haus, das sie zusammen mit einigen Hühnern bewohnte. Man wußte, daß sie sich auf Heilmittel verstand; von Zeit zu Zeit kamen Leute aus La Roquebrussanne und sogar aus Méounes, um die passenden Kräuter und Arzneien zu erbitten. Als Thomas noch lebte, hatte Douceline auch den Wöchnerinnen geholfen, die mit ihren geschickten Händen und den geheimnisvollen Tränken, die sie der werdenden Mutter zur Linderung der Schmerzen gab, wohl auch zufrieden sein konnten. Das entsprach zwar absolut nicht dem Bibelwort, daß jede Frau unter Schmerzen gebären solle. Die Frauen der Gegend sahen dies anders und riefen gerne Douceline zu Hilfe.

Der Tod ihres Mannes Thomas jedoch und zwei oder drei schwere Fieberepidemien, die mehrere junge Wöchnerinnen hingerafft hatten, setzten ihrer Laufbahn als Hebamme ein Ende. Als der Winter nahte, fehlte es Douceline an Holz, und wenn sie auch von Zeit zu Zeit ihre schönsten Hühner verkaufen konnte, so reichte das erlöste Geld doch kaum länger als eine Woche zum Leben. Eines Abends begab sie sich nach Tourves zu einer Frau, deren Namen besser nicht genannt wird.

„Was willst du um diese Stunde?“ fragte die andere mißtrauisch.

„Ich brauche dich dringend. Seit dem Tode von Thomas, meinem Mann ...“

„Die Leute im Dorf meiden dich, nicht wahr? Man hat seinen Körper am Höhlenpfad gefunden.“

„Das weißt du?“

„Ich weiß alles. Ein durch den Tritt eines Hirsches gelockerter Stein hat ihn in der Morgendämmerung getötet. Ich habe das ‚gesehen‘, so wie ich auch andere Dinge ‚sehe‘. Ich

Teufelsbeschwörung. Holzschnitt aus dem englischen Werk „The Strange Historie of Old Mother Shipton“, 1797.

hatte dich, als du noch blutjung warst, Namen und Anwendung der Kräuter gelehrt. Hast du das vergessen?“

„Gewiß nicht. Dank Tollkirsche, Eisen- und Johanniskraut habe ich manche Leiden lindern können. Aber jetzt, vor allem seit dem Tod Jacquelines, die acht Tage nach der Entbindung starb ...“

„Du mußt etwas anderes tun, meine Tochter. Warte, setz dich dorthin.“

Einige Augenblicke später löschte die Frau von Tourves die Kerzen bis auf eine. Aus ihrem Käfig holte sie eine Fledermaus, tötete sie und ließ ihr Blut in eine Schale fließen; dann legte sie ihre Hände auf diese und rief Beelzebub, Barabbas, Luzifer und Satan an; schließlich stieß sie einen lauten Schrei aus, während der Tisch sich zu bewegen anfing und die Möbel knarrten. Douceline lehnte leichenblaß an der Wand; sie bereute ihr Kommen. Aber war es nicht schon zu spät?

„Du willst Macht? Meine Macht?“ fragte die Frau mit weit aufgerissenen Augen.

Douceline zögerte. Sie wollte nein sagen und flüchten, aber sie war dem Juden von Méounes noch mehr als zehn Florins schuldig, und so nickte sie schließlich zustimmend. Als der

Morgen anbrach, ging sie, reich an Wissen, fort; in ihrer Schürze versteckt trug sie das Hexenbuch. Sie schlich dicht an den Mauern entlang, weil sie jede Begegnung fürchtete, und schloß sich, nachdem sie ihre seit dem Vortag hungernden Hühner gefüttert hatte, zu Hause ein.

Doch damit begann Doucelines Unglück. Die Kunden kamen (von jetzt an) sicherheitshalber nach Einbruch der Nacht; sie baten um ein Heilmittel – viel öfter aber noch um eine Verwünschung.

Eines Abends kam auch Guillume Textoris.

Guillume ... Wie hätte Douceline ihn vergessen können? Als sie noch ein junges Mädchen war, hatte er bei einem Fest mit ihr getanzt. Groß, goldhaarig, mit herzhaftem Lachen, gefiel er ihr gleich sehr, wie überhaupt allen Mädchen in La Roquebrussanne; er seinerseits fand Douceline ebenfalls nach seinem Geschmack. An Johanni vor der Hochzeit aber hatte die Müllerstochter Gaufride, diese unverschämte Person, Guillumes Arm berührt, während er mit Douceline tanzte, und dieser hatte seine Partnerin ihretwegen stehengelassen. Noch bevor der Herbst kam, war er verheiratet. Douceline hatte daraufhin Thomas, den sie nicht oder doch nur wenig liebte, ihr Jawort gegeben ...

Heute abend nun kam Guillume zu Douceline. Seine Haare waren matt geworden und stellenweise ergraut; seine Stirn trug Falten, und um seinen Mund lag ein schmerzlicher Zug. Trotzdem war Guillume noch immer schön.

„Was willst du von mir?" fragte Douceline. „Bist du nicht reich, du mit deiner Mühle? Hast du nicht die Gattin deiner Wahl? Bist du krank?"

Guillume verneinte und setzte sich schwerfällig. Douceline bot ihm zu trinken an. Allmählich taute er auf: Gaufride war hochmütig, streitsüchtig, anspruchsvoll, forderte immer noch mehr: Kleider, Hauben, Juwelen. Hätte nicht sie eine reiche Mitgift in die Ehe mitgebracht, während ihr Verlobter bettelarm war? Es machte ihr Spaß, ihn daran zu erinnern, ihn mit sinnlosen Vorwürfen zu demütigen, was er sich jahrelang hatte gefallen lassen. Aber nun ...

Konsultation einer weisen Frau.

„Nun, was? Du willst sie töten?"

„Das habe ich nicht gesagt." Guillume hatte nur aus Verlegenheit protestiert. „Ich möchte ..., ich möchte, daß sie weniger hochmütig ist und daß endlich Frieden herrscht in meinem Haus. Ich möchte ..."

Douceline erriet, was Guillume nicht auszusprechen wagte. Sie betrachtete ihn genau und befahl ihm dann zu warten. Sie kam mit einer schwarzen Katze zurück, der sie mit einem Messerstich den Leib aufschnitt; das Blut floß langsam in eine große Schale. Guillume betrachtete die Szene entsetzt, ohne ein Wort zu sagen. Einige Augenblicke später löschte Douceline die Kerze und legte ihre Hände auf den Tisch, der sich leicht zu bewegen begann. Dann rief sie mit rauher Stimme, wie sie es gelernt hatte, Barabbas, Beelzebub, Luzifer und Satan an; um den Katzenkadaver schienen Schatten herumzuschleichen, die allmählich Gestalt annahmen.

Guillume war es eiskalt. Hätte er gekonnt, er wäre Hals über Kopf davongelaufen. Aber war dazu noch Zeit?

Als Guillume Textoris am anderen Morgen heimkehrte, hatte er eine Notlüge ausgedacht, die seinen angeblichen Gang in die Stadt erklären sollte. Aber Gaufride war weder draußen mit dem Ausbreiten von Leinwand beschäftigt, noch sah man sie am Fenster oder in der Küche. Mit fieberglühendem Gesicht lag sie im Bett und klagte über starke Schmerzen, die, wie sie sagte, um Mitternacht ganz plötzlich aufgetreten seien.

Zwei Wochen später, am Vorabend von Sankt Jakob, suchte die Ehefrau eines gewissen Jean Brémond Douceline auf. Die beiden waren gute Freundinnen; als Kinder hatten sie zusammen unter Kiefern und Ölbäumen gespielt und sich aus Äpfeln und Zweigen Kränze gemacht.

Die Frau trat wortlos ein, aber Douceline wußte gleich Bescheid:

„Dein Mann schlägt dich und macht dir das Leben schwer?"

Die Besucherin nickte.

„Was noch?"

„Er gibt mir nicht einmal das Allernötigste. Ich rede nicht von Kleidern oder Schuhen; fast seit meiner Hochzeit trage ich noch dieselben. Aber er gibt mir kaum genug zum Leben, verbringt seine Zeit im Wirtshaus und zwingt mich, auch noch seine Brüder zu bedienen, die mich wie den letzten Dreck behandeln."

Die Frau weinte und zeigte ihre von Striemen bedeckten Arme.

„Douceline, ich flehe dich an, tu dein Möglichstes für mich. Hier sind einige Geldstücke, die ich seit dem Tod meines Vaters – Gott sei seiner Seele gnädig – verstecken konnte. Ich will sie dir geben, wenn du mir hilfst, denn ich kann es nicht länger aushalten und werde unter diesen Verhältnissen binnen kurzem zugrunde gehen."

Douceline wurde noch einmal weich. Sie begab sich in den Hühnerhof und kam nach Verlauf einer Stunde mit einem leinenen Beutel zurück, der mit einem Bindfaden verschlossen war. „Hierin ist etwas, das dir aus der Not helfen wird."

„Was willst du damit sagen?"
„Du mußt den Inhalt des Beutels in das Kopfkissen deines Mannes stecken und abwarten."
„Muß ich lange warten?"
„Vielleicht, ich weiß es nicht. Wenn dein Jean nach Verlauf einer Woche sein Verhalten nicht geändert hat, dann komm wieder zu mir."
Als die Frau nach Hause kam, schlug ihr Mann sie dermaßen, daß sie Doucelines Mittel für ganz unwirksam hielt. Aber noch war ja der Inhalt des Beutels nicht in Jean Brémonds Kissen versteckt. Am nächsten Tag nutzte sie seine Abwesenheit, knüpfte den Bindfaden auf und legte das Präparat ihrer Freundin vorsichtig in das Federbett. Es kamen Samenkörner aller Art zum Vorschein, außerdem Hühnerknochen und -klauen. Sie verschloß das Kissen, legte es an seinen Platz zurück und warf den Beutel auf den Misthaufen. Am Abend kehrte Jean Brémond wie üblich sehr spät vom Wirtshaus heim und legte sich neben seine Frau.
„Oha, Weib! Was ist das? Mir ist, als hätte ich ein Loch im Kopf, und unter dem Nacken spüre ich etwas wie tausend Kieselsteine!"
„Du hast zuviel getrunken."
„Ach was, ich träume ganz und gar nicht. Mein Hirn ist vielleicht benebelt, aber ich kann den Schädel nicht hinlegen, ohne dauernd Holzstücke zu fühlen."
Damit zog Jean Brémond das Kopfkissen hervor und riß es auf, so daß die von seiner Frau hineinpraktizierten seltsamen Dinge alsbald herausfielen.
„Und das da? Wirst du mir gleich sagen, woher diese Knochen und Klauen kommen? Hörst du, du Schlampe! Das ist doch zweifellos irgendein Zauber, den du mir antun wolltest!"
Diesmal war Jean Brémonds Wut entsetzlich, und nichts konnte ihn zurückhalten. Er zerrte seine Frau aus dem Bett, riß ihr die Haare aus und versetzte ihr schallende Ohrfeigen. Die Unglückliche schrie so furchtbar, daß schließlich die Nachbarn – obwohl an diese Art Lärm gewöhnt – herbeieilten und ein Ende machen; einer von ihnen alarmierte die Häscher, die eben vorbeigingen.

Die Frau schwor bei allen Heiligen, sie wisse von nichts; Douceline sei am Abend zuvor gekommen und für einen Moment allein in der Wohnung geblieben. Daraufhin wurde Douceline sofort abgeholt; sie legte den langen Weg bis zum Gefängnis zu Fuß zurück – erst unter den Sticheleien und Beschimpfungen der Einwohner von La Roquebrussanne, dann derer von Méounes. Unter ihnen erkannte sie Frauen wieder, denen sie in Geburtswehen geholfen, und Männer, die sie von Impotenz geheilt hatte. Aber nun war ihr alles klar, und sie empfand kaum noch Staunen über die feindselige Undankbarkeit ihrer Schuldner.

Die Häscher stießen Douceline rauh die Wendeltreppe hinunter, die zu ihrer Zelle führte. Als die schwere Tür wieder geschlossen und verriegelt war, fand sie sich in einem kalten und feuchten Raum wieder, in dem finstere Nacht herrschte. Als sie ein schwaches Geräusch hörte, glaubte sie zunächst, es seien Ratten, aber nachdem sie sich allmählich an die Dunkelheit gewöhnte, bemerkte sie eine Frau, die auf einer Pritsche geschlafen hatte und sich gerade erhob.

„Wer bist du? Seit wann bist du hier?"

„Ich bin eben gekommen. Mein Name ist Douceline Truc."

„Diebin?"

„Nein. Ich werde fälschlich der Hexerei angeklagt von Leuten, die mir verpflichtet sind."

„Ich auch. Ich heiße Raymonde Audier."

Mit wenigen Worten erzählte die Gefangene: Drei Wochen zuvor hatte sie den Besuch einer jungen Witwe erhalten, die von ihrer Schwägerin und ihren Schwiegereltern glühend gehaßt wurde und aus dem Haus vertrieben werden sollte. Die Unglückliche verlangte nichts Böses – nur einen Zauber, der ihr die Freundschaft dieser feindseligen Menschen verschaffen sollte.

„Und?" fragte Douceline.

„Nun, ich habe, wie du ja wissen mußt, schwarze Bohnen, Tamarisken- und Weinblätter gepflückt und dazu grüne Eidechsen und Weidenruten genommen. Das alles habe ich meiner Besucherin ausgehändigt, aber ihre Schwägerin hat sie aus meinem Haus kommen sehen, und damit war ich verloren . . ."

Am 22. Januar 1299 standen die beiden Frauen vor dem Landrichter in Méounes wegen Hexerei. Douceline wurde überführt, die Dämonen angerufen zu haben, um mit ihrer Hilfe Gaufride, die Ehefrau des Guillume Textoris, zu schädigen; außerdem warf man ihr vor, dem Jean Brémond Hühnerknochen und -klauen ins Kopfkissen praktiziert zu haben. Das Urteil lautete auf Abschneiden beider Ohren, Auspeitschen und anschließende Verbannung aus der Stadt. Zuvor sollte sie an einem Sonn- oder Feiertag während der Messe, nackt vom Kopf bis zum Gürtel, an den Pranger gestellt werden. Von der Strafe der Verstümmelung konnte sie sich allerdings loskaufen, indem sie binnen zehn Tagen an die bischöfliche Kurie zwanzig Livres zahlte.

Die gegen Raymonde Audier erhobenen Vorwürfe waren weniger schwerwiegend. Der Richter verurteilte sie zum Verlust nur eines Ohres und zum Prangerstehen vor der Kirche wie ihre Landsmännin; auch sie konnte sich durch Zahlung der Summe von zehn Livres freikaufen.

Der Leser erwartet nun ohne Zweifel einen grausamen und blutigen Auftritt; aber das heißt die Leute von La Roquebrussanne schlecht kennen. In der Tat war das Urteil kaum gefällt, als der Prior des Klosters La Celle, Bruder Amic, sich dieser Entscheidung lebhaft widersetzte, da sie ihm als Eingriff in seine richterlichen Befugnisse erschien. Die Vollstreckung wurde also ausgesetzt, das Urteil vernichtet und der Prozeß erneut aufgerollt. Die Kompetenzschwierigkeiten zwischen dem Bischof und dem Prior zogen sich insgesamt 34 Jahre lang hin; das endgültige Urteil erfolgte erst am 16. August 1333. Aus den Urkunden wissen wir heute, daß beide Angeklagte vom Prangerstehen befreit wurden. Und sind den Frauen die Ohren wirklich abgeschnitten worden?

Wir wissen es nicht, aber alles deutet darauf hin, daß Douceline und Raymonde begnadigt wurden, daß man darauf verzichtete, diese alten Frauen, die nicht einmal mehr die Glocken von La Roquebrussanne hören konnten, mit einer Strafe zu belegen, deren weit zurückliegenden Grund die noch lebenden Einwohner inzwischen vergessen hatten.

Fünftes Kapitel

Die Zauberin Tiphaine (1360)

Graue Steine umstanden den riesigen Tisch; in den beiden Kaminen brannten Holzscheite; Hähnchen und Rehschenkel drehten sich am Spieß. Die kahlen Mauern wurden durch schöne, aber schon etwas verblichene Wandteppiche verdeckt. Der Geruch von Speisen und Wein stieg aus den Schüsseln auf; durch den Dunst waren im Kerzenschimmer die von farbigen Hauben umrahmten Gesichter junger und alter Menschen zu erkennen, in Gespräche vertieft und zugleich mit kulinarischen Genüssen beschäftigt.

Robert, der Herr von Schloß Motte-Broons, ließ von seinem Ehrenplatz aus den Blick über seine Gäste schweifen – ein Stuhl war trotz der späten Stunde noch leer. Auf dem Platz daneben saß eine fremde Frau, eine Nonne, die am Abend zuvor im Schloß Aufnahme gefunden hatte; ihr Gesicht wirkte dunkel und abgezehrt unter dem schwarzen Schleier. Man wußte von ihr nur, daß sie eine erst kürzlich bekehrte Jüdin war. Sie sprach kaum ein Wort.

Robert gegenüber saß seine Frau Jeanne de Malemains, eine Edle von Sens – ebenfalls erzürnt wegen des leeren Sessels. Plötzlich öffnete sich die Tür, und ein häßlicher, plattnasiger, finster aussehender Jüngling in abgerissener Kleidung trat zögernd ein. Während er langsam zu seinem Platz ging, wobei er aus Ungeschick Geschirr und Bediente anrempelte, rief Robert aus:

„Wo habt Ihr Euch bloß herumgetrieben und mit wem? Seht nur, in was für einem Aufzug Ihr seid! Ihr beschämt uns ja zu Tode!“

„Ich war einige Meilen entfernt und habe mich verirrt.“

„Ihr lügt! Ihr wart mit noch ein paar andern Flegeln zusammen, um zu stehlen oder Euch zu prügeln."

„Aber Vater, ich schwöre Euch ..."

„Schweigt!"

Der Bursche zog den Kopf ein; Häßlichkeit und Plumpheit schienen ihn zu hindern, seinem Vater zu antworten; er wußte es selbst, daß sein Anblick abscheulich war. Jeanne, die noch nichts gesagt hatte, aber bleich vor Zorn war, maß ihren Sohn mit verächtlichen Blicken:

„Wäret Ihr doch tot oder nie geboren, dann bräuchten wir heute nicht wegen Eures Betragens zu erröten!"

Da ergriff die Nonne, die bisher geschwiegen hatte, plötzlich das Wort und wandte sich ernsthaft an Jeanne:

„Madame, zu früh gereifte Früchte taugen nicht. Dieser Junge, über den Ihr Euch heute beklagt, wird einmal alle seine Vorfahren an Ruhm übertreffen. Er wird nicht seinesgleichen auf der Welt haben; die Lilien Frankreichs werden sich vor ihm verneigen."

Der Junge hieß Bertrand Du Guesclin; er wurde später Konnetabel (Oberbefehlshaber der Armee) von Frankreich und vertrieb in den Jahren 1370 bis 1373 die Engländer aus dem Poitou und fast allen übrigen französischen Besitzungen. Es war das erste Mal, daß eine „Zauberin" in sein Leben eingriff; fast im selben Augenblick, in dem die Nonne ihm eine ruhmreiche Zukunft prophezeite, sollte eine andere Frau zur Welt kommen – eine Astrologin, die von den Historikern selten erwähnt wird, da diese einen groben Haudegen von unsterblichem Ruhm bevorzugen.

Zur Zeit, als Philipp von Valois König von Frankreich war, Benedikt XII. Papst der Christenheit und Johann III. Herzog der Bretagne, lag in Schloß la Bellière Jeanne de Dinan in den Wehen: Sie brachte gerade ihr drittes Kind zur Welt. Jeannes Vater, Guillaume de Dinan, war Befehlshaber dieser Stadt und Herr von La Belliére. Im Nebenzimmer wartete ihr Ehemann, Robert III., Edler von Raguenel, Enkel eines Kammerherrn des Grafen von Bretagne; der Überlieferung nach soll er zusammen mit neunundzwanzig anderen Bretonen an der berühmten Schlacht gegen die Engländer auf der Heide von

Mivoie teilgenommen haben. Plötzlich rief die Hebamme: „Es ist eine Tochter!“

Jeanne richtete sich mühsam auf:

„Ich will sie Tiphaine nennen.“

Das war ein ungewöhnlicher Vorname. Aber Jeanne de Dinan, eine eigenwillige Persönlichkeit mit einer besonderen Vorliebe für die Astronomie, hatte zweifellos beschlossen, ihre Tochter unter das Zeichen des Sterns der Weisen zu stellen, weil sie am Tag der Epiphanie, dem Dreikönigsfest, geboren war; „Tiphaine“ ist die volkstümliche Bezeichnung für Epiphanie.

Tiphaines Schloß ist noch heute an der von Dinan nach Saint-Malo führenden Straße zu sehen; es liegt versteckt hinter hohen Bäumen, nahe bei einem Teich, dort wo der legendäre Merlin, der berühmte Seher und Zauberer aus dem Sagenkreis um König Artus, sein Wesen treiben soll. Hier wuchs die hübsche „Ephiphanie“ auf und wurde – im Unterschied zu anderen Mädchen ihres Alters – in allen Wissenschaften unterrichtet. Niemals sah man sie auf den Wiesen spielen. Durch Einatmen der aus dem Teich aufsteigenden Dünste lernte sie, aus dem Wasser und den Gestirnen die Zukunft lesen; blaß und durchsichtig, entwickelte sie sich allmählich zu jener jungen Dame Raguenel, die unter Atemnot litt und kaum einen Blick an junge Männer verschwendete. Sie sagte die Zukunft voraus – aber mit Umsicht; in den Augen der Leute war sie eine „Zauberin“, und die Anklage wegen Hexerei hing ständig in der Luft. Noch lange nach ihrem Tod sollte man im Pfarrhaus von Pleudihen ein kleines, etwa hundert Seiten dickes Heft voller kabbalistischer Figuren und farbiger Zeichnungen zeigen, die angeblich von ihrer Hand stammten.

Ihr Wissen und ihre besonderen Fähigkeiten sollten sie auch die Zukunft des dicken, ungehobelten Tölpels von Schloß Broons erraten lassen: sie würde ihm begegnen und sich mit ihm in einer seltsamen Ehe verbinden – möglicherweise eine Folge der unausweichlichen Überschneidung zweier Schicksale.

Der Sohn des Herrn von Broons war damals noch nicht einmal Knappe; zerlumpt, grob und ungeschliffen, ging er mit

Entbindungsszene im Sitzen auf einem Gebärstuhl. Im Hintergrund zwei Männer, die die Sternenkonstellation der Geburtsstunde des Neugeborenen errechnen. Holzschnitt von Jost Amman (16. Jh.).

den Bauernjungen der Umgebung auf zweifelhafte Unternehmungen aus, bei denen jedes Mittel erlaubt war – ein Vorgehen, das später für die Sicherung seiner militärischen Laufbahn entscheidend werden sollte. Von seinen Eltern verabscheut, verachtet von den Mädchen, denen er zu häßlich war, rächte er sich durch Teilnahme an den örtlichen Querelen und Schlägereien, oder er spielte den damals in der Bretagne umherstreifenden Engländern allerlei Streiche. Eines Tages stahl er seinem Vater einen Ackergaul und ritt die zwölf Meilen bis nach Rennes, wo anläßlich der Heirat des Charles de Blois mit

Bertrand du Guesclin.
Marmorne Grabfigur
aus dem 14. Jahrhundert.

Jeanne de Penthièvre ein Turnier stattfinden sollte. Dort angekommen, bemerkte ihn ein Knappe und lieh ihm aus Mitleid sein Pferd und seine Rüstung. Bertrand ritt sogleich in die Schranken und warf schon beim ersten Stechen die besten Ritter aus dem Sattel. Auch Tiphaine befand sich unter den Zuschauern; sie wurde auf den verkappten Ritter aufmerksam und musterte ihn von oben bis unten – ihr Blick wurde starr.

„Wer ist das?" fragte die neben ihr sitzende Cousine. „Kennst du ihn?"

„Ich weiß nicht, aber er wird einmal große Dinge vollbringen."

„Woher weißt du das?"

„Merlin hat das Kommen eines Kriegers vorausgesagt, der einen Adler auf seinem Schild trägt und ..."

Schau, er hat das Visier zurückgeschlagen. Jesus, wie häßlich er ist!"

Tiphaine betrachtete ihn enttäuscht.

„Das ist wahr, er hat einen richtigen Schweinsrüssel."

„Und seine Rüstung! Das ist noch nicht einmal seine eigene. Schau, er gibt sie zurück! Und überhaupt, ich habe keinen Adler gesehen ..."

Tiphaine schloß die Augen; zweifellos hatte sie sich geirrt, und doch – in dem Moment, als der „Schweinskopf" zum Angriff angesetzt hatte, war der Adler sichtbar gewesen. Nach Hause zurückgekehrt, zog sie ihre magischen Bücher zu Rate, befragte ihre astrologischen Tabellen und die Gestirne. Sie sprach kein Wort mehr, aber sie war ihrer Sache gewiß.

Man darf nicht vergessen, daß Frankreich zu dieser Zeit zwischen Furcht und Hoffnung schwebte. Europa wurde von der Schwarzen Pest heimgesucht; Sonnenfinsternisse und Kometenerscheinungen schienen das gefürchtete nahe Ende der Welt anzuzeigen. In der Bretagne standen infolge eines dynastischen Konflikts zwei Thronbewerber einander gegenüber. Bei seinem im Jahre 1364 erfolgten Tode hatte Johann III. (auch Johann der Gute genannt) zwei mutmaßliche Erben hinterlassen: seine Nichte Jeanne la Boiteuse (Johanna die Lahme), die Charles de Blois, einen Sohn Margaretes von Frankreich, geheiratet hatte – und Jean de Montfort, ebenfalls ein Enkelkind Arthurs II., der durch Heirat auch noch Herzog von Flandern geworden war und von den Engländern unterstützt wurde. Blois und Montfort sollten sich jahrelang – bis zu Charles' Tod – bekämpfen und dadurch unendliches Elend über die Bretonen bringen.

Bertrand Du Guesclin entschloß sich, Charles de Blois zu unterstützten; von nun an stellte er seine Kräfte in den Dienst einer erlauchten Sache, indem er die Engländer und die Truppen Montforts bekämpfte. Die Nachrichten über seine erfolgreichen Schlachten drangen bis zum französischen Hof, der sich ebenfalls in Schwierigkeiten befand: König Johann war Gefangener der Engländer und der junge Dauphin, der künftige Karl V., bekämpfte die notleidenden, gegen Hunger, Elend und die Gewaltherrschaft des Adels rebellierenden Bauern. Um sich Du Guesclin zu verpflichten, machte der Dauphin ihn zum Hauptmann von Pontorson, und nun konnte man den frisch Ernannten stolz vor den von seinem wachsenden Ruhm tief beeindruckten Landsleuten umherstolzieren sehen. Tiphaine beobachtete ihn von ihrem Fenster aus: geschniegelt und in blankgeputzter Rüstung, mächtig, siegreich und allein – immer allein.

Eines Tages war Bertrands Bruder Olivier so unvorsichtig, außerhalb der Mauern von Dinan auf freiem Feld spazierenzugehen, und plötzlich sah er sich umzingelt:

„Ergebt Euch!"

„Meiner Treu, es herrscht doch Waffenstillstand und ich weiß gar nicht . . ."

„Ergebt Euch!"

„Ich bin der Bruder von Bertrand Du Guesclin!"

„Und wenn schon! Ich habe Euch gefangengenommen! Ich behalte Euch."

Der die Patrouille anführende Engländer war Thomas von Canterbury; er brachte seinen Gefangenen ins Zelt des Herzogs von Lancaster, des zweiten Sohns König Edwards. Einer Dienerin gelang die Flucht durch das Ausfalltor; sie benachrichtigte Bertrand. Dieser sprang sofort auf, schwang sich in den Sattel und begab sich allein ins englische Lager.

„Setzt Euch", sagte der Prinz, „wir werden zu Ehren Eures Besuches etwas trinken."

„Monseigneur", erwiderte Bertrand, „ich werde keinen Tropfen trinken, ehe mir nicht Gerechtigkeit widerfahren ist."

Für einen Augenblick herrschte Schweigen – dann nahm Jean Chandos, der militärische Berater des Herzogs, das Wort, um zu verhindern, daß sein Fürst Bertrand als Gleichgestellten behandelte.

„Gnädigster Herr", sagte er, „falls einer unserer Leute Euch Unrecht zugefügt haben sollte, so wird man Euch Genugtuung leisten."

Der Herzog von Lancaster setzte das Spiel fort, ohne ein Wort zu sprechen. Bertrand erklärte, sein Bruder sei trotz des bestehenden Waffenstillstands von einem englischen Ritter gefangen worden.

Chandos nahm erneut das Wort und rief: „Wenn jemand im Lager ist, der Euch das angetan hat, so wird er Euch vorgeführt werden, wer immer er auch sein mag."

„Das gebe Gott!" erwiderte Bertrand. „Es ist Thomas von Canterbury."

Eine mächtigere Persönlichkeit hätte man kaum angreifen können – aber Chandos hatte nun einmal sein Wort gegeben.

Bertrand kehrte nach Dinan zurück, wo er die Nachricht verkündete, die großes Aufsehen erregte. Sogleich wurden die Einzelheiten des Zweikampfes festgelegt; die Bretonen forderten, er solle innerhalb der Stadt stattfinden. Der allgemeine Aufruhr steigerte sich bis zur Raserei. Jeder wußte um den Vorfall: die Niedertracht Canterburys und die Kühnheit Bertrands, sich ganz allein zu den Engländern zu begeben – und jetzt kam noch die Angst vor dem Ausgang des Duells hinzu.

Allein bei ihren Zauberbüchern sitzend, hörte Tiphaine den Lärm und das Stimmengewirr der Einwohner von Dinan. Zunächst verharrte sie nachdenklich und regungslos, dann schlug sie in ihren Tabellen nach; endlich entschloß sie sich, beunruhigt durch den Tumult draußen, ihr Zimmer zu verlassen und hinunter zu gehen in die Rue Sainte-Croix, wo sie sich aber bald von einer Menschenmasse umzingelt sah.

„Halt! Dort ist Dame Tiphaine", rief eine alte Frau. „Sie kennt gewiß den Ausgang des Kampfes."

„Edle Frau, ich bitte Euch, wißt Ihr, ob unser Ritter ..."

Tiphaine versuchte, sich einen Weg durch die Menge zu bahnen; sie wollte gern mit Du Guesclin selbst sprechen, aber sie kannte ihn ja kaum.

„Ich bin einer seiner Knappen", rief ein junger Mann lachend, „wenn Ihr vielleicht eine himmlische Botschaft habt ..."

Tiphaine wandte sich um und betrachtete ihn mit düsterem Blick:

„Lacht nicht. Ich habe soeben ‚gesehen', daß alles gut ausgehen wird für Euren Herrn."

„Woher wißt Ihr das?"

„Was habt Ihr gesehen? Wie wird der Kampf sich abspielen?" Der Knappe war verschwunden, und Tiphaine hatte keine Lust, die Fragen der sie umdrängenden Bauern zu beantworten; sie stieß die Zudringlichen zur Seite und kehrte schweigend nach Hause zurück.

Der Knappe aber brachte Bertrand Du Guesclin Tiphaines Botschaft, die dieser mit lautem, spöttischem Gelächter quittierte: „Ich kehre mich nicht an Orakel von Weibsbildern! Ich verlasse mich nur auf meinen Arm und mein gutes Schwert."

Am nächsten Tag fand auf dem Marktplatz von Dinan der Zweikampf statt. Du Guesclin trug diesmal wirklich eine mit einem schwarzen Adler verzierte Rüstung. Tiphaine betrachtete ihn und lächelte. Der Kampf begann. Canterbury stürzte fast augenblicklich vom Pferd, wobei er sein Schwert verlor – sofort steckte Bertrand das seine wieder in die Scheide und stürzte sich auf seinen Gegner, so daß die Rüstungen mit lautem Krach aufeinanderprallten. Dem Engländer gelang es, freizukommen; er bestieg wieder das Pferd. Aber nun setzte Du Guesclin die Zuschauer in Erstaunen: seelenruhig ließ er sich nieder und fing an, seine Knieschützer aufzuschnüren. Canterbury, der die Situation ausnutzen wollte, stürzte sich sofort auf ihn. Entsetzt schaute die Menge zu, Tiphaine rang die Hände. Im letzten Augenblick gelang es Bertrand, aufzustehen; er wich dem Schlag aus und stieß dem Pferd des Gegners seine Waffe in die Flanken. Canterbury war nun gezwungen, den Kampf zu Fuß fortzusetzen, und im Unterschied zu dem durch seine früheren Jahrmarktsschlägereien sehr geübten Bertrand hatte er kaum Erfahrung in solchen Nahkämpfen Mann gegen Mann. Und schon lag er auch rücklings auf der Erde; Bertrand löste ihm den Helm und fing an, mit dem Degen auf ihn einzustechen.

Die Engländer brachen in lautes Geheul aus: „Halt! Halt!"

„Er soll sich besiegt erklären, oder er wird an dieser Stelle sein Leben lassen!"

„Wie könnte er sich denn ergeben? Er kann ja nicht mehr sprechen!" rief ein Engländer.

In diesem Zweikampf wurde die Persönlichkeit Bertrands du Guesclin sehr deutlich: sein Mut, seine List, aber auch seine rohe Gewalt.

Tiphaine, die gebildete, begabte Astrologin, brannte geradezu darauf, ihm vorgestellt zu werden. Das gelang ihr noch am gleichen Abend bei einem zu Ehren des Siegers stattfindenden Festmahl, während Canterbury im Sterben lag. Ein Knappe flüsterte Bertrand zu:

„Seht, das ist diejenige, die Euren Sieg vorhergesehen hat."

Bertrand hob den Kopf, sein Blick ruhte unverwandt auf dem hübschen Mädchen, das errötete.

„Ihr seid das also?"
Sie nickte.
Der Knappe setzte lachend hinzu:
„Das ist die, von der Ihr gesagt habt: Gott bewahre mich davor, an solche Dummheiten zu glauben; Frauen haben nicht mehr Verstand als ein Schaf ..."
Tiphaine wurde blaß und entfernte sich, die Lippen fest zusammengepreßt. Sie war damals vierundzwanzig Jahre alt – Bertrand neununddreißig, sie schön – er häßlich, dick und ungebildet. Dennoch würde Tiphaine sich in der Folge bemühen, Bertrand Du Guesclin durch Vermittlung der Gräfin von Blois eine Heirat schmackhaft zu machen. Der einige Tage später abgeschlossene Waffenstillstand erlaubte ihr, ihn öfter zu sehen, wobei die beiden die merkwürdigsten Unterhaltungen führten: Sie erzählte ihm von der Schule von Salerno, von Tierkreiszeichen und Orakeln, Bertrand dagegen rief alle Heiligen und sein Schwert um Hilfe an. Aber letztlich fiel das nicht ins Gewicht. Der Grobian gefiel ihr – zudem machte ein gebrochenes Bein Du Guesclin für mehrere Wochen bewegungsunfähig, was Tiphaine Gelegenheit bot, weiterhin ihre Netze zu spinnen; bald darauf fand die Hochzeit statt, und das Paar ließ sich in Pontorson nieder.
Dort soll Tiphaine schon nach kurzer Zeit gesagt haben: „Liebster Herr, Ihr solltet nicht so lange ohne kriegerische Beschäftigung bleiben; es ist mir recht, wenn Ihr zu neuen Waffentaten aufbrecht, denn ich weiß, daß Gott Euch schützen und Euer Ruhm mich über Eure Abwesenheit hinwegtrösten wird."
Überrascht, enttäuscht und ein wenig beleidigt, weil Tiphaine ihn schon so bald aus dem Bett warf, bemerkte er gereizt: „Ich hätte nicht gedacht, daß Ihr meiner Gegenwart so rasch überdrüssig werden würdet."
„Ich denke nur an Euern Ruhm", soll sie geantwortet haben. „Seid dessen versichert und nehmt bitte die astrologischen Tafeln mit, auf denen ich Euer Horoskop berechnet habe, die Glückstage und die Unglückstage. Solange Ihr tut, was ich Euch rate, werdet Ihr und Eure Leute nicht besiegt werden."

„Dank für Eure Gaben, aber mein Schicksal hängt allein von Gott und von meinem Schwert ab."

Am selben Tag umarmte er seine Gattin und verließ Pontorson. Noch ein letztes Mal drehte er sich um und blickte zurück zum Wall der Festung, von wo zwei Gestalten ihm nachwinkten: Tiphaine und Bertrands Schwester Julienne, die Nonne geworden und ihm sehr ähnlich war.

Von diesem Tag an war die Ehe des Haudegens mit der Zauberin praktisch beendet – allen Beschönigungen sittsamer Kommentatoren zum Trotz.

Seltsamerweise begann jedoch die Verbindung zwischen dem Schicksal Du Guesclins und der Astrologin erst jetzt. Johann, der König von Frankreich, war in England gestorben und sein Sohn Karl, der Dauphin, im Begriff, seine Stelle einzunehmen. Der künftige Karl V., der von zeitgenössischen Historikern kaum gewürdigt wurde, hatte in seiner Jugend eine lange, schwere Krankheit durchgemacht, die ihn zeitlebens schwächlich machte und eine fast vollständige Lähmung der rechten Hand zur Folge hatte. Seine Leiden stellten eine Prüfung dar, zugleich aber auch eine Wohltat: fern von den Gewohnheiten des Adels, dessen Erziehung ganz auf körperliche Ertüchtigung ausgerichtet war, hatte er sein ganzes Interesse den freien Künsten und den Wissenschaften zugewandt. „Wahrer Philosoph und Erforscher aller Dinge", befaßte er sich mit Theologie, Astrologie und Alchimie; das war recht erstaunlich, da doch die Theologie die beiden anderen Disziplinen als „teuflische Künste" verdächtigte, die vor allem von Juden und anderen Nichtchristen praktiziert würden. Astrologie und Chemie waren tatsächlich das spezielle Forschungsgebiet der „Ungläubigen". Was die Astrologie angeht, die sich auf die Annahme einer universalen Harmonie und eines gegenseitigen Einflusses der Gestirne gründet, so enthält sie in ihrem Keim die eigentliche Astronomie, die Mechanik und die Himmelsphysik.

Hier besteht eine wichtige Parallele zwischen Karl V. und Tiphaine: Hofastrologe des Königs war der Bologneser Thomas de Pisan, der Vater der berühmten französischen Dichterin Christine de Pisan. Der König hatte ihn aus Venedig kommen lassen, und er war, wie es heißt, ein „ausgezeichneter Astrologe“, obgleich er sich häufig irrte. Jedenfalls unternahm es König Karl V. damals, als es noch keine richtigen Hexenverfolgungen gab, ebensowenig wie andere weltliche Fürsten, Schlösser und Kirchen zu bauen oder Kriege zu führen, ohne zuvor einen Astrologen um Rat zu fragen. Dieser Herrscher sollte einen bestimmenden Einfluß auf das Geschick Du Guesclins nehmen, so als ob von nun an Tiphaines Tafeln trotz allem die Führung übernommen hätten.

Auch unter dem neuen König kam es, wie bereits unter seinem Vater, zum Konflikt mit Karl dem Bösen von Navarra, dessen Truppen einen großen Teil der Normandie besetzt hielten; eine dieser Truppen wurde von einem gewissen Jean de Grailly, Hauptmann von Buch, befehligt, der bis nach Reims vordringen wollte, um die Krönungsfeierlichkeiten zu stören. Der König wandte sich an den berühmten Bertrand, dessen Stern nun wirklich aufging. Bertrand nahm an und kam mit seinen Truppen zum Gefecht zwischen Navarresern und Engländern, die auf der Höhe von Cocherel, zwei Meilen von Rennes entfernt, Aufstellung genommen hatten. Die beiden Heere gingen an Land und beobachteten einander eine Zeitlang; schließlich wollten die Franzosen ein Ende machen und sich auf die Navarreser stürzen, aber der für einen solchen Fehler zu gerissene Bertrand gab im Gegenteil das Zeichen zum Rückzug. Die Engländer verließen daraufhin ihre Stellungen und rannten eilig den Hügel hinunter – vergebens rief der Hauptmann, der die Falle witterte, ihnen zu anzuhalten. Wenig später ließ Du Guesclin seine Leute mit dem Ruf „Notre-Dame Du Guesclin!“ kehrtmachen und griff an. Die Navarreser wehrten sich verzweifelt, aber nur wenige von ihnen entgingen dem Gemetzel am 16. Mai 1364.

Die Nachricht von der Schlacht bei Cocherel erreichte König Karl V. am Vorabend seiner Salbung, die am 19. Mai in Reims stattfand. Nach diesem Sieg hörte Karl V. nicht auf, Du Guesclin mit Ehren und Pflichten zu überhäufen. Künftig würde es das „Paar“ Tiphaine und Bertrand nicht mehr geben – schon seine erste Abwesenheit sollte sich über fünf Jahre hinziehen.

Zu der Zeit, als Tiphaine mit Julienne zusammenlebte, rettete diese eines Tages durch ihre Geistesgegenwart und Stärke die Festung. Sie war nachts durch ein sonderbares Geräusch geweckt worden und stand auf, um nachzusehen, wobei sie ihr Schwert mitnahm. Sie ging bis ans Ende des Ganges, von wo das ungewöhnliche Geräusch kam, und überraschte eine Dienerin, die eben dabei war, die Fenstergitter in ihrem Zimmer zu zersägen, während auf der anderen Seite die Engländer bereits ihre Leiter angelehnt hatten. Julienne, die zweifellos ebensolche Kräfte hatte wie ihr Bruder, stieß die Dienerin weg, durchbohrte den Mann, der sich bereits an das Fenstergitter klammerte, mit dem Schwert, packte die Leiter, und es gelang ihr, diese mitsamt den drei behelmten und bewaffneten Engländern, die gerade im Begriff waren, ins Schloß einzudringen, umzustoßen. Nach Bertrands Abreise aber verließ Julienne das Schloß, und Tiphaine zog sich unter dem Schutz des Abtes Geoffroy de Servon, eines aus Avranches stammenden Normannen, in das Kloster Mont Saint Michel zurück. Dort, so wird erzählt, führte sie von nun an ein klösterliches Leben, indem sie sich unter Leitung Geoffroys de Servon ihren Studien widmete.

Sie beobachtete den nächtlichen Sternenhimmel, berichtigte ihre Tabellen und durchforschte die Archive des Klosters, besonders antike Handschriften, an deren Rand schon Generationen von Mönchen ihre eigenen Erkenntnisse notiert hatten. So wurde Tiphaine beinahe ein Orakel – nach Meinung ihres Biographen Yves-Marie Rudel war sie „vielleicht die gelehrteste Frau der Bretagne, der Normandie und ganz Frankreichs.“

Tiphaine sollte nur noch in großen Abständen den Besuch ihres Gatten erhalten. Als Bertrand in Bordeaux in Gefangenschaft des Schwarzen Prinzen geraten war, setzte er das Lösegeld selbst auf 100000 Goldgulden fest und kam ein erstes Mal zum Mont Saint Michel, um bei seiner Frau eine Anleihe zu machen, die allerdings eine so große Summe nicht besaß. (Schließlich bezahlte der König von Frankreich das Lösegeld.) Fast sofort reiste er wieder ab, begab sich zu seiner wahren Geliebten, der Armee, und brach erneut nach Spanien auf.

Einige Jahre später sollten sie sich noch einmal – vielleicht zum letzten Mal – wiedersehen. Karl V. hatte beschlossen, Du Guesclin zum Konnetabel, zum Oberbefehlshaber der französischen Armee, zu machen. Dieser lehnte zunächst bescheiden eine solche Ehre, die seiner Meinung nach edleren Persönlichkeiten zukam, ab; als der König aber darauf bestand, sagte Du Guesclin schließlich:

„Ich nehme unter einer Bedingung an."

„Was für eine?" fragte der König ein wenig überrascht.

„Ich möchte, daß Ihr es niemals glaubt, wenn jemand hinter meinem Rücken Böses über mich sagt."

Karl V. versprach es, und Du Guesclin sah sich nun an der Spitze von dreitausend Bewaffneten. 1500 von ihnen hatte der Finanzminister ihm voll ausgerüstet zur Verfügung gestellt; er entschloß sich, das übrige aus eigenem Vermögen zu bezahlen. In Caen in der Normandie waren große Festlichkeiten geplant, vor allem ein Bankett. Bertrand ließ auch seine Frau dorthin kommen – samt ihrem goldenen und silbernen Tafelgeschirr. Tiphaine verließ also den Mont Saint Michel und reiste mit ihrem Vermögen nach Caen. Das Festmahl war prunkvoll; Taillevent, der Chefkoch des Königs, hatte ein großartiges Essen bereitet. Gegenüber seinen Gefährten zeigte Du Guesclin sich fröhlich und freigebig, während er Tiphaine nur aus der Ferne mit einer kleinen Handbewegung grüßte. Am Ende des Essens stand er auf und rief:

„Solange ich noch Geschirr habe und meine Frau Juwelen besitzt, solange wird keiner aus meiner Armee entlassen werden!"

Wie ein Mann erhoben sich die Gäste und jubelten Du Guesclin zu.

Tiphaine aber reiste mit leeren Händen wieder ab und ließ ihren Mann seiner Wege gehen, neuen Kriegszügen und Abenteuern entgegen. Wer erinnert sich noch an sie? Für kriegerische Heldentaten sind die Biographen nun einmal sehr viel empfänglicher, und zudem schildern sie Tiphaine als unterwürfige Ehefrau, die unter Anleitung des Klostervorstehers vom Mont Saint Michel ganz zurückgezogen nur dem Gebet lebte.

Und doch gibt es da ein Geheimnis: „Diese ehrbare Dame“, schreibt Pierre Bourdeille de Brantôme, Höfling und Chronist der französischen Adelsgesellschaft des 16. Jahrhunderts, in seinem „Leben der galanten Damen“, „liebte ihr nächtliches Vergnügen nicht so sehr wie die Ehre ihres Gemahls.“ Ist das der Grund, weshalb sie ihn fast sofort zurück in den Krieg schickte? War sie, wie es heißt, der „ehelichen Freuden“ für immer überdrüssig, oder entdeckte sie sie insgeheim bei einem anderen?

Geoffroy de Servon, ihr „Gesellschafter“, war weniger Abt als vielmehr Soldat. Er verhielt sich, so heißt es, wie die Krieger des Alten Testaments: ständig die Kelle in der einen, das Schwert in der anderen Hand. Im Laufe seiner Amtszeit ließ er sich eine ganz mit Perlen bedeckte Mitra machen, so schön und kostbar wie keine andere im Reich. Welcher Art mögen die Beziehungen zwischen diesem merkwürdigen Abt und Tiphaine wohl gewesen sein?

Man kann sie sich schwerlich als Einsiedlerin vorstellen; wirklich verbrachte sie viele Nächte damit, die Sterne zu betrachten – das einfache Volk beschuldigte sie sogar, Unterhaltungen mit dem Teufel zu führen, der ihr im Tausch für ihre Seele einen Hilfsgeist, den „Gobelin“, geschenkt habe.

Das hinderte sie aber nicht daran, auch noch anderswo ihr Wesen zu treiben. Auf dem Tympanon am Portal der Klosterkirche von Sacey ist eine Darstellung des Tierkreises zu sehen. Alles weist darauf hin, daß es sich hier um eine Spur der zauberkundigen Astrologin handelt, die auch auf dem Mont Saint Michel weiterhin die Sterne befragte und den Lauf der Gestirne verfolgte.

Im Jahr 1374 wurde die kaum Vierzigjährige in Dinan schwer krank; auch hier betont die Überlieferung, der treue Du Guesclin sei umgehend an das Sterbebett seiner Frau geeilt. Wahrscheinlich ist es aber doch wohl Geoffroy de Servon gewesen, nach dem sie in ihren letzten Augenblicken rief, während der Konnetabel im Begriff war, in zweiter Ehe eine gewisse Jeanne de Laval zu heiraten.

Das Geheimnis ihrer Liebe hat Tiphaine mit ins Grab genommen.

Mittelalterliche Strafen. Holzschnitt aus Tenglers „Layenspiegel".

Der einen Hexe werden die Ohren abgeschnitten – die andere verehrt man fast wie eine Heilige: Tiphaine und Douceline haben nur wenig gemein mit den vielen Unglücklichen, die bald in den Hexenprozessen ihr Leben lassen werden.

Die Kirche hat immer gegen „schädliche Mächte" gekämpft, aber bis in die Zeit der Renaissance blieb die Verfolgung begrenzt, was großenteils der Autorität des Heiligen Augustinus zuzuschreiben ist. Dieser bezweifelte nicht, daß Hexen imstande seien, mittels ihrer Kräuterkenntnisse zu heilen oder zu töten, aber er bestritt ausdrücklich die Realität der ihnen zugeschriebenen Verwandlungen oder den Flug durch die Luft. Unter seinem Einfluß war auch die Kirche lange Zeit der Ansicht, es handle sich um Träume; noch im 9. Jahrhundert verglich der „Canon Episcopi" den Sabbat mit einem Mythos und diejenigen, die den „Flügen der Hexen in den Lüften" Glauben schenkten, mußten zwei Jahre lang Buße tun. Im 12. Jahrhundert erklärte St. Bernhard, den man bat, die nächtlichen Versammlungen bei den Megalithgräbern zu untersagen: „Laßt die armen Leute gewähren; sie haben sonst keine Gelegenheit, sich zu zerstreuen und ihr Elend ein wenig zu vergessen."

Vorstellungen vom Sabbat tauchen erstmals 1340 in den Inquisitionsprozessen von Toulouse und Carcassone auf. Das ist kein Zufall, da die Ketzerei der Albigenser und Katharer von dort ausging und die Kirche alles tat, um ihr ein Ende zu machen. Und noch ein anderes historisches Ereignis sollte zum Ausbruch der Verfolgungen beitragen: der Prozeß gegen die Templer, jenen 1119 zum Schutz der Jerusalempilger und des Heiligen Grabes gegründeten geistlichen Ritterorden. Der Einfluß des Kirchenlehrers Bernhard von Clairvaux, der den Templeroden mitbegründet hatte, war im 12. Jahrhundert recht groß, aber seine Lehren gerieten bald in Widerspruch zu denen des Dominikaners Thomas von Aquin, der felsenfest an den Teufel glaubte und darum meinte: „Der katholische Glaube erklärt, daß die Dämonen existieren, daß sie imstande sind, durch ihr Wirken zu schaden und die Werke des Fleisches zu verhindern." Wie der Kampf zwischen beiden Anschauungen endete, ist bekannt. 1307 ließ Philipp der Schöne die Templer gefangennehmen; 1314 starb der Großmeister Jacques de Molay auf dem Scheiterhaufen – der Orden der Templer war ausgelöscht. Die Benediktiner zogen sich in ihre Klöster zurück, und die Dominikaner hatten künftig „freie Bahn" (so Josane Charpentier in ihrem Buch *La Sorcellerie en Pays basque).*

Im Jahr 1317 schließlich beschuldigte Papst Johannes XXII. einige Kardinäle, die sich gegen ihn verschworen hatten, der Hexerei; vielleicht wollte er sich auf diese Weise an seinen Feinden rächen, vielleicht war er aber auch ehrlich. Jedenfalls verhängte er den Kirchenbann über die, welche sich dieser „perversen Wissenschaften" bedienten. Die Verfolgung begann.

Während Tiphaine, geschützt durch ihren sozialen Rang und ihre Klugheit (sie beschränkte sich auf Zukunftsprognosen), ihre Tage in Frieden beschloß, kam es bereits hier und dort zu vereinzelten kleineren Prozessen. Auf dem Lande kam es vor, daß heilkundige Frauen, denen ein Patient gestorben war oder die über unheimliche Kräfte zu verfügen schienen, gesteinigt wurden. Die Inquisition griff nun von den Regionen Südfrankreichs über in andere Regionen.

Sechstes Kapitel

Die Hexe Jeanne Romée (1431)

Es lebte zu dieser Zeit ein frauenfeindlicher Dominikaner namens Johann Nyder. Zwar gab es zahlreiche frauenfeindliche Kleriker, doch dieser griff zur Feder, darin vergleichbar den Verfassern des „Hexenhammers“, der im übrigen stark von ihm beeinflußt wurde.

Als Fachmann für teuflische Sexualität trat er auf dem Konstanzer Konzil (1414–1418) auf, wo er über die „Incubi“ und „Succubi“ genannten Dämonen, die Urheber zahlreicher Ausschweifungen, sprach. In seinem berühmten Buch *Formicarius (Die Ameise)* erzählt er Hunderte von Hexengeschichten, darunter auch die folgende:

„Vor noch nicht zehn Jahren trat in Frankreich ein junges Mädchen namens Johanna auf. Sie pflegte immer ein Männerkleid zu tragen, ohne daß man sie dazu hätte bringen können, dieses Gewand abzulegen und sich mit Frauenkleidern zu begnügen. Und trotzdem versicherte sie öffentlich, sie sei Frau und Jungfrau. Die Männer der Kirche fragten sich, welcher Geist sie leite, ein teuflischer oder ein himmlischer. Mit göttlicher Zulassung wurde sie schließlich von der englischen Armee gefangengenommen und eingekerkert; man spannte sie tagelang auf die Folter, entlarvte sie schließlich als Zauberin und überlieferte sie den Flammen.“

Der „Fall Jeanne d’Arc“ löst bis auf den heutigen Tag immer wieder heftige Kontroversen aus. Doch wer war diese Frau?

Hier zunächst eine legendäre Version: In den fälschlich dem keltischen Seher Merlin zugeschriebenen Weissagungen – die in Wirklichkeit erst aus dem 12. Jahrhundert stammen – findet sich eine von druidischen Lehren über Zerstörung und Erneuerung der Welt beeinflußte Vision, wonach die Häuser der Sonne sich umwälzen, die Zeichen des Tierkreises durcheinanderwirbeln und die Jungfrau auf dem Rücken des Schützen gegen die Feinde zieht.

Diese Form der druidischen Symbolik entspricht dem Öffnen der sieben Siegel und dem Herabfallen der Sterne in der „Apokalypse" des Alten Testaments. Merlin prophezeite auch, die Jungfrau werde aus dem „Weißen Wald" hervorkommen: „Sie trägt in der Rechten den Wald von Kaledonien, in der Linken die Zinnen der Mauern von London. Unter jedem ihrer Schritte entsteht eine doppelte Flamme. Sie zerfließt in bitteren Tränen und erfüllt die Insel mit Schreien des Entsetzens. Ein zehnendiger Hirsch, welcher vier goldene Kronen trägt, wird sie töten."

Die Menschen waren damals, in einer dunklen, aufgewühlten Zeit voller Kriege und Niederlagen, durchaus geneigt zu glauben, daß aus den Eichen des „Weißen Waldes" eine von den Feen gesandte Jungfrau kommen werde! Merlin hatte auch vorhergesagt, beim Tod der Jungfrau werde „der dänische Wald sich erheben und mit menschlicher Stimme rufen: ‚Erhebe dich, Cambria' und zu Gwynton: ‚Die Erde wird dich verschlingen.'" Die Kommentatoren behaupteten, mit dem „dänischen Wald" sei die Normandie gemeint, Gwynton der keltische Name für Winchester – Henry Beaufort, der Kardinal von Winchester, war der Führer von Johannas Mördern.

Lassen wir dem Zauberer Merlin und seinen Genossen ihre Deutung – sicher ist, daß das spätmittelalterliche Frankreich, wie auch alle anderen Länder in Europa, die unter langen Kriegs- und Besatzungszeiten zu leiden haben und die verzweifelt auf Hilfe hoffen, für Wunder und Prophezeiungen aller Art besonders empfänglich gewesen sein muß. Das Kommen einer „übernatürlichen" Frau wurde also erwartet –

und es ist durchaus verständlich, daß die Einwohner, als sie von Johanna hörten, dieser die Eigenschaften eines Messias zuschrieben, was ihr Verhalten in der Folge vollständig rechtfertigte.

Im Lothringer Hochland (das damals politisch zur Grafschaft Champagne gehörte) lag etwa fünf Meilen entfernt von Vaucouleurs das kleine Dorf Domrémy. In diesem Dörfchen stand ein bescheidenes Haus, in dessen Nähe ein bewaldeter Hügel „Bois-Chenu“ (d. h. Weißer Wald) lag. Auf dieser Anhöhe entsprang unter einer großen, einzeln stehenden Buche eine Quelle – Schauplatz eines alten Kultes. Schon seit undenklichen Zeiten kamen die von Fieber gequälten Kranken, um dort Heilung zu suchen – nicht bei Heiligen, sondern bei geheimnisvollen Wesen, die weitaus älter sind als das Christentum: die Geister des Wassers, der Steine und der Wälder. Der Sage nach trieben Feen ihr Wesen bei dieser Quelle und der Buche, welche der „schöne Mai“ (le Fay) hieß. An heiteren Frühlingstagen kamen die Mädchen, um unter dem Maienbaum zu tanzen und zu Ehren der Feen an den Zweigen Blumengirlanden aufzuhängen, die, wie es hieß, über Nacht verschwanden. Das alles hinderte die Bewohner von Domrémy aber keineswegs, gleichzeitig gute Christen zu sein ...

Wie Tiphaine wurde auch Johanna in der Dreikönigsnacht geboren. Ihre Eltern Jacques d'Arc und Isabelle Romée waren in bescheidenen Verhältnissen lebende Bauern; der Sitte gemäß erhielt sie den Namen ihrer Mutter.

Niemals hatte Johanna bei Mondschein Feen um die berühmte Buche tanzen sehen – höchstens, daß sie in der Dämmerung einmal Schemen zu bemerken, abends ein Seufzen in den Zweigen der Bäume zu hören glaubte: das Phantastische sollte seinen Einzug in die Geschichte halten.

Das Land befand sich damals in der Hand feindlicher Truppen, die Vaucouleurs bedrohten. Beim Nahen der Soldaten suchten die Bewohner von Domrémy eiligst Schutz auf einer Flußinsel. An den Abenden wurden immer mehr Kriegsgeschichten erzählt, und Johanna sah verbrannte Felder vor sich, zerstörte Städte, die vielen Toten auf den Schlachtfeldern. Ganz besessen von dieser Tragödie, steigerte sie sich mehr und mehr in ihre lebhafte Vorstellungskraft hinein – die „Erscheinungen“ nahmen zu. Es ist verständlich, daß ein derartiges Phänomen die Agnostiker unter den Historikern verwirrte; wenn „Gott“ nicht da ist, welche sachliche Erklärung ist dann noch möglich? Wir schließen uns derjenigen des französischen Historikers Henri Martin an, die vielleicht nicht ganz der Wirklichkeit entspricht, aber doch wenigstens den Verdienst des Verständnisses hat. Er schreibt:

„Es gibt in der menschlichen Natur außergewöhnliche Körper- und Seelenzustände, welche den Naturgesetzen zu widersprechen scheinen: Es sind dies die Ekstase und der Somnambulismus, die entweder spontan auftreten oder auch künstlich hervorgerufen werden können. Die Symptome sind ganz erstaunlich: Veränderungen der sinnlichen Wahrnehmung, völlige oder teilweise Unempfindlichkeit, abnorme Seelenzustände, gesteigerte Wahrnehmungsfähigkeit ... Der Historiker erhebt nicht den Anspruch, hier sichere Grenzen zu ziehen, weder was die ekstatischen und somnambulen Kräfte selbst betrifft, noch hinsichtlich der Reichweite derartiger Phänomene. Er kann jedoch feststellen, daß sie zu allen Zeiten und an allen Orten auftreten, daß die Menschen immer an sie geglaubt und daß sie auf die Geschicke der Menschheit einen beachtlichen Einfluß ausgeübt haben. Sie treten nämlich keineswegs nur bei eher beschaulichen Menschen auf, sondern finden sich auch bei ausgesprochen Aktiven, bei vielen Mächtigen, bei Genies und auch bei der Mehrzahl der großen Neuerer. Wie vernunftswidrig auch der Zustand der Ekstase erscheinen mag, so gibt es doch nichts Gemeinsames zwischen den Hirngespinsten reinen Wahns und den Visionen der Ekstatiker. Diese Visionen verlaufen nach bestimmten Gesetzmäßigkeiten. Die Ekstatiker aller Länder und Zeiten besitzen etwas, was man eine ‚gemeinsame Sprache‘ nennen könnte: die Symbolsprache, von welcher die Sprache der Poesie nur ein Ableger ist.“

Einige Jahre später, im Jahr 1428, fiel eine Kompanie burgundischer Soldaten ins Land ein. Die Bewohner von Domrémy hatten noch Zeit zu fliehen, aber bei der Rückkehr fanden sie nur noch Ruinen und eine allgemeine Verwüstung vor.

Johanna. Buchillustration, 15. Jh.

Das Dorf war ausgeplündert, die Kirche stand in Flammen. In diesem Moment war die Entscheidung gefallen: Besessen von ihren „Stimmen“ und getrieben von ihrer heroischen Überzeugung verließ Johanna das Elternhaus und begab sich zu einem etwa eine Wegstunde von Vaucouleurs wohnenden Vetter ihrer Mutter, den sie Onkel zu nennen pflegte. Hier blieb sie etwa sechs Wochen unter dem Vorwand, sie wolle seine Frau im Wochenbett pflegen. Nach und nach gelang es ihr, zunächst den Onkel, dann Baudricourt, den Oberbefehlshaber von Vaucouleurs, und schließlich den König selbst, den sie nach eigener Aussage „unter den anderen durch den Rat meiner Stimmen, die ihn mir offenbarten, erkannte“, von ihrer Sendung zu überzeugen. Die Schwiegermutter Karls VII., Yolande von Aragón, hat bei diesem ersten Erfolg Johannas sicher eine große Rolle gespielt: Sie wird deren Talent, eine entmutigte Bevölkerung wieder zu mobilisieren, gespürt haben.

Es ist aber auch offensichtlich, daß Johanna eine besondere persönliche Ausstrahlung besessen haben muß, eine ungewöhnliche Kraft, die sie fast bis zu ihrem Ende behielt und die ihr in den Schlachten besonderen Mut verlieh. Sie scheint auch die Gabe des Zweiten Gesichts gehabt zu haben: So erwähnte sie zum Beispiel dem König gegenüber ein Geheimnis, welches nur für ihn allein bestimmt sei. Auch die Kürze ihres eigenen Lebens war ihr im voraus bekannt: „Ich werde nicht mehr lange leben“, sagte sie öfters, und einige Monate vor ihrer Gefangennahme fügte sie hinzu: „Nicht mehr als ein Jahr ...“

Und noch weitere ungewöhnliche Einzelheiten deuten auf Zauberei hin. Johanna behauptete beispielsweise, ihre „Stimmen“ hätten ihr mitgeteilt, daß in der Kirche Sainte Cathérine de Fierbois, die sie vor der Ankunft in Chinon besucht hatte, in der Nähe des Altares ein Schwert mit fünf auf der Klinge eingravierten Kreuzen vergraben sei; daraufhin grub man in Fierbois die Erde auf und fand in der Tat das Schwert an der bezeichneten Stelle. Johanna schnallte sich diese geheimnisvolle Waffe um. Solche Begebenheiten wurden natürlich sofort weitererzählt und boten sowohl der Begeisterung als auch

Das Schwert von Fierbois. Holzschnitt 1468.

der Teufelsfurcht neue Nahrung. Der Konnetabel Richemont, der zu der Zeit gerade eine große Zahl von Visionären verbrennen ließ, begrüßte Johanna bei ihrem ersten Zusammentreffen mit den Worten: „Ich weiß nicht, ob Ihr von Gott kommt oder nicht; seid Ihr von Gott, so fürchte ich nichts von Euch, denn Gott kennt mein Streben – seid Ihr aber vom Teufel, so fürchte ich Euch noch weniger.“ Er bezweifelte Johannas übernatürliche Fähigkeiten also nicht, sondern stellte lediglich Fragen über die Natur und den Ursprung dieser Kräfte. Und er war nicht der einzige: Der berühmte Franziskanermönch Bruder Richard, ein damals in Paris beliebter Prediger, machte, als er Johanna in Troyes begegnete, zunächst einmal das Zeichen des Kreuzes und sprengte Weihwasser. „Kommt unbesorgt näher“, sagte sie lächelnd. „Ich fliege nicht davon.“

Älteste bekannte Darstellung fliegender Hexen. Miniatur 1451.

Die englischen Soldaten ihrerseits empfanden vor Johanna eine abergläubische Furcht, die ihre Panik und ihre Mißerfolge zum großen Teil erklärt: Elemente des Volksglaubens spielten im Teufelsbild der damaligen Zeit eine entscheidende Rolle. Hinzu kam, daß Johanna während ihrer gesamten kurzen Laufbahn Eigenschaften und Kenntnisse eines Feldherrn entwickelte, die für ein junges Bauernmädchen ganz außerordentlich waren.

Es ist schwierig, Legende und Wirklichkeit voneinander zu trennen, aber viele Einzelheiten aus dem Leben der Jeanne Romée tragen durchaus zu einem pseudo-satanischen Bild bei. Henri Martin erzählt zum Beispiel, daß Johanna sich nicht an die Anwesenheit von Prostituierten im Heer habe gewöhnen können; bereits der Anblick einer Hure brachte sie völlig außer sich. Manchmal ermahnte sie diese Unglücklichen in Güte und suchte sie zu bekehren, aber eines Tages, in Saint-Denis, verlor sie die Geduld und schlug ein Freudenmädchen mit der flachen Klinge ihres Schwertes, so daß dieses zerbrach. Es war das berühmte Schwert von Fierbois, und der Überlieferung zufolge ist es nie gelungen, es wieder zusammenzuschweißen. Das Zerstören dieser geheimnisvollen Waffe schien ein böses Omen zu sein.

Zweifellos war es Zufall, daß Karl VII. kostbare Zeit verstreichen ließ, was der anglo-burgundischen Partei ermöglichte, ihre Verteidigungslinie vorzubereiten. Auf jeden Fall wandte sich das Schicksal Johannas von diesem Zeitpunkt an zum Schlechten.

In Wirklichkeit war es gerade ihr Erfolg – ob man diesen nun Gott oder dem Teufel zuschreiben will –, der ihren Untergang verursachen sollte. Wie so viele mittelmäßige Naturen liebte König Karl VII. es nicht, jemandem verpflichtet zu sein; zudem konnte er es nicht ertragen, daß er seine Krone von einer Bäuerin empfangen hatte. Auch viele seiner Ratgeber wurden schnell eifersüchtig, und so sollte Johanna ihren Prozeß und ihren Tod ausgerechnet denjenigen verdanken, denen sie doch zum Sieg verholfen hatte. Gefragt, ob sie den Tod in der Schlacht fürchte, sagte Johanna lediglich: „Ich fürchte nur den Verrat." Waren das nur zufällig prophetische Worte?

Der Rest ist Geschichte, eine allgemein bekannte Geschichte. Johanna wurde gefangengenommen und durch Johann von Luxemburg an die Engländer ausgeliefert. Aber bereits vorher hatte man sich bemüht, ihren Untergang zu beschleunigen – vor allem Angehörige der Pariser Universität taten sich dabei hervor. Sobald dort die Nachricht von der Gefangennahme eintraf, schrieb der Stellvertreter des Großinquisitors von Frankreich an den Grafen von Burgund und verlangte, „eine gewisse Frau namens Johanna, welche die Gegner dieses Königreichs die Jungfrau nennen, die verschiedener ketzerischer Verbrechen sehr verdächtig ist, als Gefangene vor uns zu führen, damit sie vor uns und dem Untersuchungsrichter der Heiligen Inquisition erscheine und man mit Rat und Hilfe der Doktoren und Magister der Universität Paris und anderer würdiger Ratgeber, wie es sich gebührt, vorgehen kann". Alle diese spitzfindigen Scholastiker hielten damals die Sache Karls VII. seit langem für verloren und machten mit den Engländern gemeinsame Sache. Johannas Eingreifen hatte sie in Wut gebracht, und natürlich wollten sie sich rächen. Zu ihrem großen Leidwesen fiel ihnen zwar nicht die Leitung des Prozesses zu, aber sie disqualifizierten sich selbst, indem sie mit großem Eifer daran teilnahmen und sogar – wie etwa Pierre Cauchon, der Bischof von Beauvais – die Engländer mehrmals antrieben, um das Verfahren zu beschleunigen. Zu nennen sind u.a. drei ehemalige Rektoren der Universität: Jean Beaupère, Nicolas Midi, Pierre Morice sowie Thomas de Courcelles, der an der Universität als bedeutender Mann galt und bei dem wenig später beginnenden Baseler Konzil eine aktive und einflußreiche Rolle spielen sollte; Historiker charakterisieren ihn später als „hervorragenden Gelehrten und Theologen – persönlich bescheiden, aber ein unnachsichtiger Verfechter der kirchlichen Lehre . . ."

Nach Meinung von Henri Martin waren die hochgelehrten und intelligenten Männer „die Allerschlimmsten": sie verbanden den brennenden Glaubenseifer eines Cauchon mit kaltem Fanatismus und pharisäerhafter Unbarmherzigkeit. Hinzu kam, daß das übliche Inquisitionsverfahren im Falle Johannas noch auf eine perfide Art vervollkommnet wurde:

Einer der Beisitzer, ein Domherr aus Rouen namens Nicolas l'Oiseleur, schlich sich in weltlicher Kleidung ins Gefängnis ein und stellte sich bei Johanna als ein französischer Gefangener vor, dem sie mit rückhaltloser Offenheit antworten könne ...

Satan und der Prozeß Jeanne d'Arc

Nach Meinung des Dominikanerpaters Régis Claude Derest „ist der Prozeß Jeanne d'Arc ohne den Glauben an einen allgegenwärtigen Satan gar nicht zu verstehen". Die Akte der Inquisition umfaßte insgesamt siebzig Anklagepunkte, die mit peinlicher Genauigkeit aufgeführt waren: „... damit durch Euch als Richter Johanna, gemeinhin die Jungfrau genannt, schuldig erklärt werde als Hexe, Wahrsagerin und falsche Prophetin, die böse Geister anruft und beschwört, als abergläubisch, den magischen Künsten ergeben, in Sachen des katholischen Glaubens falsch denkend, schismatisch ..., vom rechten Weg abgeirrt, gottlos, abtrünnig, unheilvoll, Lästerin Gottes und seiner Heiligen, ärgerniserregend, aufsässig, den Frieden störend und ihn verhindernd, als Kriegshetzerin, die grausam nach Menschenblut dürstet und zu seinem Vergießen ansporn, schamlos genug, sich über den gebührenden Anstand ihres Geschlechts hinwegzusetzen und unehrerbietig ein unpassendes Kleid anzuziehen und den Beruf der Krieger anzunehmen, weswegen sie vor Gott und den Menschen verabscheuungswürdig ist, als Verächterin göttlicher und natürlicher Gesetze, wie der kirchlichen Disziplin, als Verführerin von Fürsten und Volk, die es zur Schmähung Gottes zuläßt, daß man sie verehrt und anbetet, die ihre Hände und Kleider zum Kuß darbietet, die sich göttliche Verehrung und göttlichen Kult anmaßt, als ketzerisch oder wenigstens der Ketzerei äußerst verdächtig – weswegen sie rechtsgültig bestraft und gebessert werden soll ..."

Schon zu Beginn des Prozesses bereitete man übrigens den Scheiterhaufen für die Hinrichtung und die Schandmütze vor. Es gab damals noch kaum Hexenprozesse: das Verfahren gegen Jeanne Romée sollte nach dem Prozeß gegen die Templer den eigentlichen Auftakt zu den großen europäischen Verfolgungen bilden.

Juristisch gesehen verlief der Prozeß einwandfrei, gestützt vor allem auf Gelehrte und Theologen der Pariser Sorbonne. Diese hohen Würdenträger benutzten sämtliche angeblich „teuflischen" Neigungen Johannas als Beweismittel gegen sie. Der Inquisitor Jean d'Estivet betonte, als Kind habe sie häufig „die unheilvolle Quelle bei dem Feenbaum" besucht, wo ihr die Hexen die Botschaft Satans überbracht hätten. Johanna nannte als ihre Stimmen Michael, Gabriel, Katharina und Margaretha – der Großinquisitor, ein Dominikanerprior namens Jean Lemaître, erklärte dagegen, es handele sich in Wirklichkeit um Bélial, Satan, Diabolus und Béhémoth, die ihr befohlen hätten, Männerkleidung anzulegen und sich rittlings zu Pferde zu setzen, was ein ausgesprochener Akt von Zauberei sei. Nicht die geringste Kleinigkeit wurde weggelassen; so hieß es – ohne allerdings dafür den Beweis zu liefern, was aber auch als unwichtig galt –, Johanna trage eine Mandragorawurzel in ihrem Kleid. Die Inquisitoren waren überzeugt, daß die Mandragora magische Kräfte besitze und daß diese Pflanze Johanna zu ihren erstaunlichen Heldentaten befähigt habe. Nach dem Jesuiten Martin del Rio, einem berühmten zeitgenössischen Dämonologen und Exorzisten, wächst die Mandragora unter dem Galgen, und zwar an der Stelle, wo ein Gehängter im Todeskampf seinen Samen gelassen hat. „Ihre Wurzel", so del Rio, „hat die Gestalt eines kleinen Menschen, der sprechen kann und wunderbare Fähigkeiten besitzt ..."

Schließlich zögerte man auch nicht, in Johannas hellseherischen Fähigkeiten den Beweis für einen Teufelsbund zu sehen: im „Erkennen" Karls VII., in der Ankündigung seiner Salbung, im Erahnen ihrer eigenen Verurteilung sowie im „Sehen" noch weiterer, eher geringfügiger Vorfälle. Es wurde beispielsweise darauf hingewiesen, daß Johanna beim Betreten des Schlosses Chinon zufällig hörte, wie ein Soldat auf ihre Kosten einen häßlichen Witz machte. „Ach! Im Namen Gottes!", rief sie aus, „du weißt es nicht, und dennoch bist du deinem Tode so nah!" Eine Stunde später fiel dieser Mann ins

Wasser und ertrank. Später, während der Schlacht um Orléans, mußte Johanna sich von dem englischen Hauptmann William Glasdale als Hure beschimpfen lassen, worauf sie rief: „Glasdale! Glasdale! Ergib dich! Ergib dich dem König des Himmels! Du hast mich eine Hure genannt, aber ich habe großes Mitleid mit deiner Seele und den Seelen deiner Männer!"

Im Verlauf des Kampfes stürzte Glasdale in die Loire und ertrank, während die auf der Brücke stehenden Engländer getötet wurden. Darüber herrschte allgemeine Bestürzung.

Die Priester hätten sie wegen all dieser Vorfälle einfach für eine Seherin gehalten – im Rahmen des Prozesses aber wandelten sich ihre Visionen in angebliche Einflüsterungen von Dämonen, ihre Vorahnungen wurden zur Hexerei, ihre militärischen Fähigkeiten und die Verehrung, die man ihr entgegenbrachte, stempelte sie zur Zauberin. Der schlimmste Anklagepunkt aber, der überdies ihre endgültige Verurteilung als rückfällige Ketzerin nach sich ziehen sollte, war das Tragen von Männerkleidung. Hier ist der Prozeß Jeanne d'Arc nahtlos einzuordnen in die endlose Reihe von Hexenprozessen, deren zentrale Triebfedern Sexualität und Frauenfeindlichkeit sind.

Die Inquisitoren versuchten zunächst, Johanna der Homosexualität zu beschuldigen und stellten dementsprechend sehr ausführliche Fragen. Johannas Page, ein fünfzehnjähriger Bursche namens Mugot, behauptete aber, daß die Jungfrau „gewiß sehr keusch blieb, da sie immer mit einem Mädchen oder einer Frau zusammen schlief"; einer ihrer Waffengefährten, der Knappe Simon Beaucroix, fügte hinzu: „Immer mit jungen Mädchen, denn sie liebte es nicht, bei den alten Frauen zu schlafen." Eine Witwe, die Jeanne während ihres Aufenthalts in Bourges beherbergte, erklärte: „Sie war drei Wochen lang in meinem Haus, zum Schlafen, Trinken und Essen. Fast jeden Tag schlief ich bei ihr; sie war sehr schlicht und unwissend... Mehrmals habe ich sie im Bad oder im Schwitzraum gesehen, und soweit ich sehen konnte, glaube ich, daß sie Jungfrau war... und vollkommen unschuldig. Danach habe ich gesehen, wie sie zu Pferde saß und die Lanze führte wie der beste Soldat, darüber verwunderten die Bewaffneten sich."

Johanna im Bade – das mußte die Phantasie der Richter erregen! Aber es gab Schlimmeres: Als Johanna in Rouen eingekerkert war, hatten auf Befehl der Herzogin von Bedford einige ältere Frauen sich von ihrer Jungfräulichkeit überzeugt. Nach Aussage des Gerichtsdieners Massieu war der Graf von Bedford neugierig genug, der Untersuchung heimlich beizuwohnen, was durchaus Rückschlüsse auf seine Persönlichkeit zuläßt, da er es war, der diese Frau zum Scheiterhaufen bestimmte. Es gilt auch als sicher, daß Johanna, wie viele Frauen nach ihr, im Gefängnis Vergewaltigungsversuchen seitens ihrer Wächter und anderer Männer ausgesetzt war. Bei ihren Feinden gesellte sich zu dem Vergnügen an der Notzucht unzweifelhaft der Wunsch, nachzuprüfen, ob das Glück sie im Falle des Verlustes der Jungfräulichkeit tatsächlich verlassen würde, wie es während des Verhörs geheißen hat. Wirklich glaubten manche Engländer, der „Zauber" Johannas sei direkt an ihre Jungfräulichkeit gebunden. Es heißt, selbst ein großer englischer Lord – vermutlich der Herzog von Stafford, unter Heinrich VI. Konnetabel von Frankreich – habe, getrieben von diesem Aberglauben wie auch von anderen Leidenschaften – sich Johannas Kerker aufschließen lassen, um ihr Gewalt anzutun.

Diese Notzuchtsgeschichten oder auch einfach die Angst vor Vergewaltigung haben wahrscheinlich Johannas Verderben bewirkt. Eingekerkert im weltlichen Gefängnis und nicht – wie sie vergeblich verlangt hatte – im Gewahrsam der Kirche und bewacht von Frauen hatte sie, um das Schlimmste zu vermeiden, ihre Männerkleidung wieder angezogen und brachte sich auf diese Weise in die Situation einer „Rückfälligen". Zudem weist alles darauf hin, daß die Unterbringung im weltlichen Gefängnis von vornherein auf eben dieses Ziel hin geplant war.

Der Folter wurde Johanna nicht unterworfen, obwohl einer der Richter sie vorgeschlagen hatte; man verzichtete aber darauf, da man wußte, wie unbeugsam sie war. Am 29. Mai 1431 erklärten der Großinquisitor Jean Lemaître sowie Jean d'Estivet, Guillaume Manchon, Guillaume Colles, Nicolas Daquel, die Notare von Rouen, sechs Vertreter der Pariser Universität,

Jeanne d'Arc, als rückfällige Ketzerin zum Tode verurteilt, wird auf ihre Verbrennung auf dem Marktplatz in Rouen, 1431, vorbereitet. Miniatur des 15. Jahrhunderts.

der päpstliche Gesandte, der Rektor Jean Beaupère, Domherr zu Paris, der Rektor Thomas de Courcelles, Gérard Feuillet, Doktor der Theologie, der berühmte Kanzelredner Nicolas Midi sowie zahlreiche Priester, Theologen und Beisitzer – alle diese hohen Würdenträger erklärten Johanna zur „Teufelsanbeterin“ und verurteilten sie zum Tod auf dem Scheiterhaufen. In diesem Augenblick rief der Theologe Guillaume Erard aus: „Frankreich, niemals bis heute hattest du es mit Ungeheuern zu tun! Jetzt aber hast du dich selbst entehrt, da du dieser Zauberin, Ketzerin und Götzendienerin Glauben schenktest!“

Als Johanna den Scheiterhaufen bestieg, bezeichnete das Urteil sie als „brandiges Glied“, vor welchem die Kirche geschützt werden müsse. Der zukünftigen Heiligen setzte der Henker eine Papiermütze auf, auf der die Worte standen: Rückfällige Ketzerin, Abtrünnige, Götzendienerin.

Kurz bevor sie starb, hatte Johanna noch eine letzte Vision: den jähen Tod ihrer Richter und Henker. Und sie täuschte sich nicht: Der Inquisitor starb an Aussatz, Nicolas Midi ertrank, und Cauchons erlag einige Tage später einem Hirnschlag. Der Teufelsglaube aber spukte weiter in den Köpfen der Geistlichkeit; einen Monat nach der Hinrichtung beschuldigte der Inquisitor von Frankreich von der Kanzel der Kirche Saint-Martin-des-Champs herab Johanna nochmals ausdrücklich, mit der Hölle paktiert zu haben.

Vierhundert Jahre später suchte dieselbe Kirche ihren Fehler wiedergutzumachen: sie erkannte Johanna als Heilige. Es wäre vielleicht noch gerechter, sie im aufgeklärten Zeitalter als eine außergewöhnliche Frau zu bezeichnen, die aus politischen Gründen hingerichtet wurde, aber auch der Frauenfeindlichkeit und Hexenangst ihrer Zeit zum Opfer fiel, dieser berühmten Angst, die erst mit ihr zu wirken beginnen sollte.

Viele Fragen bleiben offen. Einige moderne Autoren sind der Meinung, Johanna habe sich tatsächlich übernatürlicher Kräfte bedient; Okkultisten nehmen an, daß sie ein mit paranormalen Fähigkeiten begabtes „großes Medium" gewesen sei; andere gehen noch weiter und sehen in ihr eine Mittlerin zwischen der sichtbaren und der unsichtbaren Welt, eine „auserwählte Visionärin", eine „große Eingeweihte", die sie gelegentlich mit einer feurigen Rose auf schwarzem Kreuz vergleichen.

Visionärin, Medium, Heilige oder große Kriegsheldin? Letztlich können wir dieses Problem nicht lösen, und es bleiben allenfalls Spekulationen. Wäre Johanna ein Mann namens Bertrand gewesen und hätte sie wie dieser einen Harnisch getragen, so hätte man sie vielleicht um ein hohes Lösegeld freigekauft wie seinerzeit auch den berühmten französischen Konnetabel dieses Namens. So aber sollte es auch nach ihr noch Scharen von unbekannten Hexen geben, die längst vergessen sind, die aber Johannas Schicksal geteilt haben.

Siebtes Kapitel

Cathérine aus Draguignan und der milde Inquisitor (1439)

Der alte Guilhem David lag im Sterben; er hatte die Augen noch nicht geschlossen und schaute starr auf seine Tochter Cathérine, eine zierliche, graziöse Brünette, die ihn seit vergangenem Lichtmeß, als er zu husten begonnen hatte, sorgsam pflegte. Cathérine war allein bei ihm; vor einigen Wochen waren zwar auch ihre drei Schwestern Antoinette, Jeanne und Baude ans Krankenbett ihres Vater gekommen, aber Guilhem hatte sie – Gott (oder der Teufel) weiß warum – heftig zurückgewiesen. Es muß allerdings zugegeben werden, daß Antoinette sich ausgesprochen unfreundlich zu benehmen und manche bissigen Bemerkungen zu machen pflegte, ohne auf ihren kranken Vater irgendwelche Rücksicht zu nehmen. Baude hatte ein Spatzengehirn und folgte Antoinette blindlings, was soweit ging, daß sie bei jedem Satz die jeweils letzten Worte ihrer Schwester in gezierter Weise wiederholte; sie hatte es sogar fertiggebracht, durch ihre Gegenwart bei dem alten Guilhem das Phantasiebild einer im Zustand der Geisteskrankheit früh verstorbenen Tante heraufzubeschwören. Jeanne hatte einen gewissen Guilhem Sanhon geheiratet, der sehr geldgierig war und schon seit der Hochzeit auf das Vermögen seines Schwiegervaters spekulierte, ohne dabei jene heuchlerische Zurückhaltung an den Tag zu legen, die unter solchen Umständen tunlichst beobachtet werden sollte.

Auch Cathérine war seit einem Jahr mit einem braven Mann aus Draguignan namens Jacques Blanc verheiratet; er war arbeitsam, wortkarg und unendlich verliebt. Seine Gattin hingegen redete für zwei; doch da sie klug und aufgeweckt war, ließ Jacques sie leben, wie sie wollte. Daher ging Cathérine auch weiterhin oft nach Figanières, einem fast zwei Meilen von Draguignan entfernten kleinen Dorf; es lag abseits der Straße, umgeben von steilen Hügeln, wo die Nächte besonders dunkel waren und die Bäume schemenhaft in den Himmel ragten.

Dort oben wohnte seit vielen Jahren Monnet Sinhon, ein Mann in den Vierzigern mit ausgezehrtem Gesicht und stechendem Blick; er lebte ganz allein – seine einzige Gesellschaft war eine alte Katze, die den gleichen auffallenden Ausdruck in den Augen hatte wie ihr Herr. Im Dorfe hieß es, er nehme an den „Synagogen" teil – jenen mysteriösen nächtlichen Zusammenkünften angeblicher Teufelsanbeter, die man gern auch mit den Versammlungen anderer verhaßter Menschen, der Juden, verglich. Vor einigen Jahren hatte die Inquisition Monnet Sinhon im erzbischöflichen Gefängnis von Aix gefangengehalten, da er des „Verbrechens der Ketzerei, des Götzendienstes und der Abtrünnigkeit" verdächtig war, aber man hatte ihn wieder freigelassen, nachdem er seinen Irrtümern feierlich abgeschworen hatte. Diese Bekehrung war aber wohl doch nur eine scheinbare gewesen; in den umliegenden Dörfern erzählte man sich, die Transmutation der Metalle, die Bereitung geheimnisvoller Heilmittel und der Lauf der Gestirne seien ihm wohl vertraut.

Ein kleiner Junge aus Figanières, der ein wenig neugieriger war als andere, hatte eines Tages, auf den Zehenspitzen stehend, heimlich durch Monnet Sinhons Fenster gespäht und diesen gesehen, wie er sich gerade über Destillierkolben beugte. Das Kind vertraute diese Entdeckung seiner Mutter an, die umgehend den Pfarrer von Figanières informierte; dieser alarmierte seinerseits pflichtgemäß Bruder Paul Lochat, der dem Minoritenorden angehörte und erst vor kurzem zum Fiskalprokurator des Inquisitionstribunals ernannt worden war. Er erfüllte seine Aufgabe mit der Geduld und Kunstfertigkeit einer Spinne, indem er dem künftigen „Ketzer" aus harmlosen Sachverhalten und vielen Gerüchten nach und nach einen Strick zu drehen wußte. Peinlich genau und unerbittlich in seinem Vorgehen, scheute er sich auch nicht, sich selbst auf die Lauer zu legen, um seinem Opfer eine perfekte

Alchimistisches Laboratorium. Holzschnitt aus dem Jahr 1537.

Falle stellen zu können – so auch an einem Maiabend des Jahres 1439, an welchem Cathérine sich nach Figanières aufmachte; der alte Guilhelm David litt seit einigen Tagen an Erstickungsanfällen, sie beeilte sich darum sehr. Das Haus Monnet Sinhons lag hinter dem höchsten Hügel, und es begann schon dunkel zu werden. Würde sie rechtzeitig zurückkommen?

Sie hätte nicht sagen können, seit wievielen Jahren sie Monnet Sinhon nun schon besuchte; schon in frühester Jugend hatte sie sich angewöhnt, Heilmittel und allerlei Ratschläge von ihm zu erbitten. Trotz seines sonst eher herben Wesens bezeigte er Cathérine gegenüber Zuvorkommenheit, ja sogar Freundschaft, indem er auch Dinge von eher bescheidenem Wert als Zahlung annahm – selbst einen einfachen Kuß oder ein Versprechen. An einem schönen Sommertag, als sie wieder einmal kein Geld hatte, hatte Cathérine ihm sogar versprochen, ihn bei ihrem ersten Kind zu Gevatter zu bitten. Seither nannten Monnet und seine Kundin, für die er regelmäßig Arzneitränke und schmerzlindernde Pulver bereitete, einander „Gevatter" und „Gevatterin".

Als Cathérine am nächsten Morgen zu ihrem Vater zurückkam und ein neues Heilmittel Monnets mitbrachte, beruhigte sich der alte David sofort, und sein rauher Husten ließ nach. Mittags ließ er den Notar rufen und schloß sich mit diesem ein. Am Abend verlor er plötzlich das Bewußtsein und erkannte nicht einmal mehr seine liebe Cathérine, die am Fußende des Bettes stand. Als der Tag anbrach, war Guilhem tot.

Am übernächsten Tag waren beim Notar auch Cathérines drei Schwestern, die sich bis dahin kaum hatten sehen lassen, anwesend; alle drei trugen schwarze Trauerkleider und erwarteten gespannt die Eröffnung des väterlichen Testaments. Auch Guilhem Sanhon hatte seine Frau begleitet.

Cathérine trug noch ihren alten Rock vom Vortag und hielt sich stillschweigend ein wenig abseits. Doch auf einmal ertönten spitze Ausrufe, ähnlich dem Geschrei der Vögel im großen Kirschbaum, wenn der alte David mit Stockschlägen die Amseln zu verjagen suchte: Soeben hatte der Notar verkündet, daß Cathérine zur alleinigen Erbin bestimmt war.

Wenige Stunden später ging Guilhem Sanhon nach Figanières, um Monnet aufzusuchen, und nach seiner Rückkehr eilte er zur Zelle des Bruder Paul Lochat. Dieser leitete Guilhems Anzeige weiter an den Inquisitor, einen gewissen Guilhem de Malavielle, der damals in der Dauphiné ein berühmter Mann war. Er ließ Monnet sofort ins Gefängnis werfen und Guilhem Sanhon als Zeugen vernehmen, der auch umgehend seine Vorwürfe anbrachte, wobei er mit falschem Bedauern die Augen schloß:

„Leider“, sagte er, „sehe ich mich gezwungen, auch gegen Cathérine auszusagen; jeder weiß heute, daß David meine Gattin und deren Schwestern nur unter dem Einfluß eines Zaubermittels enterbt hat.“

„Wie könnt Ihr das behaupten?“ fragte der Inquisitor.

„Monnet Sinhon ist ein berüchtigter Hexenmeister“, warf Bruder Paul Lochat ein.

„Laßt den Zeugen reden!“

„Ach“, fuhr Guilhem fort, „wenn ich schweren Herzens davon berichte, dann deshalb, weil ich Monnet aufgesucht habe

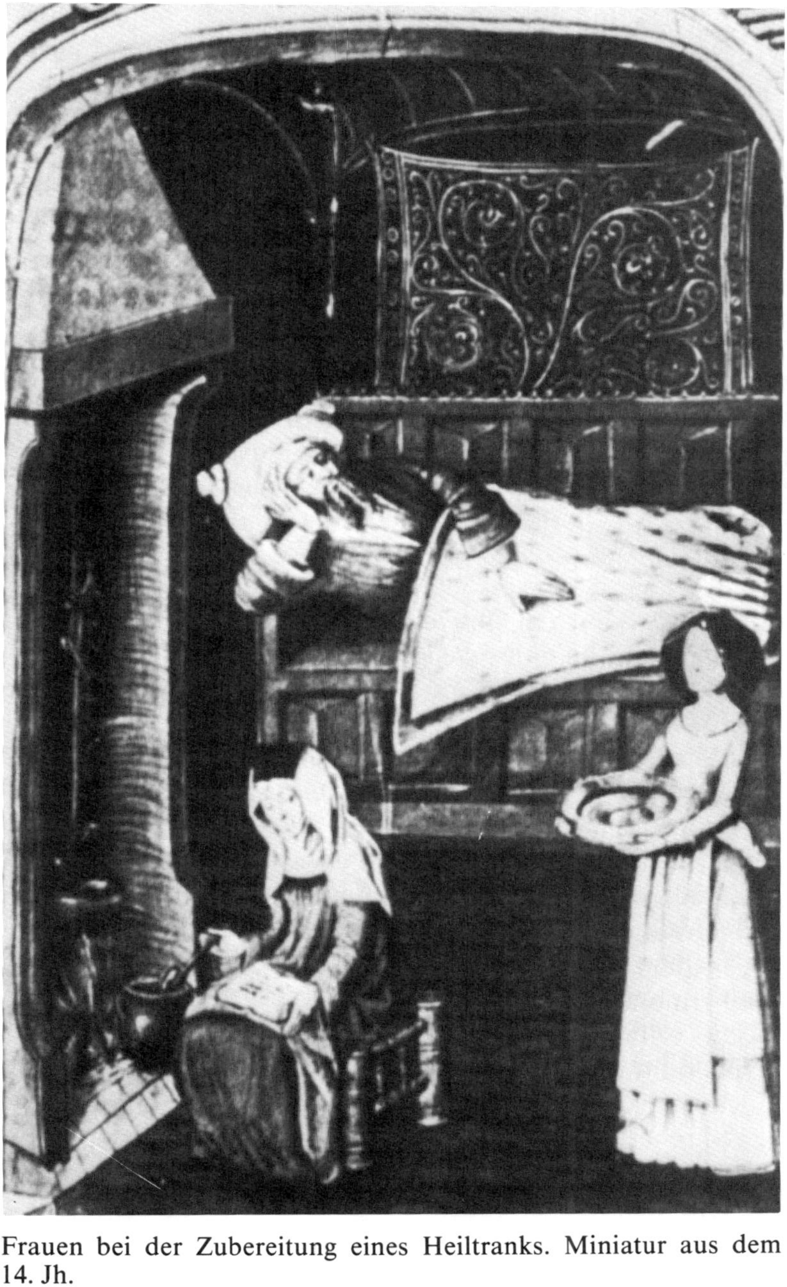

Frauen bei der Zubereitung eines Heiltranks. Miniatur aus dem 14. Jh.

und er mir sein Verbrechen gestanden hat; ich will wiederholen, was er mir erzählt hat: ‚Wisse, daß diese Schlampe, meine Gevatterin Cathérine, deine Schwägerin, mich bezaubert hat, so daß ich sie nicht abweisen konnte; erfahre, daß sie eine mächtige Hexe ist! Ich bitte dich, hat sie zu mir gesagt, mit dem Recht der Gevatterin, rate mir, was ich meinem Vater geben oder ihm tun könnte, damit er mich noch viel mehr liebt; ich tue ihm mehr Gutes als alle meine Schwestern zusammen, und darum wäre es nur gerecht, wenn ich seinen gesamten Besitz erbe ...‘ “

Der Inquisitor hob langsam den Kopf: „Ihr betrachtet Cathérine doch nicht als Eure Feindin?“

Guilhem Sanhon schlug an seine Brust und senkte erneut den Blick: „Das tue ich nicht. Gewiß, es ist schwer, das Herz des Menschen zu ergründen, und ich verlasse mich hierin auf Gott.“

Paul Lochat schlug angesichts eines so rühmlichen Entschlusses ein großes Kreuz. Nach Guilhem verhörte der Inquisitor Antoinette. Obwohl sie sich normalerweise recht schroff zeigte, bemühte sie sich an diesem Tag um einen milden Ton, wobei sie aber eine sehr belastende Zeugenaussage machte:

„Meine Schwester Cathérine wurde sehr zornig, als ich ihr sagte, was ich wußte. ‚Du kannst sicher sein‘, hat sie geantwortet, ‚daß alles mir gehört, ob man das nun will oder nicht.‘ Ich weiß jetzt, daß Cathérine alles von Monnet Sinhon gelernt hat; ihn hat sie gefragt, was sie unserem Vater zu trinken geben müsse, damit er sie mehr liebe als uns und ihr sein gesamtes Vermögen hinterlasse; er hat ihr geraten, in einen solchen Trank geweihtes Öl und Salz, ein bestimmtes Kraut sowie von ihrem eigenen Menstruationsblut zu tun.“

„Und hat Eure Schwester das abgestritten?“ fragte der Inquisitor.

„Sie hat gefragt, wer mir das gesagt hätte. Als sie erfuhr, mein Schwager wisse es von Monnet Sanhon, wurde sie sehr zornig: ‚Das hat Monnet in seinen Hals gelogen! Wenn er doch verbrannt würde!‘“

„Also hat sie ihre Unschuld beteuert?“

„Leider nicht; wie ich Euch schon sagte, hat sie sich sehr darüber gefreut, die alleinige Erbin unseres Vaters zu sein."

„Wäret Ihr mit einer Gegenüberstellung einverstanden?"

„Aber gewiß."

„Und Ihr empfindet keinerlei Haß auf Eure Schwester?"

Antoinette stemmte die Hände in die Hüften und bohrte ihren Blick in den des Großrichters: „Man wird jemanden, der einen beraubt, wohl schwerlich als Freund betrachten können – weiter darf ich nicht gehen, denn die Schande würde auf mich und meine beiden Schwestern zurückfallen."

Auf Drängen des Fiskalprokurators begab sich der Inquisitor nun sogleich in das königliche Gefängnis von Draguignan, um dort einen dritten Zeugen zu verhören. Es war eine Nachbarin des alten David, Jacoba Colrade – genannt Raoleta –, die selbst wegen Hexerei gefangensaß und sich sehr vorsichtig verhielt:

„Ich habe Cathérine gesagt, ich hielte sie für schuldig, ihrem Vater einen schädlichen Trank verabreicht zu haben, um seinen Verstand zu verwirren."

„Und hat sie das zugegeben?"

„Nein, eigentlich nicht; sie fing an zu weinen und sagte: ‚Du glaubst, ich hätte diesen Trank bereitet, aber – bei Gott – du weißt nicht, aus welchen Gründen ich die einzige Erbin meines Vaters bin. Wahrhaftig, ich habe ihm mehr Gutes erwiesen als meine Schwestern, die sich überhaupt nicht um ihn gekümmert haben.'"

„Raoleta, wißt Ihr, ob sie ihm diesen Trank wirklich beigebracht hat?"

„Dazu kann ich kaum etwas sagen. Es sind böse Gerüchte im Umlauf, und ich weiß, daß die Leute in Draguignan gegen sie murren ..."

Bruder Lochat trieb den Gerichtsschreiber an, der seine Feder rasch übers Pergament gleiten ließ. Nach Raoletas Verhör stand dort folgendes zu lesen: Es gibt etliche Beweise und schwere Verdachtsmomente gegen Cathérine David, daß sie eine Hexe ist und mit Hilfe von Dämonen teuflische Praktiken angewandt hat. Ich beantrage ihre sofortige Festnahme.

Der Inquisitor nickte zustimmend, und man brach auf, um

Cathérine abzuholen und in Fesseln zu legen. Doch nun ergab sich eine überraschende Wendung. Der Inquisitor Guilhem de Malavielle war eine mächtige Persönlichkeit und in der ganzen Dauphiné gefürchtet. Damals war er noch jung, noch nicht so abgehärtet durch das Mitansehenmüssen von Folterungen, und sein schönes Gesicht trug noch nicht die Spuren späterer grausamer Urteile. Cathérine ihrerseits, die man am Herd überraschte, war lediglich mit einem einfachen kurzen Rock und einem abgetragenen Hemd, welches ihre runden Schultern freiließ, bekleidet.

„Was will man von mir?" fragte sie unbefangen, wobei sie den Inquisitor ansah.

Hatte die Kirche nicht recht, wenn sie den Richtern empfahl, die Hexen „rückwärts" eintreten zu lassen? Guilhem de Malavielle wurde durch Cathérines unbefangenes Gesicht völlig verwirrt und sogleich zu jedem Zugeständnis bereit, so als ob Barabbas und Beelzebub ihn schon im voraus mürbe gemacht hätten. In mildem Ton erklärte der Inquisitor der jungen Frau den Grund seines Kommens und die sie belastenden Aussagen, so daß diese Mut faßte:

„Diese Beschuldigungen stammen sicher von meinen Schwestern und deren Männern. Ihr Haß betrübt mich, aber er wundert mich nicht. Was diese Raoleta betrifft, so höre ich jetzt zum erstenmal von ihr ..."

Paul Lochat unterbrach sie: „Es liegt ein schwerer Verdacht gegen diese Verbrecherin vor – sie muß auf die Folter gespannt werden. Ich beantrage, sie unverzüglich ins Gefängnis von Draguignan zu bringen."

„Nein", entgegnete der Inquisitor, „es wäre nicht sittsam, eine Frau dorthin zu bringen."

„Wird nicht auch Raoleta dort gefangengehalten?" fragte der Prokurator hochmütig.

Der Inquisitor antwortete nicht. Er rief den königlichen Gerichtsvikar, einen gewissen Mongin Trochet: „Führe diese Frau unverzüglich in das Haus des Richters Durand, wo man sie unter der Obhut seiner Frau gefangenhalten soll."

Das war eine Form der Unterbringung, die gelegentlich bei Personen von Rang oder in leichteren Fällen – vor allem beim

Eintreiben von Geldschulden – praktiziert wurde; man nannte diese Art der Haft „Tenere hostagia“ (in häuslichen Gewahrsam nehmen).

Cathérine wurde ins Haus des Richters Durand gebracht, gefolgt vom Inquisitor, dem Gerichtsschreiber, dem Fiskalprokurator und den Zeugen. Das Verhör begann, die keineswegs eingeschüchterte Cathérine beantwortete alle Fragen mit erstaunlicher Kaltblütigkeit, wobei sie Fallen sorgfältig mied.

„Erzählt uns von diesem Zaubertrank!“ verlangte der Inquisitor.

„Ich weiß von alldem nichts.“

„Haben Eure Schwestern sich undankbar gezeigt gegen ihren Vater?“

„Nein, aber ich habe meinen Vater über sie klagen hören.“

„Normalerweise hätten sie doch erben müssen?“

„Das ist nicht meine Sache.“

Der Inquisitor rieb sich das Kinn und stellte ihr eine Falle: „Wer hat Euch die Zutaten zu dem Trank gegeben?“

„Niemand hat sie mir gegeben, weil ich niemanden darum gebeten habe!“

„Woher kennt Ihr Monnet Sinhon?“

„Er ist mein ‚Gevatter‘; er sollte Taufpate meines Erstgeborenen werden.“

„Ihr habt ihn hin und wieder um Rezepte gebeten?“

„Ja, gewiß, Arzneimittel und anderes.“

„Ist er Geistlicher oder Rechtsgelehrter? Oder Arzt?“

„Er ist ein Mann, der gar nicht lesen kann, aber alles, was ich von einer Arznei verlange, ist, daß sie heilt, und es schert mich wenig, wenn ihr Hersteller kein Arzt ist.“

Der Inquisitor unterdrückte ein Lächeln und setzte seine verfänglichen Fragen fort: „Waren diese Arzneien Zaubermittel?“

„Das weiß nur Gott. Was mich betrifft, so waren meine Absichten rein.“

„Und wer hat Euch das Chrisam und das geweihte Brot verschafft?“

„Niemand, denn ich habe überhaupt keinen solchen Trank bereitet.“

Alchimistin und Alchimist bei verschiedenen Arbeitsgängen. Aus J. J. Mangets „Bibliotheca Chemica Curiosa“. 1702.

„Aber es ist Monnet Sinhon selbst, der Euch beschuldigt, und auch die öffentliche Meinung hat Euch im Verdacht.“

„Monnet steht zweifellos unter Einfluß des Satans, und was meinen Leumund angeht, so wird das Gerede meines Schwagers und meiner Schwestern daran nicht unbeteiligt sein.“

Nach diesem langen Verhör wandte sich Cathérine, nicht im geringsten erschöpft, an den Inquisitor und bekundete ihren festen Willen, sich zu verteidigen und von jedem Verdacht zu reinigen. Ja, mehr noch, sie verlangte sogar ein Protokoll des gesamten Verfahrens, um im Falle späterer Anklagen abgesichert zu sein; diese Bitte wurde unterstützt von Cathérines Ehemann Jacques Blanc, der in diesem Prozeß immer im Hintergrund blieb.

Der Fiskalprokurator erhob zwar sofort Einspruch, aber der Inquisitor entschied: „Maître Laurent, nehmt zu Protokoll, daß ich dem Antrag Cathérines und ihres Gatten Jacques entspreche; ich will, daß ihr das erbetene Dokument in so vielen Exemplaren abfaßt, wie sie es wünschen; sobald der Prozeß beendet ist, fertigt Ihr ihnen die Urkunden aus.“

Nun überstürzten sich die Ereignisse: Paul Lochat mußte nach Salon reisen, und an seiner Stelle ernannte man Bruder Michel de Yleriis, Vorleser des Minoritenklosters von Draguignan, der seinem Vorgänger in nichts nachstand, zum Fiskalprokurator. Dieser Bruder Michel forderte sogleich ein erneutes Verhör und fügte hinzu, daß Cathérine, deren Angaben sich gelegentlich widersprachen, das Haus des Richters Durand verlassen und ins königliche Gefängnis von Draguignan überführt werden solle, um dort der peinlichen Frage unterworfen zu werden. Ängstlich schaute Cathérine den Inquisitor an, aber dieser beruhigte sie mit einer Geste und entschied, man solle sie zu weiterer Befragung lediglich ins Minoritenkloster bringen. Einige Tage später fand dieses Verhör statt. Cathérine bat dringend, ihr ihre früheren Aussagen, von denen sie inzwischen einen guten Teil vergessen hatte, vorzulesen – aber Bruder Michel erhob Einspruch und forderte erneut die Tortur. Der Inquisitor jedoch nahm zur allgemeinen Überraschung ein Gesuch Cathérines an und setzte sie für zehn Tage in Freiheit, damit sie jemanden zu Rat ziehen könne. „Selbst dem Teufel“, so erklärte er, „muß man erlauben, sich zu verteidigen.“ Aber die kühne Cathérine versicherte sogleich, sie wolle keinen Juristen fragen, sich vielmehr sehr gut ohne einen solchen verteidigen – offenbar hielt sie von Rechtsgelehrten ebensowenig wie von Medizinern.

Zehn Tage später erschien Cathérine wieder und erreichte eine Gegenüberstellung mit Monnet Sinhon, der die von Antoinette erhobenen Anklagen bestätigt hatte. Diese Gegenüberstellung fand in der Dämmerung statt. Unter scharfer Bewachung wurde Monnet Sinhon aus dem königlichen Gefängnis ins Minoritenkloster gebracht. Nachdem er den Eid geleistet hatte, fiel Sinhon auf die Knie und begann zu schluchzen:

„Ich gestehe, daß ich gelogen habe. Ich weiß jetzt, daß ich mein Seelenheil aufs Spiel setze; ich bitte Gott und die Menschen um Vergebung ...“

„Gebt Ihr zu“, unterbrach ihn der Inquisitor kühl, „daß die hier anwesende Cathérine unschuldig ist?“

„Ich gebe es zu. Barabbas selbst ist schuld. Der Dämon kam in mein Gefängnis; er hat mich dazu gebracht, die Unwahrheit zu sagen. Cathérine, ich bitte dich um Verzeihung!“

„War es nicht Guilhem Sanhon, der Gatte Jeannes, der Euch zu diesen Anschuldigungen getrieben hat?“

„Nein, nein!“ protestierte Monnet heftig. „Es war die schwarze Katze. Es war Barabbas ...“

Was ist nun Wahres an alledem? Monnet wäre der einzige, der uns diese Frage beantworten könnte, aber er hat sein Geheimnis mit ins Grab genommen. Jedenfalls schien Cathérine nun gerettet zu sein, auch wenn Bruder Michel noch immer versuchte, sie auf die Folter zu bringen, da seiner Meinung nach die Angelegenheit nicht hinreichend geklärt war. Monnet dagegen schien dem Scheiterhaufen verfallen. Aber nein! Während er, völlig erschöpft, auf das Schlimmste gefaßt war, verkündete der Inquisitor zur allgemeinen Verblüffung:

„Kraft meines Amtes erkläre ich im Namen des heiligen Offiziums der Inquisition den genannten Monnet Sinhon für straffrei, und dieser möge jeden Tag zu einer ihm beliebigen Stunde seine Sünden beweinen und Gott um Vergebung bitten.“

War die Angelegenheit damit beendet? Keineswegs. Zwei Männer ließen sich durch Monnets Widerruf und die verdächtige Nachsicht des Inquisitors nicht beirren: zwei Männer, die bisher geschwiegen hatten: Dom Martin Guilabert, Priester und Stellvertretender Offizial zu Fréjus, und Maître Isnard Focon vom Königlichen Gerichtshof Draguignan. Mit schneidender Stimme erklärten beide, sich der Entscheidung des Inquisitors keinesfalls anzuschließen; beide kündigten an, sie würden die Ermittlungen gegen Cathérine wieder aufnehmen – der eine im Namen des Bischofs von Fréjus, der andere im Namen des Königlichen Gerichtshofs in Draguignan. Sie behaupteten nachdrücklich, daß Monnets Widerruf von anderer Seite erzwungen worden sei, sie forderten zugleich, Monnet und Cathérine der peinlichen Frage zu unterwerfen.

Damit schien Cathérine, die man schon gerettet glaubte, endgültig verloren. Mehrere Menschen standen im Verdacht, Monnet zum Widerruf seiner Beschuldigungen veranlaßt zu haben: Cathérines Gatte, Cathérine selber und sogar der Inquisitor, der in diesem merkwürdigen Prozeß ein mehr als seltsames Verhalten an den Tag gelegt hatte.

Zum Glück war der Richter Durand, den man nun hinzuziehen wollte, der Meinung, er sei mit Gerichtssachen genügend ausgelastet und lehnte es ab, sich in diese Angelegenheit einzumischen, die, wie er sich ausdrückte, bereits vor dem Inquisitionstribunal verhandelt worden sei. Zweifellos hat der Inquisitor den Richter hierin unterstützt und seine alleinige Zuständigkeit betont. Die übrigen mußten sich, wenn auch voll heimlicher Wut, fügen. Guilhem de Malavielle verkündete den Freispruch Cathérines, die eine entsprechende Urkunde erbat.

Volle Genugtuung wurde ihr damit gegeben, und diese besteht noch heute, fünfhundert Jahre später, denn jedes Wort, jede Einzelheit dieses Prozesses ist überliefert.

Und die Wahrheit? Das zu entscheiden bleibt jedem selbst überlassen. Guilhem de Malavielle war, wie die meisten Inquisitoren, ein unbarmherziger Mann, dessen Name gefürchtet wurde. Warum aber zeigte er sich hier so nachsichtig? Hat er berücksichtigt, daß Monnet ein unglaubwürdiger Zeuge war? Warum unterließ er es dann, den von Monnet ins Spiel gebrachten Priester zu befragen, auf welche Weise er Cathérine das Chrisam verschafft hatte?

Vielleicht war er, ebenso wie der Richter Durand, einfach fasziniert von dieser furchtlosen, resoluten Frau mit den runden Schultern und den leuchtenden Augen. Oder haben etwa Barabbas oder die schwarze Katze oder der Teufel selber Einfluß genommen auf diesen Prozeß?

*

* *

Der Prozeß Jeanne Romée war 1431 noch ein Einzelfall und hatte letztlich politische Gründe; das Verfahren gegen Cathérine, die kleine Hexe aus dem Süden (1439), erscheint eng verknüpft mit der südfranzösischen Inquisition und trägt noch nicht die Spuren des glühenden Hasses, der wenig später losbrechen sollte. Der Prozeß gegen die Templer und die Bulle Johannes XXII. stellten erste Anzeichen dar für die beginnenden Verfolgungen; die Hexenbulle „Summis desiderantes affectibus" des Papstes Innozenz VIII. vom 9. Dezember 1484 wurde zum Sturmläuten: von nun an sollten Ketzerei und Hexerei mit derselben Unnachsichtigkeit bekämpft werden. Die weltlichen Richter waren zunächst zurückhaltend, aber angesichts der drohenden Exkommunikation ließen sie alle Bedenken fallen.

Es war ja gerade die Elite auf geistigem und medizinischem Gebiet, die den Verfolgungen ausdrücklich zustimmte. Wenn aber sogar Richter und Gelehrte an Hexen glaubten, wie groß müssen dann Aberglaube und Angst in den armen, ungebildeten Schichten der Bevölkerung gewesen sein. Diese Menschen haben die angebliche Fähigkeit der Hexen, ihre Gestalt zu verändern, niemals bezweifelt, und es kam vor, daß sie die eigene Geliebte oder Ehefrau freiwillig der Inquisition auslieferten...

Achtes Kapitel

Die Wolfsfrau (1588)

Die Geschichte hat ihren Namen nicht überliefert; wir wollen sie Yolande d'Aphton nennen, denn sie bewohnte ein etwa zwei Meilen von dem gleichnamigen Dorf im Hochgebirge der Auvergne gelegenes Schloß.

Ihr Gatte, Robert d'Aphton, war ein hochgewachsener Mann, kalt und grau wie die Steine seiner Schloßmauern; er sprach wenig und fast nur mit seinen Hunden. Yolande, die aus der Provence stammte und erst seit kurzem hier lebte, fürchtete sich sehr vor dem nahenden Herbst und Winter; schaudernd blickte sie in den grauen Himmel und den Regen der Auvergne hinaus und dachte daran, daß in ihrer Heimat zu dieser Zeit die Abende noch mild und schön waren.

„Yolande! Ihr träumt ja! Ich sehe, Ihr seid dauernd untätig. Ist der Wandteppich fertig?"

„Nein, ich muß noch einige Stiche daran machen."

„Habt Ihr den Dienerinnen Anweisung gegeben? Wenn man Euch so sieht, könnte man meinen, Ihr seid ein Vögelchen, das sorglos vor sich hin zwitschert."

„Wenn ich eines wäre, dann würde ich singen."

„Gott sei Dank habt Ihr noch nicht diesen Fehler, der meinen Ohren unerträglich wäre."

Yolande kehrte zu ihrer Arbeit zurück; fröstelnd hüllte sie sich in einen dicken Wollmantel und grübelte weiter vor sich hin. Sie hatte keine Kinder und wünschte sich auch keine. Es erschien ihr wenig erstrebenswert, einen Sohn zu bekommen, der vielleicht von ebenso barscher Wesensart wäre wie Robert, oder eine Tochter, die immer auf der Schattenseite des Lebens würde dahinsiechen müssen – zum Spinnrad verdammt und zur ehelichen Sklaverei. Es genügte ihr völlig, von Zeit zu Zeit die plumpen, ungestümen Annäherungsversuche ihres Mannes erdulden zu müssen, der die Liebe für erfüllt hielt, sobald er sein Vergnügen gehabt hatte.

Als aber der Winter zu Ende ging, die Sonne das Eis auftaute und die ersten Knospen hervorlockte, da fühlte Yolande ihren Körper warm werden und ihre Füße leicht. Die Berge schienen nun denen ihrer Heimat zu ähneln, und ein unwiderstehliches Verlangen zog sie in den Wald hinaus.

Ein seltsames Alleinsein, angefüllt mit Waldgeistern, Licht, schlafenden wilden Tieren oder auch solchen, die umherstreifen und zu Bundesgenossen werden können. Wem bist du begegnet, Yolande? Bist du allein geblieben, eine Gefangene deiner eigenen Träume? Bist du vielleicht eines Abends durch Zufall das Weibchen irgendeines Wolfes geworden? Hast du einen Pakt geschlossen mit einem Geist, der dich aus einem hohlen Baum heraus ansprach? War es Satan, der deine Tränen getrocknet, deine Brüste liebkost hat?

„Yolande! Yolande! Wo seid Ihr? Das ist merkwürdig, sie ist gar nicht in ihrem Zimmer. Yolande!"

Robert d'Aphton rief mit wahrer Donnerstimme, aber vergebens; schließlich ließ er die Dienerinnen kommen, aber niemand hatte seine Frau gesehen. Erst bei einbrechender Nacht kehrte Yolande zurück, erschöpft vom Herumstreifen in den Wäldern, das Haar voller Blätter und Blüten.

„Da seid Ihr ja endlich! Wo wart Ihr?"

„Ich bin hinausgegangen, um Maulbeeren und Löwenzahn zu pflücken."

„Tatsächlich? Sie scheinen Euch weit fortgelockt zu haben, wie ich aus dem Zustand Eurer Schuhe und Haare sehen kann. Seid Ihr verrückt? Verträgt es sich mit Eurer Stellung, wie eine Teufelin in den Wäldern herumzulaufen? Ich frage mich, ob das Kloster nicht ein besserer Schutz für Eure Tollheiten wäre als das Schloß Eures Gatten."

Yolande antwortete nicht; sie kleidete sich eilig um und bediente ihren Eheherrn beim Abendessen besonders aufmerksam, um durch Freundlichkeit ihr seltsames Verhalten vergessen zu machen.

Robert war früher ein begeisterter Jäger gewesen, aber eine schlecht verheilte Wunde am Fuß hinderte ihn nun daran, einer Leidenschaft zu frönen, die seinem heftigen Temperament sonst als Ventil gedient hatte. Er nährte darüber einen schlecht verhehlten Groll; vom Fenster des Schlosses aus konnte er die Jagderfolge der anderen beobachten. Schweigend und unbeweglich lauerte auch er in Gedanken auf die Beute, hielt den Atem an, spannte die Armbrust und machte die Bewegung des Abziehens. Manchmal bemerkte er in der Abenddämmerung ein in den Büschen herumschleichendes Wesen; dann unterdrückte er eine Gebärde des Ärgers wegen dieses für ihn unerreichbaren aufregenden Wilds, verließ das Fenster, schalt heftig mit der Dienerschaft und fragte ungeduldig, wo die Herrin sei. Unterdessen trat Yolande, die dicht an der Schloßmauer entlanggeschlichen war, durch eine Geheimtür wieder ein – mit dem schleichenden Schritt einer Wölfin.

Eines Tages, so berichtet die im Jahre 1610 veröffentlichte Quelle, sah Robert unter seinen Fenstern einen Jäger vorbeigehen, den er gut kannte und der Pierre hieß.

„Hallo, Pierre! Du gehst um diese späte Stunde noch auf die Jagd?"

Der andere schaute ein wenig überrascht auf und bemerkte Robert.

„Zur Jagd ist es nie zu spät. Ich werde bestimmt mit gefüllter Tasche zurückkehren."

„Das bezweifle ich!"

„Die Wette gilt! Auf dem Rückweg werde ich, wenn es nicht zu spät in der Nacht ist, kommen, um Euch meine Beute zu zeigen."

Der Mann entfernte sich. Robert folgte ihm lange Zeit mit den Augen, bis dieser die Ebene hinter sich hatte und im Hochwald verschwand. Der Jäger ging lange Zeit, während die Sonne allmählich versank; aber seine Suche blieb erfolglos, es schien kaum Wild da zu sein, und es sah aus, als werde der Herr von Aphton recht behalten.

Plötzlich glaubte Pierre einen keuchenden Atem zu vernehmen; er blieb stehen und lauschte, hörte aber nichts mehr. So ging er schließlich weiter, wobei er sich ab und zu umdrehte, aber er bemerkte lediglich das Rascheln von Zweigen und Blättern. Als er auf einmal einen rauhen Atem hörte, war es schon zu spät: Wenige Schritte entfernt von ihm, stand ein mächtiger Wolf mit schwarzbraunem Fell, die Ohren gespitzt und mit glühenden Augen. Pierre schoß einen Pfeil auf ihn ab, der jedoch in einem Baumstamm steckenblieb. Mit wütendem Sprung griff der Wolf an. Der Mann wehrte sich mit allen Kräften; die Armbrust glitt dabei zu Boden und riß den Jäger mit sich auf die Erde. Unversehens fand sich dieser unter dem Tier liegend wieder, das er bei den Ohren packte und vergeblich zurückzustoßen suchte. Schon glaubte er, seine letzte Stunde sei gekommen, als es ihm gelang, sein Messer aus der Tasche zu ziehen. Plötzlich in die Höhe schnellend, hieb er dem Wolf eine Pfote ab, und dieser entfloh, wobei er ein fast menschliches Geheul ausstieß.

Pierre steckte die blutige Pfote in seine Jagdtasche; die Sonne war nun ganz untergegangen, und es war höchste Zeit zur Heimkehr. Das Erlebnis beunruhigte ihn sehr, und zudem hatte wahrscheinlich die Armbrust unter dem Fall gelitten. Pierre ging wieder am Schloß vorbei, und da der Herr ihn darum gebeten hatte, klopfte er zögernd an die Tür, denn für einen Besuch war es doch reichlich spät. Eine Dienerin öffnete, er nannte seinen Namen und wurde auch gleich zum Herrn des Hauses geführt, der neben dem großen Kamin, in welchem einige Holzscheite brannten, auf ihn wartete.

„Nun", fragte Robert leutselig, „bist du da? Hast du erfolgreich gejagt? Wie viele Hasen? Wie viele Rebhühner?"

Der Jäger schüttelte unwillig den Kopf: „Nichts, Herr, oder doch fast nichts; ich wäre um ein Haar zu Tode gekommen und bringe kaum Beute mit."

„Was willst du damit sagen?"

Pierre erstattete Bericht, und Robert hörte interessiert zu, wobei er sich allerdings immer wieder fragte, ob der Mann sich nicht vielleicht nur wichtig machen wollte. Da der andere dies bemerkte, so schloß er seine Erzählung mit den Worten:

„Die Pfote des Wolfes ist da, hier in meiner Tasche."

Pierre stellte die Jagdtasche auf den Tisch und öffnete sie.

„Heilige Jungfrau!" rief Robert d'Aphton aus.

Die beiden Männer waren ganz blaß geworden, denn vor ihnen lag keine Wolfspfote, sondern eine schöne weiße Frauenhand mit schlanken Fingern, an einem derselben steckte ein goldener Ring, den Robert sofort erkannte:

„Du Schuft! Was hast du getan? Wen hast du angegriffen? Das ist ja die Hand meiner Frau!"

Robert packte Pierre am Hals und schüttelte ihn heftig; dieser fiel auf die Knie:

„Ich schwöre, ich habe nichts dergleichen getan! Ich habe diese Hand noch nie gesehen, und Eure Frau kenne ich überhaupt nicht! Ich sagte Euch doch, ein Wolf hat mich angegriffen, es ist noch keine zwei Stunden her ..."

Robert eilte zur Tür hinaus und lief die zum Zimmer seiner Frau führende Treppe hinauf, gefolgt von dem zitternden Pierre. Robert stieß die Tür auf: In einer Ecke des Raumes, nahe beim Kamin, lehnte Yolande an der Mauer, bekleidet mit ihrem langen Mantel. Robert ging auf sie zu, und mit einem einzigen Ruck schlug er das Kleidungsstück bedenkenlos auseinander – jetzt sah man, daß ihr wirklich eine Hand fehlte.

„Schurke! Was hast du getan? Was ist passiert?"

„Ich habe Euch doch schon alles gesagt. Und diese Dame habe ich noch nie gesehen ..."

Yolande war inzwischen ohnmächtig geworden; Robert betrachtete erneut das blutige Glied und die Jagdtasche, die er mitgebracht hatte. Kein Zweifel: es handelte sich tatsächlich um die Hand seiner Frau, die am Rande dunkel war von geronnenem Blut.

„Seht!", rief Pierre, „schaut den Mantel an! Haften nicht Reste von Wolfsfell an ihm? Und da? Diese Blätter? Diese Zweiglein? Ist das etwa normal bei einer Edelfrau?"

Eine Dienerin trat nun zu den beiden Männern; sie wickelte Leinen um das verstümmelte Glied, kühlte die Stirn ihrer Herrin, die allmählich wieder zu Bewußtsein kam. Als sie aber Pierre, den Jäger, bemerkte, täuschte sie sogleich eine erneute Ohnmacht vor, um nicht antworten zu müssen.

„Wenn du die Wahrheit sagst", rief Robert, „dann wird sie auf dem Scheiterhaufen büßen!"

Soweit die Tatsachen, wie sie René Crozet in seinem Buch *La Sorcellerie en Auvergne* (1978) schildert; die Originalquelle bildet Henri Boguets *Discours exécrable des Sorciers* aus dem Jahre 1602. Boguet behauptet darin, die Dame habe später gestanden, den Jäger in Gestalt eines Wolfes angegriffen zu haben. Jedenfalls lieferte ihr Gatte sie der Inquisition aus, die sie ordnungsgemäß verbrennen ließ. Robert d'Aphton kam schließlich auch allein zurecht – selbst wenn manchmal um Mitternacht das klagende Heulen einer Wölfin unter seinen Fenstern erscholl.

Doch was ist nun wirklich geschehen? Antwort geben könnten nur die Prozeßprotokolle – doch diese wurden zusammen mit der angeblichen Wolfsfrau verbrannt. An der Echtheit der sogenannten „Lykanthropie" bestand zur damaligen Zeit überhaupt kein Zweifel. Allein Boguet rühmte sich gegen Ende seines Lebens, sechshundert „Lykanthropen" vernichtet zu haben; die meisten dieser Menschen waren fest davon überzeugt, tatsächlich Wolfsgestalt annehmen zu können, und viele bezichtigten sich selber, daß sie in ihrem Wahn Kinder erwürgt oder zerrissen hätten. Einige von ihnen haben offenbar wirklich Kinder ermordet – die „Lykanthropie" war ein zwanghaftes Verhalten, welches die Kranken zu Mord und Totschlag trieb.

So wird unter anderem von einer gewissen Pernette Gandillon berichtet, die sich für eine Wölfin hielt: Auf allen Vieren lief sie auf den Feldern umher, stürzte sich auf ein kleines Mädchen und tötete es mit einem Messerstich. Der Bruder des Mädchens hatte es nicht retten können – Pernette aber wurde von den Bauern auf freiem Feld erschlagen. Auch ihre Schwester und ihre beiden Brüder scheinen Lykanthropen gewesen zu sein, die auf allen Vieren herumliefen; sie wurden alle drei verbrannt – zusammen mit einigen anderen, die von sich behaupteten, sie hätten Kinder umgebracht, und die auf Antrag des Richters Boguet ebenfalls den Flammen übergeben wurden.

Im Waadtland hingegen wurden 1436 einige unglückliche Bauern des Kannibalismus angeklagt. Mangels Beweisen und um Geständnisse zu erzwingen, spannten die Richter sie auf

Die Hexen im Fürstentum Jülich. Kopf eines Flugblattes. 1591. Das Bild stellt sowohl das Treiben der als Hexen bezeichneten Personen dar, z. B. in Gestalt von Werwölfen Dörfer zu überfallen, als auch die Verhaftung, Verurteilung und Verbrennung der Frauen.

die Folter, und viele von ihnen starben wenig später auf dem Scheiterhaufen. Körperliche und seelische Qualen hatten ihnen das Geständnis abgepreßt, sie besäßen tatsächlich die Macht, Kinder auf magische Weise umzubringen. In Wahrheit handelte es sich teils um Unglückliche, die durch Folterqualen in den Wahnsinn getrieben wurden – teils auch um Menschen, die unter chronischen Halluzinationen litten. Etliche zögerten nämlich nicht, ein Schuldbekenntnis abzulegen, aber trotz allen Suchens hat man Reste der angeblich in Stükke gerissenen Frauen oder Kinder nie gefunden. Die „Wölfe" wurden natürlich trotzdem lebendig verbrannt, wie es in solchen Fällen üblich war.

Der bereits früher erwähnte Johann Weyer hat schon damals das Problem der Lykanthropie ausführlich behandelt, doch stand er mit seiner Meinung fast ganz allein. Seiner Ansicht nach wurde die angebliche „Wolfssucht" durch narkotische Salben verursacht, die manche Menschen gelegentlich benutzten. Moderne Forscher dagegen halten die Lykanthropie für eine partielle Geistesstörung, die nicht selten in einem Blutrausch endet.

Die Richter jedenfalls lösten das Problem, indem sie die meisten der Angeklagten verbrannten; es werden wohl auch Schuldige darunter gewesen sein. Den Bauern der Umgegend erteilte das Gericht von Dôle zudem die Erlaubnis, organisierte Jagd auf die angeblichen Werwölfe zu machen, was Gelegenheit zu ausgiebigen Volksbelustigungen bot.

Neuntes Kapitel

Louise de Budos oder der Zauberring (1593)

Es war einmal ein unvorsichtiges junges Mädchen, das um jeden Preis reich und mächtig sein wollte. Um dieses Ziel schneller zu erreichen, entschloß sie sich zu einem Pakt mit dem Teufel; einige Jahre später, als sie gerade dreiundzwanzig Jahre alt war, erhielt sie seltsamen Besuch ...

Diese eher legendenhafte Geschichte ist von mehreren seriösen Berichterstattern überliefert worden, darunter befinden sich der französische Chronist Pierre de L'Estoile (1546–1611) und der Graf von Saint-Simon (1675–1755). Ihre Heldin hat wirklich gelebt: ihr Name war Louise de Budos. Es liegt ein Geheimnis über dieser Frau, das bis auf den heutigen Tag nicht gelüftet werden konnte.

Es war an einem der letzten Februartage des Jahres 1593; die Luft war schon so mild, daß Mimosen und Nelken in Blüte standen – ein südfranzösischer Frühling begann. Nicht weit entfernt von der kleinen Stadt Pézenas im Languedoc lag das Schloß de La Grange des Prés, Wohnsitz des Konnetabel de Montmorency. Dieses Adelsgeschlecht ist berühmt, weil Angehörige der Familie Montmorency in der Geschichte Frankreichs eine bedeutende Rolle gespielt haben: Matthieu II. kämpfte 1214 in der Schlacht bei Bouvines an der Seite Philipp II., August gegen den Welfenkaiser Otto IV. und das mit diesem verbündete England; Anne de Montmorency, Marschall und seit 1537 Konnetabel von Frankreich, Ratgeber König Heinrichs II., wurde während der blutigen Auseinandersetzungen mit den Hugenotten tödlich verwundet.

Der damalige Konnetabel von Frankreich, Henri I., saß gerade betrübt im Waffensaal seines Schlosses vor dem Kamin;

Louise de Budos und Henri de Montmorency.
Kupferstiche aus dem 16. Jahrhundert.

trotz seiner fast sechzig Jahre, grauwerdendem Haar, hagerem Gesicht und runzliger Haut war Henri noch immer ein ansehnlicher Mann, ein tüchtiger Soldat und begehrter Liebhaber. Geboren in Chantilly am 15. Juni 1534, hatte Henri de Montmorency mit fünfundzwanzig Jahren Antoinette de la Marck, die Tochter des Grafen von Bouillon, geheiratet. Von ihr hatte er vier Kinder: zwei Knaben, die früh sterben mußten, und zwei Töchter, die sich sehr vorteilhaft verheirateten.

Während seiner Ehe hatte Henri allerlei Liebesaffären, aus denen mindestens sechs Kinder hervorgingen. Von seinen zahllosen Mätressen blieb nur eine einzige mit ihrem ehemaligen Liebhaber freundschaftlich verbunden: eine Witwe aus Avignon, Madame de Richery, die vom Vertrauen des Konnetabel profitierte und später – man wird ihr noch begegnen – Gesellschafterin seiner zweiten Ehefrau wurde, deren Kinder sie zusammen mit ihren eigenen erzog.

Doch zurück zum Frühjahr 1593: Henri war bedrückt. Seit zwei Jahren war er Witwer, aber damit hatte er sich dank heimlicher Liebschaften abgefunden. Anfang 1593 war jedoch sein ältester Sohn Hercule im Alter von elf Jahren schwer erkrankt und am 15. Februar gestorben. Henri blieb tieftraurig zurück – er hatte in Hercule seinen einzigen legitimen Sohn verloren, und niemand konnte mehr seinen Namen und sein „Geschlecht" fortführen.

Zur selben Zeit gingen vor den Toren des Schloßparks zwei Frauen spazieren. Die eine, Cathérine de Clermont, war Gesellschafterin der zwei Jahre zuvor verstorbenen Antoinette de La Marck gewesen und auch nach deren Tod im Schloß geblieben. Als der Konnetabel zu seinem großen Schmerz seinen Sohn verlor, bemühte sie sich, ihn mit den ehrbarsten Mitteln der Welt zu trösten. Neben Cathérine ging ein junges Mädchen, das vielleicht weniger achtbare Mittel im Sinn hatte. Sie war achtzehn Jahre alt und hinreißend schön mit feinen Gesichtszügen, vollem rotem Mund, leicht vorstehenden Augen, wie es dem damaligen Ideal entsprach, und mit üppigen Körperformen – und mit einem Herzen voller Ungeduld. Sie hieß Louise de Budos.

Louise hatte vor zwei Jahren Jean de Gramont, den Herrn von Vachères, geheiratet; dieser hatte aber nur noch bis zum folgenden Jahr gelebt und ließ seine siebzehnjährige Witwe einsam zurück. Derlei war nicht ungewöhnlich in einer Epoche, in der Heiraten zwischen jungen Mädchen und Graubärten durchaus üblich waren. Die Mädchen erhoben so gut wie nie Einspruch gegen eine solche Heirat, da sie froh waren, auf diese Weise dem Kloster und der Tyrannei ihrer Familie entfliehen zu können und sich zudem auch noch eine Altersversorgung sicherten. Über all das mußte Louise de Budos nachdenken, während sie ihre Mutter am Arm führte. Sie war nun erneut deren Autorität unterworfen; ohne Ehemann besaß sie selbst weder Rang noch Ansehen. Dies waren die Gründe, weshalb die ehrgeizige junge Frau sich gern wieder verheiraten wollte. Mit wem? Wie? Am liebsten mit dem Vornehmsten und Reichsten, der zu finden war, und das so rasch wie möglich. Schönheit und Jugend des Zukünftigen bedeuteten ihr wenig. Aber was konnte sie schon erwarten? Louise hatte keine Mitgift; sie war adlig, gewiß, aber nur von niederem Adel.

Daher, so beginnt die Überlieferung, ruft Louise den Teufel an, der auch sogleich erscheint und ihr einen Pakt vorschlägt: im Austausch für ihre Seele bietet er ihr eine reiche, ehrenvolle, unerwartete Heirat. Wer wird wohl um die kleine Louise werben? Vielleicht der Konnetabel von Frankreich selber, wenn der Teufel will.

Und in welcher Gestalt ist der Teufel erschienen? Lassen wir den Grafen von Saint-Simon erzählen und begleiten wir im Geist Louise de Budos und ihre Mutter an einem Februartag des Jahres 1593 durch den Park von Pézenas ...

„Ihr scheint traurig, meine Tochter; ist es etwa der Kummer des Konnetabel, der Euch ergreift?"

Louise lächelt leicht: „Nein, ich mache mir um mancherlei Gedanken."

„Um Eure Zukunft?"

„Vielleicht."

„Wir werden uns darum kümmern. Ich werde bald eine passende Partie für Euch ausfindig machen, aus Avignon oder aus Béziers."

Die junge Frau macht ein ablehnendes Gesicht.

„Ich will aber einen aus Paris. Oder wenigstens einen Mann, der nicht ständig hier lebt. Ich will ..."

„Was wollen Sie?"

„Ich möchte ..."

Louise unterbricht sich, denn sie wagt ihren Gedanken nicht auszusprechen. Schon seit Wochen läßt sie den Konnetabel nicht aus den Augen. Da sie weiß, daß er Unbefangenheit mag, hat sie es trotz des Altersunterschieds auf diesen Mann, der zweifellos eine „ausgezeichnete Partie" ist, abgesehen. Doch die Annäherungsversuche, die zärtlichen Blicke blieben bis jetzt ohne Erfolg. Aber vielleicht wird Montmorency noch zu sehr vom Schmerz um seine Witwerschaft und den Tod seines Sohnes beherrscht? Oder aber Louise ist diesem Don Juan einfach zu unbedeutend? Oder nicht gut genug? Jedenfalls will der Funke einfach nicht überspringen. Doch da greift der Teufel ein:

Am Ende der Allee stand eine Frau, die ein Kind im Arm trug. Ihr abgetragenes, stellenweise zerrissenes Kleid, die ausgestreckte Hand, alles kennzeichnete die Bettlerin. Als sie Cathérine und ihre Tochter herankommen sah, trat sie beherzt näher:

„Edle Damen, ein paar Sous für meinen Sohn . . . Ich habe kaum noch Milch, die ich ihm geben kann.“

Cathérine setzte eine ablehnende Miene auf. „Es fehlt doch nicht an Arbeit in der Gegend.“

„Madame“, fuhr das Bettelweib fort, indem sie hinter ihr herlief, „gebt mir wenigstens ein bißchen Brot . . .“

„Schluß jetzt! Keine Bettelei! Macht, daß Ihr fortkommt . . .“

Da verspürte Louise Mitleid. Das kleine Ding, welches die Bettlerin trug, hatte angefangen zu weinen, und man konnte es wohl kaum im Verdacht haben, sich zu verstellen.

„Mutter! Ich bitte Euch! Gebt wenigstens etwas für das Kind!“

Cathérine zögerte, dann suchte sie in ihrer samtenen Börse. Die Frau beobachtete jede ihrer Bewegungen; ihre Augen begannen seltsam zu leuchten, als sie einige Geldstücke erhielt. Sie wandte sich sogleich an Louise und wurde redselig:

„Habt Dank, Fräulein; Euer Almosen wird Euch zurückerstattet werden.“

„Danke, lebt wohl.“

„Nein. Ich möchte Euch etwas sagen. Zeigt mir einen Augenblick Eure Hand.“

„Ich will meine Zukunft nicht wissen.“

„Daran tut Ihr Unrecht. Eure Hand ist weiß; laßt sie mir. An dieser Stelle fehlt ein Ring.“

„Ein Ring?“

„Ja, Ihr habt vor kurzem Euren Gatten verloren. Aber der nächste wird einer der ruhmreichsten Männer sein, die es gibt.“

Louise überließ ihr nun ihre Hand bereitwillig, ja leichtsinnig. Die Frau sah ihr starr in die Augen, dann betrachtete sie sehr genau die Schicksalslinien in ihrer Hand. Plötzlich spürte Louise, wie die Wahrsagerin ihr einen Ring an den Finger steckte. Sie wollte es hindern und versuchte das Kleinod abzustreifen.

„Tut das nicht“, sagte die andere. „Bewahrt diesen Ring sorgsam auf und steckt ihn Eurem Auserwählten an den kleinen Finger; alles übrige wird sich schon ergeben.“

„Gebt das Ding zurück!“ befahl Cathérine ärgerlich. Louise zögerte; sie wollte den Ring abziehen, aber ohne rechte Kraft.

„Er hat weiter keinen Wert; behaltet ihn! Als Dank.“

Die Frau verschwand rasch und ließ Cathérine und ihre Tochter ratlos und sehr erstaunt zurück. Das Schmuckstück war ein einfacher Silberring, auf welchem unverständliche Zeichen eingraviert waren.

Recht nachdenklich kehrten sie zum Schloß zurück. Louise sprach an diesem Abend kaum ein Wort, und keine von beiden erwähnte die merkwürdige Begegnung an der Tafel des Konnetabel.

Aber als dieser sich nach dem Abendessen in den großen Salon zurückzog, nutzte Louise eine kurze Abwesenheit ihrer Mutter, um sich dem Hausherrn zu nähern.

„Was sagt Ihr zu diesem Kleinod?“ fragte sie, indem sie den Ring vom Finger zog.

Der ziemlich zerstreute Konnetabel machte eine unwillige Bewegung, aber er wollte sich doch nicht ganz grob zeigen.

„Das ist ein schöner Ring.“

„Wenn er Euch gefällt, dann schenke ich ihn Euch. Doch, doch! Es ist ein Talisman.“

Und Louise steckte Henri I. den Ring hastig an den kleinen Finger.

Die Bettlerin, so erzählt Saint Simon – hatte wahr gesprochen; am 29. März desselben Jahres heiratete der plötzlich sehr verliebte Konnetabel Louise de Budos. Der Altersunterschied zwischen den Gatten betrug fast vierzig Jahre; aber Louise hatte nun eine der besten Partien in ganz Frankreich gemacht, und der Konnetabel war, wie es scheint, trotz seiner sechzig Jahre sehr rüstig, wofür er alsbald den Beweis lieferte: Am 11. Mai 1594 gebar Louise eine Tochter, Charlotte-Marguerite, und am 30. April 1595 den heißersehnten Sohn Henri. Sein königlicher Namensvetter Heinrich IV. hob das Kind aus der Taufe und nannte den Konnetabel von diesem Tag an „Gevatter“. Der König muß damals auch die kleine weinende Charlotte bemerkt haben, ohne zu ahnen, daß dies jenes „Teufelsmädchen“ war, in das er sich Jahre später glühend verlieben würde.

Louises Glück währte fünf Jahre, aber es war ein nur episodenhaftes und alles andere als unbeschwertes Glück. Der König von Frankreich mußte sein Reich in schweren innenpolitischen Kämpfen zurückerobern, und Montmorency war dabei seine rechte Hand. Er hielt sich daher bald auf dem Lande in Lyon auf, bald in der Dauphiné und an allen möglichen Orten in Frankreich, aber kaum in Chantilly, wo von jetzt an seine Familie lebte. Es war eine sehr zahlreiche Familie, denn sie umfaßte nicht nur Louise und ihre Kinder, sondern auch noch ihre Mutter sowie die frühere Mätresse ihres Gatten, Madame de Richery, die ihre unehelichen Kinder ebenfalls im Schlosse aufzog – von einer Nichte der Madame de Richery sowie der ältesten Tochter des Konnetabels aus erster Ehe gar nicht zu reden.

Ein ständig abwesender Ehemann – dafür viele Frauen und mehrere Schwangerschaften. Es ist verständlich, daß Louises Lebensfreude und Gesundheit darunter litten. Wir kennen nicht die Art der Streitigkeiten zwischen ihr und Madame de Richery und deren Nichte, aber durch François Ranchin, einen jungen Arzt aus Montpellier, der die junge Herzogin seit Beginn ihrer letzten Schwangerschaft nicht mehr verlassen sollte, wissen wir, daß Louises häufiges Unwohlsein keine andere Ursache hatte als den durch die ungebetenen Gäste hervorgerufenen „außerordentlichen Verdruß". Während der dritten Schwangerschaft erlitt sie eine Fehlgeburt; Madame de Richery und ihre Nichte erklärten sich schließlich bereit, das Schloß zu verlassen, und nun kehrte endlich Ruhe ein. Zudem konnte der Konnetabel einige Wochen in Chantilly bei seiner Frau verbringen, die dank der guten ärztlichen Betreuung durch Ranchin ihre Kräfte bald zurückgewann. Im Frühjahr 1598 war sie erneut schwanger.

Der Sommer verging – es kam jedoch nicht das erwartete Kind, sondern ...

Saint-Simon erzählt, Louise sei im September 1598 wie gewöhnlich allein in Chantilly gewesen und ihrer Tante sowie dem Grafen de Cramail, die beide zu Besuch kamen, sehr traurig vorgekommen. Sie schien so beunruhigt, daß sie befürchteten, es seien schlechte Nachrichten vom Konnetabel gekommen; sie antwortete aber nein, es sei nichts dergleichen. Einige Tage darauf, als sie nach Tisch mit ihnen spazierenging, verließ sie sie plötzlich, wobei sie sagte, sie werde gleich zurückkommen. „Es näherte sich ihnen ein Mann, den sie noch nie gesehen hatten, und der höflich wartete. Sie sahen, wie Louise zu ihm hinüberging und bei ihm stehenblieb; die beiden sprachen lange miteinander. Der Mann ging dann fort, und Louise verhielt sich jetzt so abweisend, daß ihre Gäste überzeugt waren, sie müsse soeben sehr schlechte Nachrichten vom Konnetabel erhalten haben; sie beruhigte sie jedoch und wollte sich nicht weiter äußern."

Am folgende Tag während des Essens, als gerade die Früchte serviert wurden, kam ein Diener an den Tisch:

„Madame", meldete er, „es ist ein Besucher da, der Euch umgehend sehen möchte."

„Ein Besucher? Um diese Zeit? Schickt ihn fort, ich erwarte niemanden."

„Er versicherte, daß Ihr ihn empfangen würdet; er sagt, er habe Euch gestern auf dem Spaziergang getroffen und müsse Euch dringend nochmals sprechen."

Nun zeigte Louise plötzlich eine starke Erregung: „Das ist etwas anderes", sagte sie sofort, „ich werde ihn empfangen."

„Er scheint es eilig zu haben!"

„Nun gut, er soll wenigstens einen Augenblick warten."

Wenig später stand sie vom Tisch auf: „Ich bitte, mich zu entschuldigen, aber ich muß mit diesem Herrn wirklich dringende Geschäfte regeln. Ich denke, es wird nicht lange dauern, aber vielleicht etwas laut hergehen, denn wir sind in einigen Punkten verschiedener Meinung."

„Tut, wie Euch beliebt", meinte der Graf de Cramail.

Louise entfernte sich und befahl ihrem Diener, niemanden in die Nähe des Kabinetts zu lassen, in das sie sich mit ihrem Besucher zurückzog, und sie unter keinen Umständen zu stören, „wie lange es auch dauern mag und was für Lärm man auch hört". Dann verschwand sie.

All das, erzählt Saint-Simon, kam den anderen Schloßbewohnern sehr ungewöhnlich vor und steigerte ihre Unruhe. Aber es kam noch schlimmer: Nachdem sie den ganzen Tag gewartet hatten, gingen sie um zehn Uhr abends nach kurzer Beratung zur Tür des Kabinetts, von wo den ganzen Tag kein Laut zu hören gewesen war. Man klopfte, rief und schlug schließlich die Tür ein. Man fand die Herzogin tot auf der Erde liegen, mit gebrochenem Genick und das Gesicht auf den Rücken gedreht, ohne indessen entstellt zu sein; in der Luft hing ein stinkender Schwefelgeruch. Der Teufel – so glaubte Saint Simon – war gekommen, um seine Schulden einzutreiben.

Tatsächlich starb Louise am Abend des 26. September 1598 im Alter von dreiundzwanzig Jahren auf plötzliche und sehr seltsame Weise; die merkwürdigen Umstände ihres Todes erregen auch heute noch Verwunderung. Ähnlich wie Saint-Simon und sicher auch noch andere Zeitgenossen schildert Pierre de L'Estoile Louises Tod: „In Chantilly starb zu der Zeit in der Blüte ihrer Jahre Madame la Connétable, die Zierde aller Schönheiten am Hofe – in ihrem grauenvollen Ende ein schreckliches Beispiel der göttlichen Gerechtigkeit. So diene es den Höflingen dieses Jahrhunderts als Mahnung, Gott zu fürchten und nicht zu tun wie diese, die, um in der Welt zu glänzen, sich dem Teufel verschrieb, der sie schließlich für ihre Eitelkeit und Ruhmsucht büßen ließ. Die Mehrzahl der Herren und Damen am Hofe wird sich indessen wenig darum bekümmern."

In einer zweiten Version allerdings änderte er seine Meinung und ließ verlauten, der Konnetabel sei am Tod seiner Frau nicht unbeteiligt gewesen. Das ist jedoch unwahrscheinlich, denn Henri de Montmorency hielt sich zum Zeitpunkt von Louises Tod in Fontainebleau auf und bekundete tiefen Schmerz. Zeuge hierfür ist Heinrich IV., der persönlich an einen seiner Freunde in Chantilly schrieb: „Ich gebiete und beschwöre Euch, wenn Ihr mich liebt, so geht nicht fort und laßt ihn in diesem Unglück nicht im Stich."

Selbstverständlich gibt es auch eine natürliche Erklärung: Herzversagen, Eklampsie; der banale, erschütternde Tod einer schwangeren jungen Frau. Dennoch – die Sache bleibt geheimnisvoll, wie auch der weitere Verlauf zeigt. Als Louise starb, gab es nachweislich noch eine dritte Person im Schloß:

die Tante der jungen Frau. Die 1571 geborene Laurence de Clermont war Witwe geworden und zu ihrem Vater zurückgekehrt. Als dieser im Dezember 1597 starb, bat Louise den Konnetabel, ihre Tante in Chantilly aufzunehmen. Laurence traf im Juni 1598 ein und „hat ihre Nichte seitdem nicht mehr verlassen".

Am 24. September nun, als man sich entschloß, die Tür des Kabinetts aufzubrechen, und die junge Herzogin tot auf dem Boden fand, da – so erzählt Saint-Simon – „warf sich Laurence de Clermont über sie und steckte in einer Aufwallung von Schmerz, ohne zu wissen, was sie tat, jenen Ring, den sie stets an Louises Hand gesehen und den der Konnetabel ihr zurückgegeben hatte, an ihren eigenen Finger. Die Verzweiflung des Konnetabel war grenzenlos, aber als er die junge Verwandte, die er nie hatte leiden mögen und gern weggeschickt hätte, zu Gesicht bekam, war er auf einmal außerordentlich freundlich zu ihr. Sie glaubte, das sei ein Verdienst der Verstorbenen, aber sie staunte noch mehr, als er ihr einen Heiratsantrag machte, der ein Jahr später auch realisiert wurde. Ihr wenig reizvolles Äußeres und die zu Lebzeiten ihrer Nichte so ausgeprägte Abneigung des Konnetabel gegen sie bildeten einen solchen Gegensatz zu diesem neuen Zustand, daß sie ständig darüber nachdenken mußte. Schließlich fiel ihr der Ring ein, den sie der Toten vom Finger gezogen und seither immer bei sich getragen hatte. Sie hatte deswegen Skrupel, suchte Rat und man spottete über sie; aber als man sah, daß es sie wirklich sehr belastete, sagte man ihr, sie brauche ihn doch nur zu entfernen; daraufhin warf sie bei einem Spaziergang in den Gärten von Ecouen ihren Ring fort. Dieser Moment war der Zeitpunkt der Trennung. Dem Konnetabel, der gerade abwesend war, fiel es wie Schuppen von den Augen und er sollte sie seitdem nie mehr wiedersehen."

Historisch verbürgt ist lediglich folgendes: Louises Tante war erst siebenundzwanzig Jahre alt und allein mit dem Konnetabel. Da dieser trotz seiner fünfundsechzig Jahre noch ein Frauenheld war, braucht man sich über seinen Antrag nicht zu wundern. Um die ein knappes Jahr nach dem Tod seiner Frau geschlossene Ehe zu erklären, braucht es auch keinen Zauberring. Niemand drängte sich danach, dem Konnetabel Glück zu wünschen – abgesehen von Madame de Richery, und wie könnte man sich darüber wundern?

Die Heirat widersprach den kirchlichen Gesetzen; eine Verbindung mit der Tante der Verstorbenen erforderte eine Dispens des Papstes. Die nötigen Formalitäten wurden in Rom erledigt. Aber nun besann der Konnetabel sich plötzlich anders und verlangte von seinen Ratgebern, ihn von seiner Gemahlin zu befreien, die er weder sehen noch jemals wieder sprechen wollte. Um Ärger zu vermeiden, setzte er ihr eine ansehnliche Apanage aus, weigerte sich aber, weiter mit ihr zusammenzuleben. Er sollte im Jahr 1614 sterben, ohne ihr noch einmal begegnet zu sein.

Ist der Wankelmut des Konnetabel eine ausreichende Erklärung für sein Verhalten? Ist der bei Saint-Simon erwähnte Zauberring eine Legende oder eine merkwürdige Tatsache? Und was soll man vom Besuch dieses Mannes halten, der wenige Augenblicke vor Louises Tod kam, um Schulden einzutreiben? War er wirklich nur ein einfacher Gläubiger?

Louises Tochter, die berühmte Charlotte de Montmorency, mußte auf Befehl Heinrichs IV. den Prinzen de Condé aus einer Seitenlinie des Hauses Bourbon heiraten. Der König, der bekanntlich sehr verliebt war und ständig mit Eifersucht kämpfte, wollte seine junge Mätresse mit einem Mann verheiraten, von welchem er nichts zu befürchten hatte. So wurde Schloß Montmorency Sitz und Eigentum der Condés, aus deren Familienchronik Saint-Simon geschöpft hat. Demnach erschien der klagende Geist der Louise de Budos regelmäßig am Vorabend von Todesfällen und kündigte durch seine Anwesenheit das bevorstehende Unglück an. So soll ein gewisser Vervillon, der Knappe des Prinzen, wenige Tage, bevor die Herzogin, eine uneheliche Tochter Ludwigs XIV., an Blattern erkrankte, bei der abendlichen Rückkehr von der Jagd das Fenster des Waffensaales offen gesehen haben und an diesem geöffneten Fenster eine merkwürdig gekleidete Frau, die sich weit hinauslehnte. Vervillon, der genau wußte, daß dieser Saal und seine Fenster stets verschlossen waren, war so betroffen, daß er anhielt. Der hinter ihm reitende Stallknecht versicherte, er sehe die Frau ebenfalls. „Im Schloß angekommen, geht Vervillon, statt sich auf sein Zimmer zu begeben, zum Verwalter und fragt, warum der Waffensaal offen ist. Dieser antwortet, daß sei er nicht, zeigt seine Schlüssel und steigt sofort mit Vervillon hinauf, wo sie die Tür des wohlverschlossenen Waffensaals öffnen – wohlgemerkt, sie finden Tür und Fenster gut verschlossen und niemanden darin. Zwei Tage später erfuhr der Prinz, die Herzogin sei in Fontainebleau an den Blattern erkrankt, und der Hofstaat habe deswegen das Weite gesucht: Er stattete ihr einen Besuch ab, wurde gleich darauf krank und starb in kürzester Zeit."

Wir wollen Saint-Simon nicht widersprechen; bemerkenswert ist aber, daß Louises Geist sich später kaum mehr sehen ließ. Und noch ein Letztes: Henri, der kleine Henri, dieser hübsche Junge, den Louise in der angeblich vom Teufel arrangierten Ehe geboren hatte und der später Marschall von Frankreich wurde, zettelte unklugerweise eine Verschwörung gegen Richelieu an, der ihn dafür auf seine Weise bestrafte: Am 10. Mai 1632 schlug ihm der Henker auf der Place de Grève den Kopf ab.

Zehntes Kapitel

Die baskischen Hexen (1609)

Mehr als zehn rote und schwarze, reichverzierte Karossen fuhren auf der von Bordeaux nach Bayonne führenden Straße eilig dahin; dichter Staub wirbelte auf. Rücksichtslos ratterten sie durch die Dörfer, zwangen die Bauern, rasch zur Seite zu springen, und überfuhren mehrmals frei umherlaufende Hühner. Es war der 27. Juni 1609.

In den Karossen saßen mehrere Herren, deren Kleidung von Orden und Goldtressen strotzten; ihre gepflegten Hände lagen auf den Knien, manche unterdrückten ein Gähnen. In der letzten Kutsche drängten sich die Diener mit dem Gepäck. Die Gewalt und der Tod hielten Einzug ins Baskenland.

Einige Monate zuvor waren in dem zwischen Bayonne und den Pyrenäen gelegenen Land Labourd zwischen einigen der dort ansässigen Familien heftige Streitigkeiten ausgebrochen; aus diesem Anlaß kam es auch zu gegenseitigen, ziemlich verworrenen Beschuldigungen wegen Hexerei – eine damals in Europa durchaus übliche Anklage. Um nicht selbst in Verdacht zu geraten, hatten die Einwohner von Labourd bereits einige allzu häßliche Bäuerinnen verbrannt, aber bis jetzt war man sozusagen innerhalb der Grenzen des „guten Tons“ und „bei Sinnen“ geblieben.

Seit einiger Zeit aber war die Stimmung gedrückt, und die Gemüter erhitzten sich immer mehr, denn es wurden nun auch Frauen aus dem Adel beschuldigt. Ihre Familien reagierten darauf unverzüglich; in Saint-Jean-de-Luz erschien eines Tages ein Monsieur d’Urtubie an der Spitze von zwölf Männern, um eine Verwandte zu verteidigen; ein andermal störte ein gewisser Debarandeguy eine Prozession unter dem

Vorwand, man habe seine Frau und seine Töchter als Hexen angeklagt.

Unkluger d'Urtubie! Er und ein gewisser d'Amou wandten sich im Juni 1609 an König Heinrich IV. und baten ihn, einige Bevollmächtigte zu schicken, um „Labourd von Hexen zu reinigen". Die beiden Herren betonten in ihrem Schreiben „die großen Ungelegenheiten und Plagen, welche die hiesigen Einwohner täglich erleiden – eine Folge der teuflischen Künste der Hexen, die es hier in großer Zahl gibt . . .".

Zweifellos hofften sie, man werde sich darauf beschränken, ihre Feinde ins Gefängnis zu werfen oder einige Zigeunerinnen oder Juden zu verbrennen. Sie hatten jedoch soeben das Tor weit geöffnet für den „Henker des Baskenlandes": Pierre de Lancre, einen vornehmen Edelmann und großen Hexenjäger, der innerhalb von vier Monaten mehr als sechshundert Opfer auf den Scheiterhaufen bringen sollte.

König Heinrich glaubte, dem Wunsch des baskischen Adels entsprechen zu müssen und so vielleicht auch Ordnung in dieses unruhige Land zu bringen. Daher erteilte er im Mai 1609 dem Ratsherrn de Lancre ganz offiziell den Auftrag, „im Lande Labourd sowie in den benachbarten Gebieten die Hexen aufzuspüren" und abzuurteilen. Im Parlament von Bordeaux – dem königlichen Gerichtshof, der gelegentlich außergerichtliche Aufgaben übernahm – war Pierre de Lancre für seine Neigungen zu besonders hartem Vorgehen berüchtigt; als daher die übrigen Mitglieder desselben von der Ernennung erfuhren, schlugen sie dringend vor, die Befugnisse des neuen Richters zu beschränken und ihm das Verhängen von Folter und Todesstrafe zu untersagen.

De Lancre aber intrigierte, tobte und drohte so lange, bis man ihm schließlich die unbeschränkte Vollmacht zubilligte und ihm lediglich in Jean d'Espagnet, dem Präsidenten des Gerichtshofs von Bordeaux, einen zweiten Untersuchungsrichter zuteilte.

So kam es, daß unter den Insassen der Kutschen, die so eilig von Bordeaux nach Bayonne fuhren, zwei Männer waren, deren Halskragen steifer und deren Kleidung reicher mit Spitzen besetzt war als die der übrigen: die ehrenwerten Richter des

Königs, die beauftragt waren, in Labourd aufs strengste vorzugehen.

Das Schicksal wollte es, daß d'Espagnet zudem noch den Auftrag hatte, einen zwischen den französischen und spanischen Fischern beiderseits der Bidassoa bestehenden Konflikt zu schlichten. Kaum in Bayonne angekommen, machte er sich aus dem Staub. Pierre de Lancre hätte keinen Augenblick gezögert, auch ihn der Hexerei zu verdächtigen, hätte er gewußt, daß der Ausreißer Alchimist und Verfasser einer gelehrten Abhandlung über den „Stein der Weisen" (jene sagenhafte Substanz, mit deren Hilfe sich unedle Metalle in edle umwandeln lassen) war. Der Teufel hatte also schon den Platz des Gerichtspräsidenten eingenommen! Es war höchste Zeit, die Scheiterhaufen anzuzünden!

Pierre de Lancre

Das Absurde: De Lancre gehörte demselben Volksstamm an, den zu vernichten er auszog: er war selbst Baske. Seine Familie stammte aus einem Dorf, das heute Labastide-Clairence heißt; sein Vater, der in Wirklichkeit den Namen d'Etienne de Rostéguy trug, hatte gut daran getan, den Geschlechtsnamen „de Lancre" anzunehmen, um so eine Abstammung zu verschleiern, auf die er doch mit Recht stolz sein konnte.

Der junge de Lancre war intelligent, ehrgeizig und selbstbewußt; er wurde daher bald Ratsherr im Parlament von Bordeaux. Zum Unglück für die Basken hatte er zuvor eine Reise nach Böhmen unternommen, wo er mit den Dominikanern zusammentraf, die damals unter Einfluß des berühmten „Hexenhammers" gegen die Hexerei vorgingen. In Prag lernte er auch alle bedeutenden Persönlichkeiten des Adels und der Kirche kennen und fühlte sich sehr zu Hause.

Die Lehren hatte de Lancre sich gut gemerkt. Als ihn nun der König mit allen Vollmachten ausstattete, setzte er damit Instinkte frei, die nur auf ein entsprechendes Signal gewartet hatten. Heuchlerisch, grausam, leichtgläubig, gehässig, lüstern und sadistisch, war Pierre de Lancre zum Inquisitor geradezu geschaffen. Andererseits war er ein hochgebildeter und auch künstlerisch veranlagter Mann, der Laute spielte – einer jener seltsamen Menschen, für welche Leiden und Tod die höchste Form der Schönheit darstellen.

„Herr Rat . . .“

„Monsieur d'Urtubie, verdanke ich Euch die Ehre, daß ich hier bin?“

„So ist es. Wir sind glücklich und stolz, Euch bei uns zu empfangen, Herr Rat; meine Gattin würde Euch gern begrüßen.“

Der in ein reichbesticktes Gewand gekleidete Ratsherr verbeugte sich kurz und dankte. Er setzte sich zu Tisch, genoß die herrlichen Weine und die gebratenen Tauben. Überall lud man ihn ein, beschenkte ihn reichlich und behandelte ihn mit größter Zuvorkommenheit. Bald darauf aber saß de Lancre an seinem Schreibtisch, um Anklagen gegen „Hexen“ entgegenzunehmen:

„Ich klage Maria an, Maria aus dem Haus Janébaita . . .“

„Und ich habe Audine gesehen, Audine d'Arthez. Ich bin sicher, daß sie einen Bund mit dem Teufel geschlossen hat . . .“

Der Ratsherr hörte zu, machte sich Notizen, erließ Haftbefehle; Marie de Janébaita, Audine d'Arthez, Catelin und einige andere Frauen fanden sich alsbald im Gefängnis wieder. Man schor ihnen das Haar, stach sie mit Nadeln, um das angebliche „Teufelsmal“ zu finden, spannte sie auf die Folterbank oder preßte ihre Beine in „Spanische Stiefel“. Natürlich legten sie ein „Geständnis“ ab und bezichtigten auch andere Frauen, mit denen sie wenig später gemeinsam verbrannt wurden.

Pierre de Lancre hatte schon kurz nach Amtsantritt mehrere gebrechliche Frauen, deren Berührung angeblich Epilepsie und Schwäche verursachte, auf den Scheiterhaufen gebracht. Dann ging er zu ernsthafteren Dingen über: der gründlichen Säuberung von Labourd durch Feuer; diese Säuberung sollte vier Monate dauern und hatte eine beträchtliche Abnahme der Bevölkerung zur Folge, so daß manche Dörfer gänzlich verödeten.

„Es ist ganz einfach“, erklärte de Lancre, als man ihn bei

einem offiziellen Essen darauf ansprach. „Die Basken sind Hexen, so wie andere Menschen Bauern sind. In dieser Gegend ist alles des Teufels, ganz besonders das Lächeln der Frauen."

Sein Gesicht nahm einen wollüstigen Ausdruck an, als er fortfuhr: „Wenn man sie gehen sieht, mit den im Wind fliegenden Haaren, die auf den Schultern umherflattern, so erscheinen sie in diesem schönen Haarschmuck so geziert, daß, wenn die Sonne hindurchscheint wie durch eine Wolke, der Glanz ein unbeschreiblicher ist und glühende Hitze bildet; daher kommt die Bezauberung durch ihre Augen, die ebenso gefährlich hinsichtlich der Liebe als der Hexerei sind! Ihre Röcke sind nur hinten verziert, und sie sind dreist genug, ihr Kleid hochzuraffen und es über den Kopf zu schlagen; sie sind anmutig, flink und immer zum Tanzen aufgelegt. Und sie baden häufig nackt, gemeinsam mit den jungen Fischern, da bin ich ganz sicher. Und wißt Ihr, was sie noch tun? Wenn sie ganz naß sind, dann trocknen sie sich am Meeresufer in der nächstbesten Absteige."

„Aber glaubt Ihr nicht, Herr Rat", meinte einer der Tischgäste, „daß viele Frauen ganz einfach Freude an der Liebe haben, ohne deswegen gleich zur Teufelsbündnerin zu werden?"

„Das schon, aber die Frauen hier sind Geschöpfe des Satans. Der Beweis: Sie essen nur Äpfel, trinken nur Saft von Äpfeln, und das verschafft ihnen Gelegenheit, möglichst oft in den Apfel des Sündenfalls zu beißen. Sie sind Evastöchter, die auf die Einflüsterungen der Dämonen hören."

Seine Gastgeber hörten ihm kopfschüttelnd zu – doch wagte keiner, die Ansichten eines so gut gekleideten, so gelehrten und mächtigen Mannes in Zweifel zu ziehen.

„Außerdem ist es eine Schande, daß hier junge Mädchen und Frauen die Aufgaben eines Sakristans wahrnehmen, daß sie die Kirchenschlüssel und die heiligen Linnen verwahren ..."

„Meint Ihr die ‚seroras'?"

„Gewiß. Frauen in den Kirchen, um die Meßgewänder vorzubereiten, in direkter Tuchfühlung mit den Geistlichen! Stellt

Euch nur die fleischliche Versuchung vor! Ist es nicht höchst ungehörig für eine Frau, sich mit einem Priester in einer Kirche einzuschließen? Ihr wißt doch, es gibt bestimmte Riten und Gebete, die nachts stattfinden, und dann müssen die „serora" und der Priester als letzte in der Kirche bleiben, um alles aufzuräumen . . ."

Der Rat schauderte vor Entsetzen und zugleich vor Vergnügen, als er sich den pikanten, intimen „Hexensabbat" in der Sakristei vorstellte.

„Glaubt Ihr denn nicht an ihre Tugend?" fragte eine Zuhörerin.

„Nein. Ich bin vielmehr überzeugt, daß diese Frauen Hexen sind – und die meisten Priester übrigens auch. Schaut Euch doch nur die Prozessionen an! An den Kreuzen hängen Glöckchen, und die Priester tanzen."

„Hier sind alle Menschen fröhlich", erwiderte die Dame. „Sie finden immer einen Anlaß für Tanz und Musik."

„Davon bin ich überzeugt – aber es ist Satan, der diese Tänze anführt, und ich werde ihn durch Feuer vertreiben. In diesem Land atmet alles Verderben und den Hauch des Teufels; die Männer sind Seeleute und viel von zu Hause fort, und das Meer hat, wie ihr wißt, keine Balken. Die Frauen bleiben allein, ohne Aufsicht, und der Teufel lenkt sie nach seinem Belieben. Diese Schlampen mit ihren faszinierenden Körpern und Augen . . ."

Der Rat zitterte bei dieser Vorstellung. Er war ein guter Katholik und ein züchtiger Gatte, der jeden unreinen Gedanken beichtete – ein Mann ohne Sünde, dem es genügte, Frauen nackt und mit rasierter Scham zu sehen, zu beobachten, wie man sie auf die Folterbank legte, an der Leiter aufzog, wie der Wundarzt sie mit langen Nadeln stach und nach dem Verhör die ausgerenkten Glieder wieder an ihren Platz brachte.

„Nehmt doch noch etwas Fasan, Herr Rat."

Er wischte sich sorgfältig den Mund mit einer Ecke des Tischtuchs ab, tauchte ein Stück Brot in die Sauce auf seinem Teller und fuhr genüßlich fort: „Wißt Ihr, wen wir damit zum Tanzen gebracht haben?"

„Wen denn? Hexen?"

Darstellung des Hexensabbats.
Titelkupfer zu Pierre de Lancres „Tableau de l'inconstance", 1612.

„Ihre Töchter! Ich befahl ihnen zu tanzen wie auf dem Sabbat; ich führte sie an mehrere Plätze, und mangels anderer Musik habe ich wahrhaftig selbst Laute spielen müssen."

„Und ließet Ihr sie nackt oder bekleidet tanzen?"

Der Edelmann, der diese Frage stellte, war eben im Begriff, seine Tabaksdose zu öffnen, aber als er den Blick des Rates bemerkte, hielt er mitten in der Bewegung inne.

„Der Tabak", wechselte dieser das Thema – zweifellos froh, auf die letzte Frage nicht antworten zu müssen –, „ist eine Erfindung des Teufels; er betäubt die Menschen und läßt sie stinken. Dieser Gestank gefällt den baskischen Frauen, denn er erinnert sie an einen noch ekelhafteren Gestank. Sie küssen lieber den Teufel in Gestalt eines stinkenden Bocks in ritueller Form auf den schmutzigen Hintern als ihren Gatten auf den Mund."

Alle diese Äußerungen sind keineswegs erfunden. Als Pierre de Lancre einige Jahre später seinen berühmten *Tableau de l'inconstance des mauvais anges et des démons* verfaßte, da erklärte er mit denselben Worten, die baskischen Frauen seien ebenso offensichtlich Hexen wie ihre Männer Seeleute, sie äßen Äpfel und tanzten sehr gern.

Gab es im Baskenland wirklich Hexen?

Diese Frage ist nicht leicht zu beantworten, denn die Wahrheit ist vielschichtig. Es gab sowohl heilkundige Frauen als auch Wahrsager und Zauberer oder doch Menschen, die sich für solche hielten. Geisterglaube, schwarzmagische Praktiken und als „satanisch" mißverstandene vorchristliche Kultformen waren damals in Europa weitverbreitet. Die Verfolgungen selbst wurden durch die Tatsache erleichtert, daß die meisten Menschen sehr unwissend und leichtgläubig waren. Sie ließen sich daher rasch von der Schuld ihrer Nachbarn, gelegentlich auch von der eigenen überzeugen.

So ganz unrecht hatte Pierre de Lancre indessen nicht: Die Basken, ein geheimnisvolles und sagenumwobenes Volk, hatten im Unterschied zu den braven und gutkatholischen Franzosen manche sehr althergebrachten Sitten und Bräuche bewahrt, die sie dem Außenstehenden in einem eigentümlichen Licht erscheinen lassen konnten. Hinzu kam, daß christliche Missionare erst im Laufe des zwölften Jahrhunderts ins Baskenland hatten vordringen können und ihr Einfluß weitgehend auf die Städte beschränkt blieb. Es war auch weiterhin Sitte, bei Begräbnissen Nahrungsmittel und sogar lebende Tiere zur Kirche zu bringen; noch im Jahre 1700 mußte der Bischof die Teilnahme des Pferdes eines Verstorbenen an dessen Leichenbegängnis ausdrücklich verbieten. Es stimmt auch, daß der Baske sehr eng mit dem Hause, in dem er lebte, verbunden war; noch heute trägt der Baske im täglichen Leben nicht den Namen seiner Eltern, sondern den des Hauses seiner Gattin, wenn er dort lebt – eine Sitte, die auf matriarchal geprägte Familien- und Gesellschaftsformen schließen läßt und die seinerzeit den Zorn Pierre de Lancres erregte.

Hexensabbat.
Holzschnitt von Hans Baldung Grien, 1510.

Durchaus glaubwürdig ist auch der Hexensabbat, die „verkehrte Welt", obwohl Luzifer nur in der Einbildung erregter Menschen daran teilnahm. Das klassische Mittel, dorthin zu gelangen, war der Flug durch die Luft. Eine „Hexe" namens Estebonne erzählt, daß man auf dem Flug zum Sabbat auch bei strömendem Regen nicht naß wurde, wenn man die Worte sprach: „Hoch die Flosse, Quillet!" – dann bedeckte die Schwanzflosse ihres Reittiers die Hexe so gut, daß sie kein Tropfen traf. Pierre de Lancre ist zu diesem Thema geradezu unerschöpflich: Er nennt zahllose junge Mädchen, die angeblich durch die Luft nach Ciboure oder Ustaritz flogen – darin den Brockenhexen verwandt.

Die Phantasie dieser Frauen und Kinder muß ebenso wie die ihrer Richter mehr als lebhaft gewesen sein. Viele „Hexen" verwendeten berauschende Drogen, die aus den Wirkstoffen von Eisenhut, Tollkirsche oder indischem Hanf hergestellt wurden, und mit deren Hilfe gingen sie im damaligen Sinn des Wortes „auf die Fahrt".

Sehr real hingegen waren die nächtlichen Feste, die man „Sabbat" nannte. Kein Baske sah etwas Schlimmes darin: selbst Damen aus dem Hochadel schätzten diese Feste unter freiem Himmel, an denen sie wie alle anderen maskiert und unerkannt teilnehmen konnten. Man ging zum Sabbat, um sich zu amüsieren, um abends Tanz und Unterhaltung zu genießen. Im Lauf der Jahrhunderte waren aus uralten Initiationsriten beliebte Volksfeste geworden, deren Höhepunkt und Abschluß ein Rundtanz bildete.

Die Besonderheit des „Sabbats" hängt zum Teil aber auch mit dem untergründigen Weiterleben eines jahrtausendealten, vom Christentum sehr verschiedenen Kultes zusammen: des Kultes der Göttin „Mari", die wie die römische Mondgöttin Luna oder Diana mit einer Mondsichel dargestellt wird. *Mari* ist nicht zu verwechseln mit der christlichen Muttergottes *Maria;* wie Josane Charpentier in ihrem Buch *La Sorcellerie en pays basque* darlegt, ist *Mari* verwandt mit *Mairi, Maide* und *Maindi,* ebenfalls Gestalten der baskischen Mythologie: „Mairi nennt man die Erbauer der Dolmen, vielleicht die Riesen prähistorischer Zeiten" (J. Charpentier).

Vorbereitung zur Ausfahrt.
Stich zu Pierre de Lancre „Tableau de l'Inconstance", 1612.

Satan zeichnet einen Neuling mit dem Teufelsmal. It. Holzschnitt aus Francesco M. Guazzo: Compendium Maleficarum, 1626.

Pierre de Lancre war jedenfalls von einer geradezu kindlichen Leichtgläubigkeit. Er zweifelte nicht im geringsten an der magischen Wirksamkeit von Kröten oder abgeschnittenen menschlichen Fingernägeln. Als Richter in ein „heidnisches" Land geschickt, gab es für ihn nur Gefängnis und Folter – alles andere ergab sich von selbst. Bei seiner Ankunft fehlte es zwar an geeigneten Helfern für die Verhöre; das änderte sich jedoch schnell, als de Lancre die „Morguy" (Margarete) zu Hilfe holte, eine siebzehnjährige Bettlerin, „die es gewinnbringend gefunden hatte, Hexe zu werden" (Jules Michelet) und behauptete, die Praxis des Sabbats zu kennen. „Die Richter betrauten dieses ... Mädchen mit dem furchtbaren Auftrag, am Körper der Mädchen und Knaben den Ort zu suchen, wo Satan sein Zeichen angebracht hätte; diese Stelle erkannte man daran, daß die gefolterte Person beim Einstich der Nadel keinen Schmerz empfand. Ein Wundarzt quälte die Alten, sie selbst die Jungen, die man als Zeugen forderte, die aber, wenn jenes Mädchen sie für gezeichnet erklärte, auch als Hexen angeklagt werden konnten. Es war grenzenlos widerwärtig, wenn man dieses schamlose Mädchen, das die absolute Herrscherin über das Geschick dieser Unglücklichen geworden war, sah, wie es ihnen die Nadeln in das Fleisch eintrieb und nach einiger Willkür diese blutenden Körper dem Tod überliefern konnte" (J. Michelet). Neben vielen anderen schickte die „Morguy" eines der hübschesten Mädchen von Labourd auf den Scheiterhaufen: die Schwester eines gewissen Detsail, von der noch die Rede sein wird.

„Ihr seid wohl Jeannette d'Abadie, geboren in Siboro (Ciboure)?"

„Ja, Herr Richter."

„Habt Ihr schon an einem Hexensabbat teilgenommen?"

Jeannette ist ein junges Mädchen; sie schaut die sie beobachtenden Richter an; in der Mitte sitzt de Lancre, der so freundlich ist und ihren Erzählungen so aufmerksam zuhört. Jetzt endlich hat Jeannette ihr Publikum; sie spielt ihre Rolle, und sie spielt sie bis ans Ende, wobei sie ihrer Phantasie freien Lauf läßt.

„Ja, ich bin beim Sabbat gewesen; ich wurde von der Hexe Graciana hingebracht."

„Ist das lange her?"

„Ich war damals zwölf Jahre alt. Später kam dann der Teufel selbst zu mir. Er riß mir das lederne Amulett ab, das ich um den Hals trug – seither habe ich in der Kirche Angst."

„Beruhigt Euch, mein Kind. Erzählt uns mehr von der Hexe Graciana."

„Sie hat mich oft durch die Luft getragen, sogar bis nach Neufundland. Ich hielt mich an ihrem Kleid fest. Wir waren nicht allein. Alle unsere Gefährten erregten Stürme, damit die Schiffe auf See verunglückten."

„Und der Sabbat? Was gab es dort zu essen?"

„Das Essen war ziemlich schlecht", antwortete Jeannette verdrießlich, „außer man brachte ungetaufte Kinder mit. Ich habe oft gesehen, daß andere kleine Kinder mitbrachten und aßen; sie wurden vorher in Stücke geschnitten. Man taufte dort Kröten, die in roten oder schwarzen Samt gekleidet waren und Glöckchen um den Hals trugen. Es waren auch Paten da, die Kopf und Füße des Täuflings hielten, ganz so wie in der Kirche ..."

Die Richter hörten entsetzt zu, und Jeannette erzählte vergnügt weiter, als ob sie eine Feengeschichte zum besten gäbe:

„Und dann war auch der Pfarrer da!"

„Der Pfarrer?"

„Aber ja! Unser Pfarrer Migaléna und sein Kaplan Pierre Bocal. Ich habe beide gesehen; sie waren in Rot und Weiß gekleidet. Auch einen anderen Priester habe ich gesehen: Bidgarray. Ich schwöre es, aber ich glaube, sie werden nie gestehen ..."

„Warum?"

Jeannette, die sich im Mittelpunkt der Aufmerksamkeit sah, setzte eine geheimnisvolle Miene auf:

„Weil der Teufel ihren linken Fuß mit einem Pfriem durchstochen hat, um sie am Sprechen zu hindern; so können sie nichts über Hexerei bekennen."

Die Feder des Gerichtsschreibers eilte übers Papier; die Richter schüttelten bedenklich den Kopf; de Lancre machte Notizen und freute sich, daß Gott und der König ihn hierher geschickt hatten, um das Land von all seinen Dämonen zu reinigen.

Unter den vielen irreredenden Mädchen und den Priestern, die aufgrund erfundener Anklagen ins Gefängnis geworfen wurden, entstand allmählich Panik; selbst kleine Kinder dienten nun als Zeugen. Viele Bewohner flohen in die Berge; wer die finanziellen Mittel dazu hatte, versuchte über die Grenzen zu entkommen oder per Schiff übers Meer zu fliehen. In Navarra und an der spanischen Grenze sammelten sich von Stunde zu Stunde mehr Flüchtlinge. Alle gaben vor, eine Wallfahrt nach Santiago de Compostela oder eine Reise nach Neufundland zu unternehmen, nur um noch rechtzeitig zu entkommen. Das einfache Volk blieb zurück. Was hätte es auch sonst tun sollen?

Der Schrecken sollte jedoch ein Ende nehmen – dank dem

Meere, das de Lancre als Symbol der Unbeständigkeit, des Verrats und des Unvorhergesehenen so suspekt war. Es rächte sich dafür, indem es ihn davonjagte. Durch Flüchtlinge oder Seeleute, die während des Prozesses aufgebrochen waren, gelangten entsprechende Nachrichten nach Neufundland. So erfuhren die baskischen Fischer von der ihren Familien drohenden Gefahr und daß ihre Frauen und Töchter verbrannt werden sollten. Unverzüglich ließen sie ihren Fischfang, der doch so wichtig für sie war, im Stich und kehrten so schnell wie möglich heim – rund zwei Monate vor der geplanten Rückkehr: nach Schätzung Pierre de Lancres waren es an die fünf- bis sechstausend Männer.

Die Rückkehr der baskischen Seeleute

Es war am Tage der geplanten Hinrichtung der „Hexe" Marie Bonne und einiger anderer. Tags zuvor hatte man die Schwester eines gewissen Detsail verbrannt; sie war vor wenigen Wochen von einem Advokaten denunziert und von der berüchtigten Morguy, die ihr Leben nicht geschont hatte, der Nadelprobe unterworfen worden. Nach der Hinrichtung Detsails war nämlich das Gericht von Urrugne zu der Ansicht gelangt, die ganze Familie sei schuldig. Die Schwester Detsail war eines der schönsten Mädchen im Land. Dennoch hatte sie es abgelehnt, dem Henker einen Kuß zu geben, wie es Sitte war. Hochmütig wie sie war, wollte sie ihren schönen Mund nicht entweihen, obwohl der Henker von Bayonne ein hübscher Junge war. Die Hexen sind eben unbegreiflich ... Und nun drängte sich die Menge um den Karren, auf welchem die Verurteilten zusammengepfercht waren – barhaupt und ohne Schuhe, entstellt durch die Folter und wochenlange Haft, in panischer Angst vor dem Feuer, das sie erwartete. Es kamen immer viele Menschen zu den Hinrichtungen, denn die Kirche gewährte allen Anwesenden Sündenablaß und vor allem eine Verkürzung der Zeit, die nach damaligem Glauben grundsätzlich jeder Mensch im Fegfeuer verbringen muß.

Es war ein sehenswertes Schauspiel: an der Spitze des Zuges bewaffnete Männer zu Pferd, gefolgt von den Gerichtsdienern und dem Gerichtsschreiber, hinter diesen der Trommler, der stellvertretende Richter und die Geschworenen, ebenfalls von bewaffneter Miliz begleitet. In der Nähe des Karrens die Familie, welche die Verurteilten anflehte, ihre durch List oder Gewalt im Sinne der Anklagen erpreßten Geständnisse zurückzunehmen. Als sie, am Scheiterhaufen angelangt, endlich die Kraft dazu hatten, konnte nichts mehr den Lauf der „Gerechtigkeit" aufhalten, denn man hatte lediglich die *belastenden* Aussagen protokolliert.

„Abgestumpft, verstört, erschöpft durch die Foltern, halb ohnmächtig, hörten sie schon fast nichts mehr; nur undeutliche Klagen entrangen sich ihrem Mund ..." (J. Charpentier). Die Art und Weise der Hinrichtung war in ihren Einzelheiten durchaus abzuändern: Bald hängte man die Hexe, bevor man sie verbrannte – bald ordnete der Richter an, sie müsse „laute Schreie ausstoßen", und auch da gab es noch feine Unterschiede: das Holz war mehr oder weniger trocken, mehr oder weniger grün – je nach Entscheidung des Richters oder dem Trinkgeld der Verwandten des Opfers, die dem Henker manchmal ansehnliche Summen zahlten, damit er die Verurteilte erdroßle, sobald die ersten Flammen aufzüngelten. Im allgemeinen aber waren die Familien in Labourd wenig begütert.

Der Zug, der Marie Bonne und ihre Gefährten in Saint-Jean-de-Luz zur Hinrichtung führte, bewegte sich langsam vorwärts. Auf dem Platz, auf dem die Scheiterhaufen aufgerichtet waren, wartete eine Menschenmenge. Plötzlich entstand eine heftige Unruhe; die Wachen wichen zurück, da sie Gespenster zu sehen glaubten. Vom Hafen her näherten sich die baskischen Seeleute, mit Stöcken und Messern bewaffnet. Wild entschlossen stürzten sie sich auf den Zug, trieben Miliz, Gerichtsdiener und Geschworene auseinander und drängten sich vor bis zu dem Karren. Hier, so erzählt de Lancre, setzten sie den „Hexen" das Messer an die Kehle und drohten sie umzubringen, falls sie ihre Geständnisse und Anschuldigungen nicht zurücknähmen. Die völlig verwirrten und verängstigten Gerichtsbeamten schworen, man werde die Erklärungen der Verurteilten berücksichtigen. Ein wildes Durcheinander entstand: Richter, Geistliche, Geschworene, Henker, Trompeter, Dolmetscher und Gerichtsschreiber – alle hoben ihre Talare auf und rannten aus Leibeskräften, verfolgt von den Seeleuten, die seit langem keinen so guten Fang gemacht hatten.

Der Vorfall hatte entscheidende Bedeutung: von diesem Tage an mußte sich der Henker jedesmal, wenn er eine Hinrichtung vornehmen sollte, verstecken, und man hörte die Volksmenge deutlich murren. Die Hinrichtungen wurden in Zukunft schwierig. „Um einige wenige Zauberer und Hexen zu verbrennen", schreibt Pierre de Lancre, „konnten wir wochenlang weder Gerichtsvollzieher noch Trommler bekommen – so sehr waren sie alle bedroht und in Angst, um ihr Leben laufen zu müssen."

Selbst die Henker wurden rar. Eines Tages mußte sich das Gericht in seiner Not an einen durchreisenden Scharfrichter wenden, der gerade auf einer Wallfahrt nach Santiago de Compostela war; er verbrannte drei verurteilte Frauen, erhielt dafür drei Taler und setzte seine Wallfahrt fort. Niemand weiß, was aus diesem frommen, verdienstvollen Henker geworden ist.

Pierre de Lancre, der ebenfalls ein heiliger und gottesfürchtiger Mann war, kehrte wieder nach Bordeaux zurück – allerdings nicht aus eigenem Antrieb. Bertrand d'Eschaux, Bischof von Bayonne, sah mit Schrecken, wie man einen Priester nach dem anderen verbrannte. Er reiste nach Paris, erreichte eine Audienz beim König und erstattete diesem Bericht. Zudem setzte er alle Mittel ein, Zeit zu gewinnen, um seine verurteilten Priester zu retten.

Der König gab umgehend Anweisung, die Kommission zurückzuberufen. Als d'Espaignet davon erfuhr, gab er seine Amtsgeschäfte an der Bidassoa sofort auf und kehrte unter dem erstbesten Vorwand nach Bordeaux zurück. Pierre de Lancre mußte seine Beute fahren lassen, voller Zorn und verzweifelt darüber, daß er nicht alle Hexen in Labourd hatte verbrennen können. „Hätte er Zeit dazu gehabt, er hätte dreitausend und vielleicht noch mehr verbrannt" (Josiane Charpentier).

In Bayonne fand zur Feier von de Lancres Abreise ein großer Empfang statt, bei dem die Überlebenden sehr gut aßen. Man spendierte ihm ein ganzes Faß Wein und ein prächtiges Festmahl. Dieses Bankett kostete die Stadt dreiundvierzig Livres – aber sie hätte noch viel mehr bezahlt, nur damit er endlich abreiste.

Und dann? Danach hörte die „Hexenseuche" auf, wie es auch anderswo der Fall war, sobald die Hexenjäger nicht mehr da waren. Was Pierre de Lancre betrifft, so wurde er mit Ehren förmlich überhäuft. Er gehörte zu der Abordnung, die das Parlament von Bordeaux an den Hof König Ludwigs XIII. schickte und wurde zum Lohn für seine Dienste zum Ratsherrn in Paris ernannt. Er starb im Jahre 1631 im Alter von achtundsiebzig Jahren im Kreise seiner Familie, reich, geachtet und hochgeehrt ...

Elftes Kapitel

Die „Zauberin" Leonora Galigaï (1617)

„Dianora! Weißt du, daß der Großherzog bald ein Fest gibt?"

„Im Palazzo Pitti?"

„Ja, hier."

„Vielleicht wirst du da deinen Vetter Virginio sehen."

„Schweig, Dianora; wenn man dich hörte! Auf jeden Fall möchte ich, daß du mich begleitest."

„Du weißt doch, Maria, das ist unmöglich."

„Unmöglich?"

„Es werden nur vornehme Damen auf deinem Ball sein – mich würde man fortjagen. Du weißt doch, neulich hat Signorina Orsini ..."

„Ich mache mir nichts aus meiner Erzieherin."

„Meine arme Maria, sie ist es aber, die befiehlt. Vor kurzem sprach sie mit der Prinzessin von Lothringen über mich ..."

Maria unterbrach sie unruhig: „Was sagte sie?"

„Man dürfe dich nicht ständig mit der Tochter eines Zimmermanns und einer Wäscherein zusammensein lassen."

„Sie ist keine Wäscherin!" rief Maria, wobei sie mit dem Fuß aufstampfte. „Sie ist meine Amme Caterina Dori, deine Mutter, nichts anderes."

Die beiden Mädchen wirkten winzig klein in den riesigen Sälen des Palazzo Pitti in Florenz. Die eine, blond und ein wenig dicklich, hatte eine feine Nase, ein vorspringendes Kinn und hervortretende Augen unter den kaum sichtbaren Brauen. Ihr Gesicht erinnerte an die Habsburger, von denen sie abstammte. Als Tochter des Franz Maria von Medici und der Erzherzogin Johanna von Österreich war die am 26. 4. 1573 geborene Maria mütterlicherseits eine Großnichte Karls V.

Ihre Freundin war fünf Jahre älter als sie und ebenso schwarzbraun, wie Maria hellhäutig war, ebenso mager und rege, wie jene zu Korpulenz und Phlegmatismus neigte. Eigentlich hieß sie Leonora, aber im Florentiner Dialekt sagte man „Dianora“; sie war eine Tochter der Caterina Dori, die angeblich von einer gewissen Dori Galigaï abstammte, die den Zimmermann Jacques de Bastein geheiratet hatte.

Die kleine Maria hatte im Alter von fünf Jahren ihre Mutter verloren, dann auch ihren Bruder und ihre Schwester Anna. Franz Maria von Medici war dem 1574 verstorbenen Cosimo I. als Großherzog von Toskana gefolgt und hatte bereits zwei Monate nach dem Tod seiner Frau zum großen Ärger aller Beteiligten eine florentinische Bürgerswitwe, Bianca Capello, geheiratet; mit ihr richtete er sich im Pratolino ein, während er seine Kinder im Palazzo Pitti unterbrachte. In diesem Palast, der heute eines der wichtigsten Museen von Florenz beherbergt, sollte der Kardinaldiakon Ferdinand, als er die Nachfolge seines plötzlich verstorbenen Bruders Franz antrat, ein einsames junges Mädchen entdecken: Maria Medici und ihre Spielgefährtin Leonora Dori, genannt Galigaï. Der neue Großherzog sah keine Veranlassung, seiner Nichte diese Freundschaft zu verbieten; Richelieu schreibt später darüber: „Von Kindheit an ist Leonora die engste Vertraute ihrer Herrin gewesen, vor welcher diese keinerlei Geheimnisse hatte. Der Großherzog sah es nicht ungern, daß ein Mädchen ihres Standes, über dessen Wünsche er immer Herr sein würde, seine Nichte beherrschte; ihre Antworten an die um sie werbenden Fürsten wurden ihr von Leonora diktiert, und diese war klug genug, sich dabei nach den Wünschen des Großherzogs zu richten. Auf diese Weise übte dieser Macht über seine Nichte aus und tat mit ihr, was er wollte, ohne sich jedoch direkt einzumischen.“

Schon als Jugendliche erhielt Maria etliche Heiratsanträge. Sie und ihre Freundin machten sich darüber lustig; Leonora, aufgrund von Alter und Ansehen im Vorteil, beriet Maria und schrieb ihr ihr Verhalten beinahe vor:

„Dianora! Weißt du, wen man mir soeben anträgt?“

„Wie sollte ich das wissen?“

Maria Medici,
Königin von Frankreich.
Kupferstich von
Anton van Dyck
(1599–1641).

„Monsieur de Vaudemont, einen französischen Fürsten aus dem Haus Lothringen."

Leonare spuckte verächtlich aus: „Niemals!"

„Und warum nicht?"

„Erinnerst du dich nicht mehr an die Passitéa?"

Maria schüttelte den Kopf.

„Aber ja, erinnere dich! Diese Kapuzinernonne! Sie hat dir prophezeit, daß du einmal Königin von Frankreich sein würdest!"

„Das würde mich aber sehr wundern. Der König von Frankreich ist doch verheiratet."

„Nun, dann eben Spanien. Eine Medici wie du muß Königin werden."

„Wenn das geschähe, was würde dann ohne dich aus mir werden? Würdest du mich begleiten?"

„Sicher!"

Die kleine Leonora antwortete leidenschaftlich, fest entschlossen, ihrer Maria bis in die Hölle zu folgen. Und richtig wurde sie dort bereits erwartet ...

Jenseits der Alpen, in Paris, regierte König Heinrich IV. von Frankreich. Er war verheiratet mit Margarete von Valois, hatte nacheinander zuerst die schöne Gabrielle d'Estrées – die 1599 bei der Geburt eines Kindes starb – danach Henriette d'Entraigues, Marquise de Verneuil, zu Mätressen und machte außerdem jedem hübschen Mädchen den Hof, das ihm begegnete. Von seiner Ehefrau lebte er inzwischen getrennt; seine damalige Geliebte Henriette d'Entraigues hatte ihm ein Heiratsversprechen abgerungen, das er jedoch keineswegs einzulösen gedachte, sondern lediglich für seine Zwecke benutzte. Der Großherzog von Toskana war sein Gläubiger; Heinrich schuldete ihm über eine Million Goldécus, die er nicht zurückzahlen konnte. Schließlich wurde der Geldgeber böse.

Es gab allerdings eine Möglichkeit, das Problem aus der Welt zu schaffen: der Großherzog wollte seine Nichte Maria verheiraten. Hier bot sich Heinrich IV. ein Mittel, seine Schulden auf einmal abzulösen. Infolge der häufigen Stundungen konnte er jedoch nach langwierigen Verhandlungen nur die Summe von sechshunderttausend Ecus durchsetzen, und auch dies nur mit Hilfe des Papstes, der außerdem seine Ehe mit Margarete annullierte. Der König hielt die Angelegenheit – solange es ging – geheim, denn er fürchtete die Eifersuchtsszenen der Marquise de Verneuil. Die Eheschließung fand am 5. Oktober 1600 in Florenz „per procuratorem" statt. Die Festlichkeiten dauerten zehn Tage – wohlgemerkt in Abwesenheit des zukünftigen Gemahls. Maria, damals sechsundzwanzig Jahre alt, schickte sich nun an, zu ihrem achtundvierzigjährigen Gatten zu reisen, den sie noch nie gesehen hatte.

Schon seit Monaten war man damit beschäftigt, das Gefolge auszuwählen, das die Königin nach Frankreich begleiten sollte. Selbstverständlich würde Leonora Maria nicht verlassen, denn diese konnte sich von ihrer Kindheitsfreundin nicht trennen; zudem war Leonora ihre Kammerfrau und die einzige, die sie richtig zu frisieren verstand.

Die übrigen Begleiter wurden unter langwierigen Beratungen auf Vorschlag des Großherzogs ausgewählt; unter ihnen war ein gewisser „Concino Concini aus der gräflichen Familie Penna, ein junger Mann mit guten Eigenschaften; er stammt aus einem Hause, das sich um den Großherzog und die Königin sehr verdient gemacht hat. Sein Vater ist oberster Richter, sein Bruder Botschafter des Großherzogs bei Seiner Kaiserlichen Majestät. Kurz, er gehört zu einer hochangesehenen Familie; er möchte sich in Frankreich niederlassen und dort durch treue Dienste die Gunst Ihrer Majestät gewinnen, seinen Platz haben unter den Edelleuten, die ihr überallhin folgen, selbst in den Krieg. Ihre Hoheit wäre wirklich sehr dankbar, wenn man ihn gnädig aufnehmen würde".

Über die wirkliche Persönlichkeit Concinis weiß man so gut wie nichts; eigentlich existiert nur eine Legende, die sich als sehr zählebig erwies und auch nach seiner Ermordung fortbestand. Die nach seinem Tode kursierenden Schmähschriften behaupteten, er sei der Sohn eines Bettlers oder Tischlers (vielleicht Verwechslung mit Leonora) und ein berüchtigter Wüstling gewesen. Tatsächlich aber gibt es von Concini nur ein einziges authentisches Selbstzeugnis: das von Georges Mongrédien in seinem Buch über den Prozeß gegen Leonora Galigaï erwähnte Geständnis. Wenige Monate vor seinem Tod äußerte Concini gegenüber dem französischen Marschall Bassompierre, einem damaligen Günstling Heinrichs IV. und Maria Medicis, der von 1596–97 in Florenz gewesen war:

„Hättet Ihr mich nicht in meiner Armseligkeit gekannt, so würde ich diese vor Euch zu verbergen suchen; aber Ihr saht mich ja in Florenz ausschweifend und liederlich, manchmal verbannt oder eingekerkert, meist ohne Geld, ständig in ungeordneten Verhältnissen. Ich bin Edelmann und stamme aus einer guten Familie, aber als ich nach Frankreich kam, hatte ich keinen Sou in der Tasche und mehr als achthundert Ecus Schulden."

Es ist so, wie Georges Mongrédien schreibt: „Betrachtet man diese Erklärung genau, so wird man zugeben, daß der junge Concini, ein leichtfertiger und verschwenderischer Mensch, offenbar einige recht schwerwiegende ‚Jugendtorheiten' begangen hatte. Weiter sollte man aber tunlichst nicht gehen."

Concinis Vater war Staatssekretär des Großherzogs von Toskana, und sein Onkel hatte zu der Zeit, als die Begleiter für Maria Medici ausgewählt wurden, denselben Posten inne. Der junge Concini wollte Dienst als Edelmann des Königs nehmen; für solche Aufgaben benötigte er jedoch eine Karrosse, Pferde sowie Dienerschaft in großer Zahl. Concini hatte jedoch Schulden. Aber Onkel Vinta ließ nicht locker und setzte trotz des Widerstands des Pariser Gesandten, der ihn gut kennen mußte, die Bestallung und Abreise seines Neffen durch.

So kam es, daß sich auf der Brücke der von Gold und Silber funkelnden Galeere der Königin, die inmitten eines Geschwaders von achtzehn Schiffen dahinfuhr, gelegentlich zwei der Passagiere begegneten: Leonora Dori und ein stattlicher junger Mann mit Spitzbart, hochgezwirbeltem Schnurrbart und langem schwarzem Haar: Concino Concini. Vielleicht ließ sie einmal versehentlich ihr Taschentuch fallen?

„Verzeiht, Signora, aber dieses Batisttuch, das ich gerade fand, kann nur einer schönen Frau gehören."

Leonora war damals einunddreißig Jahre alt und noch unverheiratet; sie war mager und litt an unreiner Haut. Unter der Schmeichelei errötete sie und betrachtete den vor ihr stehenden Kavalier heimlich sehr genau. War Concini wirklich bezaubert von ihr? Oder hatte er nicht vielmehr die Vertrautheit zwischen der Königin und dieser jungen Frau bemerkt? Wollte er die Dienerin erobern, um so auch die Herrin zu gewinnen?

Während der dreiundzwanzig Tage dauernden Überfahrt von Livorno nach Marseille schlossen Leonora und Concini allmählich Bekanntschaft miteinander, tauschten Worte, Pläne und Küsse aus. Bei der Ausschiffung in Frankreich am 9. November waren sie verlobt – das „Unternehmen Concini" war gegründet.

Heinrich IV. erwartete seine Gattin keineswegs in Marseille, auch nicht in Aix oder in Avignon. In Lyon war Maria noch immer allein; am Abend des 9. Dezember endlich kam Heinrich inkognito an, „stinkend wie ein Aas", denn er wusch sich nur selten. Er überraschte die Königin, umarmte sie förmlich und bat, um ihr zu gefallen, sie möge ihm doch Leonora vorstellen. Diese kam auch, recht gut aussehend und mit schönem Schmuck; nichts an ihrem Äußeren deutete auf die „Hexe“ hin, als die sie Michelet später beschrieben hat. Jedenfalls war Heinrich äußerst liebenswürdig zu Leonora und umarmte sie ohne jede Umstände. Abends bat er die Königin, ihr Bett teilen zu dürfen; diese fand sich notgedrungen damit ab, seufzte und weinte aber den ganzen folgenden Tag.

Glücklicherweise war da Leonora als Vertraute und als Friseuse. Als der König hiervon erfuhr, wurde er allerdings, durch die Ankunft der vielen Florentiner ohnehin beunruhigt, ärgerlich; er verwehrte Leonora den Titel „Hofdame“ und bestimmte vorsichtshalber die Vicomtesse de l'Isle für diesen Posten. Es kam zu Tränen und häßlichen Auftritten. Leonora war nicht adlig und konnte daher keinen Titel beanspruchen. Als sie mit einigen für die Frisur ihrer Herrin bestimmten Bändern und Blumen in die Karrosse der Königin einzusteigen versuchte, hinderte man sie daran. Auch ihr Liebhaber erregte den Unwillen des Königs; er war gegen Concini voreingenommen. Die beiden „Liebenden“ waren daher am Tag der Königshochzeit, die am 17. Dezember in Lyon stattfand, ziemlich beunruhigt. Am 22. reiste Maria Medici nach Paris – der König hingegen fuhr auf das Schloß seiner Mätresse Henriette d'Entraigues. Wieder mußte Leonora als Gesellschafterin und Trösterin fungieren.

Wenig später brachte der König seine Mätresse mit nach Paris und setzte sogar durch, daß sie an der Tafel der Königin saß. Leonora erkannte sofort, daß Henriette vorläufig die Stärkere war; sie verständigte sich mit ihr und erbot sich, die Königin entsprechend zu beeinflussen, damit diese die Situation akzeptiere und es nicht zu einem Skandal käme. Die Marquise de Verneuil ihrerseits sorgte dafür, daß Heinrich IV. zwei Monate später Leonoras Ernennung zur Hofdame und ihrer Heirat mit Concini zustimmte, wenn auch mit Widerwillen. Während er seine Mätresse mit Geld überschüttete, erklärte er: „Ich mag der Königin nicht einen Sou geben, denn es fließt ja doch alles in die Börse des Herrn Concini.“ Am 12. Juli 1601 heiratete Leonora Galigaï Concino Concini; bei der Eheschließung wurde Gütertrennung vereinbart – ein sehr wichtiges juristisches Detail, denn es wurde ausschlaggebend für den späteren Hexenprozeß gegen Leonora und sollte sie am Ende das Leben kosten. Nichtsahnend von dem schrecklichen Ende, das sie erwartete, bezog sie nunmehr als Hofdame ein unter den Räumen der Königin gelegenes Appartement mit drei Zimmern im Louvre; ihr Mann wurde zum Ersten Haushofmeister der Königin ernannt.

„Ihr könnt sicher sein", erklärte Concini, „daß ich ganz Frankreich in der Hand haben werde, bevor ein Jahr vergangen ist" (Georges Mongrédien). Sein Amt als Haushofmeister betrachtete er nur als Anfang, und er blieb auch nicht lange in diesem Posten. Der König wurde ständig hin- und hergerissen zwischen seiner Mätresse und Maria; um weitere Szenen zu vermeiden und Concini zu befördern, ernannte er diesen zum Leibjunker der Königin. Sogleich verkaufte Concini sein früheres Amt und erschien künftig zu Pferd oder in der Karrosse im Hof des Louvre, als ob er ein Prinz sei. Dies war die erste Etappe eines fast unglaublichen Aufstiegs, der erst mit der Ermordung des Paares enden sollte.

Die immer diskrete Leonora lebte unauffällig in verborgenem Luxus; jahrelang versah sie jeden Morgen ihren Dienst bei der Königin. Maria Medici war nie die Geliebte Concinis – auch wenn dies manche Zeitgenossen mit erstaunlicher Hartnäckigkeit immer wieder behaupteten. Sie litt unter Heimweh, war oft einsam und traurig und konnte ihre Gefährtin von damals kaum entbehren – so sehr sehnte sie sich nach der vergangenen Jugend in Florenz, als sie noch im Palazzo Pitti mit ihrer lieben „Dianora" spielen konnte.

Daß unter günstigen Umständen schon einige wenige Worte von Leonora genügten, um die Königin zu beeinflussen, daran zweifelte kein einziger der Höflinge. Unter diesen war ein sehr begabter junger Mann, schlau, geschmeidig, scheinbar unterwürfig, der die Situation sehr richtig einschätzte: Armand du Plessis, Bischof von Luçon, der spätere Kardinal Richelieu.

Nach der Ermordung Heinrichs IV., an der die Concinis offensichtlich nicht beteiligt waren, wurde Maria Medici Regentin. Sie bezog das Ehepaar Concini stark in ihre Politik ein, während sie den jungen Dauphin Ludwig sich selbst überließ. Unter ihrer Regentschaft war Concini praktisch Leiter der französischen Regierung, die er eigensüchtig und unter Preisgabe der Politik Heinrichs IV. führte. Im Jahr 1614 berief Maria Medici die Generalstände ein; unter den Vertretern des Klerus war auch der damals neunundzwanzigjährige Armand du Plessis. Im Alter von zweiundzwanzig Jahren war er Bischof von Luçon geworden und hatte bis jetzt in seinem Bistum auf seine große Stunde gewartet. In den tiefgreifenden Gegensätzen zwischen Adel und Drittem Stand wurden schon 1614 Konflikte sichtbar, die rund zweihundert Jahre später zum Ausbruch der Französischen Revolution führen sollten. Armand du Plessis bemühte sich, zwischen den streitenden Parteien zu vermitteln; trotz seiner Jugend zum Sprecher des Klerus gewählt, hielt er eine Rede, die politischen Weitblick und eine außergewöhnliche staatsmännische Begabung verriet.

Richelieu erkannte sehr schnell die Vorteile, die Leonora ihm verschaffen konnte; mit ihrer Hilfe wurde er einige Zeit später Beichtvater der Königin. Im Jahre 1614 trat er zusammen mit zwei anderen Politikern in das „Kabinett Concini" ein. Leonora, die man wenige Jahre später der Hexerei beschuldigen sollte, war zumindest damals eine gute Wahrsagerin. In Briefen, die noch heute vorliegen, bezeugte ihr Schützling lebhaft seine Dankbarkeit: „Ich kann Euch wohl danken, aber doch niemals genügend eine Gunst würdigen, die ich vor allem deswegen schätze, weil eine schöne Frau sie mir gewährte ..." Das war eine Galanterie, die den jungen Bischof hätte teuer zu stehen kommen können und ihn vielleicht für immer in die Bastille gebracht hätte.

Die jüdischen Ärzte

Die Zeit verging; Concinis Macht wuchs und wuchs – und ebenso der Haß gegen ihn. Als er zum Marquis d'Ancre ernannt wurde, kannten sein Hochmut und seine Ansprüche keine Grenzen mehr.

Seine Frau Leonora blieb auch weiterhin Vertraute und Favoritin der Königin. Hinter den mächtigen Türen des Louvre war sie jedoch mehr oder weniger „eingesperrt" und wurde im Laufe der Zeit nicht nur älter, sondern auch unförmig. Zwar war sie nicht die finstere „Eule", als welche Michelet sie beschrieben hat, auch nicht ein Monstrum mit „Hummer"-Beinen und einer Nase, so dick wie ein Elefantenrüssel, wie ein zeitgenössisches Pamphlet behauptet. Aber sie alterte rasch, wurde siech und dickleibig – vielleicht eine Folge der Wassersucht. Zudem litt sie sehr unter nervösen Zuständen; sie hatte eine panische Angst vor dem Tod und vor Schädigungen aufgrund von Hexerei. Das führte dazu, daß sie schließlich nur noch verschleiert spazierenging, um sich nicht dem „bösen Blick" (in ihrer Heimat Italien als „malocchio" und „iettatura" bekannt) auszusetzen. Ihrem Mann gegenüber war sie ständig gereizt, was immer er auch tun mochte. Die regelmäßigen Besuche bei der Königin stellte sie ein, und trafen sie zufällig doch einmal zusammen, dann fielen nur Schimpfworte; Leonora bezeichnete Maria als „Despiétata" und „Ingrata", wenn sie von ihr sprach, besonders gern nannte sie sie „Tölpel" oder „Trottel".

Da sie überzeugt war, ihr Gatte wolle sie loswerden, um Mademoiselle de Vendôme, eine leibliche Tochter Heinrichs IV. und der Gabrielle d'Estrées zu heiraten, machte sie ihm oft heftige Eifersuchtsszenen. Concini scheint in der Tat ein recht gefühlloser und flatterhafter Mensch gewesen zu sein; seine Besuche wurden seltener, und er spielte wohl auch mit dem Gedanken, seine Frau als „Verrückte" einsperren zu lassen. Eine solche „Diagnose" ist sicher übertrieben – Leonora litt jedoch zweifellos schwer unter nervösen Störungen und psychosomatisch bedingten Krankheitssymptomen.

„Maren, hast du neue Parfüms?"

„Madame la Marquise, ich habe soeben Ihrer Majestät der Königin verschiedene orientalische Sorten gebracht, die Euch sicher gefallen werden."

„Maren, du stammst doch aus Portugal; weißt du nicht ein Geheimmittel, das mich heilen könnte?"

„Was tun denn Eure Ärzte, Madame la Marquise?"

„Oh weh! Sie behandeln mich mit Abführmitteln und Aderlässen. Ich habe das Gefühl, davon werden meine Ohnmachtsanfälle nur noch schlimmer."

Emmanuel Maren, der jüdische Parfümhändler der Königin, dämpfte die Stimme und schaute sich vorsichtig um:

„Das sind Esel, Madame! Wenn Ihr mich fragt: Ihr solltet Eure Ärzte lieber von anderswo kommen lassen."

„Kennst du denn welche?"

Maren nickte und fuhr leise fort: „In meinem Land gibt es viele jüdische Ärzte. Da ist zunächst mein Neffe Francisco Álvares; er ist sehr tüchtig."

„Und wer noch?"

„Montaldo – er ist sehr berühmt."

„Ich kenne ihn; Ihre Majestät die Königin hat ihn schon ihrem Onkel, dem Großherzog von Toskana, empfohlen. Er praktiziert doch Magie?"

„Das habe ich nicht gesagt", unterbrach Maren sie bestürzt, „Er behandelt Kranke, weiter nichts."

Philoteus Montaldo praktizierte tatsächlich in seinem Heilberuf eine Mischung aus empirischer Medizin und „Magie", denn auch hier waren die Übergänge zwischen Wissenschaft und dem „Übernatürlichen" durchaus fließend, nicht anders als bei der Hexerei. Maria Medici gab endlich dem Drängen Leonoras nach, ernannte Montaldo „mit päpstlicher Erlaubnis" zum Leibarzt und beauftragte ihn, sich um ihre Hofdame zu kümmern.

Ein guter Praktiker war Montaldo auf jeden Fall: er verordnete der Kranken Diät, Ruhe, Abgeschiedenheit; religiöse Übungen oder den Gebrauch von Amuletten erwähnte er mit keinem Wort.

Schon bald fühlte die Kranke sich besser und begann zu genesen. Die Konsultation jüdischer Ärzte sollte aber später im Hexenprozeß gegen Leonora einen der Hauptanklagepunkte bilden: ein Erlaß des Königs hatte alle Juden aus dem Reich ausgewiesen; einen jüdischen Arzt zu haben war gleichbedeutend mit Abfall vom christlichen Glauben. Juden galten ebenso wie Hexen als Teufelsbündner; und in Hexenprozeßakten wird der Hexen-*Sabbat* nicht selten auch mit *Synagoge* umschrieben. Die hebräisch geschriebenen Texte, die man später bei Leonora fand, sollten diese schwer belasten.

Unglücklicherweise starb Philoteus Montaldo, dieser ausgezeichnete Arzt, bereits im Jahre 1616 und ließ seine Patientin untröstlich zurück. Von da an wandte sich Leonora immer mehr der Religion zu: sie ließ in allen Kirchen Messen lesen, befragte die berühmte Nonne Passitéa aus Siena, die damals die Zukunft Maria Medicis vorhergesagt hatte, und wandte sich schließlich an die Ambrosianer – einen im 14. Jahrhundert in Mailand entstandenen Orden, dessen Mitglieder nach der Regel des hl. Augustinus lebten, aber die Messe nach ambrosianischem Ritus feierten. In Frankreich lebten solche Mönche im Kloster Saint Nicolas in Nancy, und es hieß, sie hätten vor kurzem dem Kardinal von Lothringen das Leben gerettet. Concini ließ einige von ihnen nach Paris kommen und in seinem eigenen Haus in der Rue de Tournon wohnen.

„Diese Mönche", schreibt Georges Mongrédien, „arbeiteten mit seltsamen Methoden, die die Kranke in einem eigenartigen Licht erscheinen lassen: aus dem Kloster Saint Victor verschafften sie sich Reliquien, die sie in Leonoras Zimmer auf einem weißen Tuch, umgeben von zwei brennenden Kerzen, aufstellten. Hin und wieder brachten sie sie auch zum Augustinerkloster, wo Novenen gelesen wurden. Mit Hilfe Concinis erwirkten sie vom Pfarrer von Saint Sulpice die Erlaubnis, mit Leonora heimlich in diese Kirche kommen zu dürfen. Ein neugieriger Sakristan, der gern wissen wollte, was sich während dieser mehrstündigen Sitzungen abspielte, versteckte sich einmal in der Kirche. Da sah er die Marquise mit offenem Haar vor dem Allerheiligsten auf den Knien liegen, während einer der Mönche mit lauter Stimme etwas vorlas. Gelegentlich nahm Leonoras Bruder, der Abt von Marmoutier, an diesen merkwürdigen Zeremonien teil.

Durch ihren Beichtvater, den Augustinerpater Roger Girard, erhielt Leonora die Erlaubnis, auch außerhalb der üblichen Zeiten die Klosterkirche besuchen zu dürfen – am frühen Morgen oder auch mitten in der Nacht. Sie brachte die Ambrosianer, welche sämtliche Stolen, die das Kloster besaß, an sich genommen hatten, dorthin mit. Einer der Augustiner verbarg sich im Glockenturm und beobachtete von da aus eine seltsame Szene: er sah Leonora, auf Kissen gebettet und von den Stolen vollständig bedeckt, auf dem Boden liegen; die Ambrosianer beteten und sangen, während die Kranke eine wahres Gebrüll ausstieß. Die entsetzten Augustiner sprachen von Magie und Hexerei – doch handelte es sich bei dem Ritual um Exorzismen und um bestimmte liturgische Formen, die in Mailand üblich waren und Außenstehenden daher fremd erscheinen mußten. Einer der Augustinermönche bezeugte, Concini gehe manchmal im Kreuzgang spazieren und schaue sich überall um, ob ihn auch niemand beobachte" (G. Mongrédien).

Eines Tages begaben sich die Ambrosianer in die Kirche Petit-Saint-Antoine. Sie hatten einen Sack bei sich, darin steckte „ein gerupfter Hahn, an dessen Kopf und Schwanz noch die schwarzen Federn waren". Sie lasen die Heilige Messe und – so das spätere Prozeßprotokoll – „nach der Wandlung, als man den Leib des Herrn erhob, wurde selbiger Hahn aus dem Sack genommen und auf den Altar gesetzt, auf welchem er sich zweimal herumdrehte und dreimal krähte"; ein anderes Mal fand der Sakristan in den Altarlinnen „ein quadratisch gefaltetes Papier, darin lagen vier kleine schwarzbraune, krallenbewehrte Tierpfoten und in der Mitte ein Kopf; das alles war aber so vertrocknet, daß man nicht mehr erkennen konnte, ob die Körperteile von einem Maulwurf, einer Maus oder irgendeinem anderen Tier stammten".

Das Ehepaar Concini hatte an dieser Zeremonie wohl nicht direkt teilgenommen. Die Richter jedenfalls konzentrierten sich bei ihren Ermittlungen stärker auf die verdächtigen Heilmethoden Montaldos und seines Nachfolgers, des aus Südfrankreich stammenden Arztes Philippe d'Aquin. Dieser Philippe d'Aquin wohnte später in Moulins, wo er unter anderem dem Kriminalrichter Unterricht in Hebräisch gab. Wie sein Vorgänger kannte auch d'Aquin viele Geheimmittel, mit deren Hilfe er Kranke zu heilen verstand. Die Wirkung dieser Mittel beruhte aber wohl mehr auf ihren natürlichen Kräften als auf Zauberei und magischen Formeln; andererseits mag der Anblick der so geheimnisvoll wirkenden hebräischen

Schriftzeichen bei manchen Kranken durchaus gewisse positive psychische Effekte gehabt haben – die Richter allerdings sahen darin einen Beweis für das Vorhandensein dämonischer Mächte.

Ermordung Concinis und Hexereiprozeß

Der Marschall d'Ancre war eine „Spielernatur": besessen von einem maßlosen Ehrgeiz, hatte er sich vorgenommen, auch noch zum Konnetabel aufzusteigen. Zwar hatte der Pöbel bereits einmal sein Haus in der Rue de Tournon überfallen und geplündert; es erschienen immer mehr gegen ihn und seine Frau gerichtete Pamphlete; überall sang man im Verborgenen politische Lieder; es hieß, Frankreich sei ganz in den Händen des italienischen Paares, und der Haß wuchs immer mehr. Concini, den Maria aufgefordert hatte, Frankreich zu verlassen, zögerte, entschloß sich dann aber zum Bleiben, um, wie er sich ausdrückte, „zu sehen, bis wohin das Schicksal einen Menschen treiben kann". Auch Leonora riet ihm davon ab, zu fliehen. In einem Winkel des Louvre jedoch lauerte ihr allerschlimmster Feind: ein einsamer halbwüchsiger Junge, von seiner Mutter vergessen, häufig geschlagen und von allen verachtet: Ludwig XIII. Der sonst so gerissene Concini hatte im Verlauf seiner Karriere einen ganz entscheidenden Fehler gemacht: er hatte dieses Kind vernachlässigt, und das sollte ihn teuer zu stehen kommen. Schon seit seinem zehnten Lebensjahr war Ludwig ein passionierter Jäger, der sich besonders für die Vogeljagd mit der Armbrust begeisterte. Es gab einen Mann am Hof, der diese Leidenschaft des Prinzen bemerkt hatte und beschloß, daraus Nutzen zu ziehen: Charles d'Albert de Luynes, der spätere Günstling Ludwigs XIII., der bei der Beseitigung des Marschall d'Ancre eine Schlüsselrolle spielte, um anschließend selbst die Staatsführung zu übernehmen. Charles de Luynes stammte aus niederem Adel; nach seiner Pagenzeit wurde er Kammerherr des Königs, und mit dreißig Jahren wechselte er in dieser Eigenschaft zum Dauphin. Als er Ludwigs besondere Neigung bemerkte, bot er ihm an, ein eigenes Vogelhaus für ihn zu bauen. Mit der Zeit machte er sich bei Ludwig ebenso unentbehrlich, wie es Leonora bei Maria Medici getan hatte, so daß der Junge noch in seinen Träumen an ihn dachte. „Der Vogelfänger hatte den König in seinen Netzen gefangen“, meint Georges Mongrédien; schließlich sollte er auch Concini fangen – indem er ihn ermorden ließ.

Seit einiger Zeit ließ der Bischof von Luçon ab und zu seine Amtsgeschäfte im Stich, um im literarischen Salon der Marquise Cathérine de Rambouillet zu erscheinen – damals Zentrum des als „Précieuses“ bekannten Kreises von gebildeten Damen der Pariser Aristokratie, die sich um die Pflege der gesellschaftlichen Sitten und der französischen Sprache verdient machten. Dies war nicht verwunderlich, denn Richelieu hatte eine Schwäche für die Poesie. Durch einen günstigen Zufall lernte er im Salon der Marquise den Herzog de Luynes kennen. Am 23. April 1617, dem Vorabend von Concinis Ermordung, gehörte Richelieu zwar noch dessen Regierungskabinett an, hielt sich aber gerade an diesem Tag in seiner eigenen Diözese auf; da das bischöfliche Palais in Luçon sehr baufällig war und erst neu instand gesetzt werden mußte, wohnte er in der Zwischenzeit beim Dekan des dortigen Kapitels. Am späten Abend dieses 23. April – so wird erzählt – kam Ferrier, einer von Richelieus Pariser Agenten, in Luçon an; er ließ den Dekan wecken und wies Briefe vor, die er dem gnädigen Herrn unverzüglich auszuhändigen bat.

Richelieu lag zu Bett: „Er nahm die Briefe und las sie mehrmals sehr aufmerksam; dann versank er in langes Nachdenken und sagte schließlich kopfschüttelnd zu dem wartenden Dekan: ‚Es eilt nicht, die Nacht wird schon Rat schaffen‘, und damit schlief er ein. Einer dieser Briefe enthielt die Mitteilung, der Marschall d’Ancre solle am folgenden Tag, dem 24. April 1617, ermordet werden.“

Die Verschwörung gegen Concini, welcher der junge Ludwig XIII. ausdrücklich zustimmte, war von de Luynes angezettelt und vorbereitet worden. Der Hauptmann der königlichen Leibwache, Monsieur de Vitry, hatte den Auftrag, den Marschall bei günstiger Gelegenheit zu töten. Vorsichtshalber wandte Vitry sich noch einmal an den König und fragte an, was zu tun sei, falls Concini keinen Widerstand leiste – er mußte jedoch rasch einsehen, daß Ludwigs Entschluß unumstößlich war. Concini jedenfalls blieb keine Zeit zur Gegenwehr: man ließ ihn in die Falle gehen, indem man die Eingangstür eines Zimmers im Louvre unmittelbar hinter ihm schloß, so daß seine Begleiter von ihm getrennt wurden. Wenig später erhielt die Königin in ihrem Zimmer Nachricht von dem Mord – sie erbleichte und verlor die Fassung. Ihre erste Kammerfrau, Caterina Forzoni, flüsterte ihr zu:

„Müßte man nicht die Marschallin d'Ancre benachrichtigen?"

„Man soll diese Leute nicht mehr erwähnen!" rief Maria zornig aus. „Ich hatte ihnen einen guten Rat gegeben, und sie sollten schon längst in Italien sein! Ich habe genug mit mir selber zu tun!"

„Aber Eure Majestät bedenke doch, daß Eure Hofdame informiert werden muß . . ."

„Nun, so tut es! Ich habe an andere Dinge zu denken! Und wenn man ihr die Botschaft nicht sagen kann, dann soll man sie eben singen!"

Kurz darauf kam die Leibgarde in Leonoras Zimmer, um sie zu verhaften. Mit knappen Worten setzte einer der Männer sie von dem Vorgefallenen in Kenntnis. Sie wollte die Königin sehen, aber man sagte ihr, das sei unmöglich. Hastig raffte sie ihre Juwelen zusammen, steckte sie ins Bettstroh und legte sich nieder; das nutzte jedoch nichts, alles wurde sogleich beschlagnahmt. Am späten Nachmittag brachten die Häscher Leonora in ein hochgelegenes Zimmer des Louvre, das sie nur verlassen sollte, um erst in die Bastille und dann in die Conciergerie, das Pariser Untersuchungsgefängnis, gebracht zu werden. Die Leiche ihres Mannes war inzwischen von einer tobenden Menge in Stücke gerissen worden.

Maria Medici wurde von ihrem Sohn nach Schloß Blois an der Loire verbannt; de Luynes war jetzt ein sehr mächtiger Mann, Concini tot. Leonora hätte ihr Leben, von allen vergessen, in irgendeinem Gefängnis beenden können – aber de Luynes hatte andere Pläne. Die Marschallin d'Ancre war steinreich, und bei ihrer Heirat war in vermögensrechtlicher Hinsicht Gütertrennung vereinbart worden. Um sie enteignen und ihr Vermögen konfiszieren zu können, war ein möglichst schmachvoller Prozeß erforderlich, der dies erlaubte.

Man wählte daher die Anklage wegen Hexerei – die einzige, die mit Sicherheit ein Todesurteil nach sich ziehen würde. Die Hexenverfolgungen hatten damals ohnehin einen Höhepunkt erreicht, und auch der allgemeine Haß auf Leonora bildete eine günstige Vorbedingung für einen solchen Prozeß. Die vielen zeitgenössischen Schmähschriften gegen sie werden noch heute von manchen Autoren fälschlicherweise als historisch getreue Quellen angesehen: etliche sind überzeugt, die Marquise sei eine charakterlich minderwertige Frau gewesen – dabei war sie wie viele eine Frau, die Macht erlangen und diese für ihre Zwecke nutzen wollte.

Schon in einem aus dem Jahre 1615 stammenden politischen Pamphlet, „L'Italien francais" heißt es, über die Marquise gingen „schreckliche Gerüchte um: sie sei eine Hexe; drei Hexen hätten auf den Tod bekannt, vom Teufel zu schändlichen Ausschweifungen auf den Sabbat geführt worden zu sein". Es war also gar kein Problem, das für einen Hexenprozeß erforderliche geistige und psychische Klima herzustellen – die Anklageschrift aber war leer. Es waren jedoch nur einige „gute Richter" erforderlich, um sie zu füllen, und diese waren auch bald gefunden. Es war von vornherein beschlossene Sache, Leonora durch alle drei Kammern des königlichen Gerichtshofes zu Paris verurteilen zu lassen.

Die meisten Richter waren der Meinung, es sei dringend notwendig, die Hexen mit allen Mitteln zu bekämpfen. Sehr richtig betont Henri d'Alméras, einer der Biographen des Marschall d'Ancre: „Diese absurden, mörderischen Vorurteile fanden sich damals sogar bei Männern, denen es weder an Intelligenz noch an Bildung fehlte. Rund fünfzig Jahre nach dem Prozeß Leonora Galigaï wandte sich ein als kultivierter und charakterfester Mann bekannter Richter, Präsident des Gerichtshofes zu Clermont-Ferrand, an eine Hexe, damit sie seinen Sohn entzaubere; dieser Sohn war der berühmte französische Religionsphilosoph und Naturwissenschaftler Blaise

Pascal." Einige Richter versuchten allerdings dem Prozeß auszuweichen; ihr Führer war der Ratsherr Courtin, den man zum Berichterstatter bestimmt hatte und der von de Luynes unter Druck gesetzt wurde. Nach dessen Anweisungen unterzog der Herzog Bellegarde sicherheitshalber alle Richter einer strengen Überprüfung. Einer von ihnen, ein Mitglied der Grand-Chambre namens Cyprian, war nach Aussage des französischen Schriftstellers und Kulturhistorikers Tallemant de Réaux ein sehr verdienstvoller Mann, der sich vor nichts fürchtete. Am Tag, an dem die Marschallin d'Ancre verurteilt wurde, mußte seine Familie ihn einsperren, weil er sich sonst für ihren Freispruch eingesetzt hätte.

Cyprian war indessen eine Ausnahme; die meisten Richter waren bereit, de Luynes Anordnungen durchzuführen. Das Verfahren wurde also eröffnet, und man klagte Leonora des Majestätsverbrechens gegen Gott, den König und die Menschheit an.

Leonora erschien völlig verändert im Gerichtssaal; die lange Haft, die vielen Verhöre, die Isolation, mit der sie sich abfinden mußte, hatten ihr eine schon verloren geglaubte Ruhe und Sicherheit zurückgegeben. Es war eine durchaus würdevolle Frau, die vor Gericht erschien und die sich meisterhaft zu verteidigen verstand:

„Ich habe inmitten von lauter Feinden gelebt; wenn ich wirklich das bin, was man mir zum Vorwurf macht, dann dürfte die Königin so schändliche Frauen wie mich nicht in ihrem Dienst haben, und sie hat mich doch gerade um meiner guten Dienste willen geliebt. Ich sage die Wahrheit, und ich flehe Euch an, mir Gerechtigkeit widerfahren zu lassen."

Nach dem Verlesen der Anklageschrift und Anhörung der Zeugen nahm der Erste Vorsitzende das Wort:

„Madame, alle befragten Zeugen haben bestätigt, daß Ihr Euch wiederholt mit Hexerei befaßt habt. Vor allem habt Ihr jüdische Ärzte konsultiert und Euch mit teuflischen Mitteln behandeln lassen!"

„Den französischen Ärzten gelang es nicht, mich zu heilen", entgegnete Leonora bestimmt; „deswegen habe ich andere zu Rate gezogen."

„Wirklich? Außerdem wart Ihr einmal vom bösen Geist besessen, und da sollt Ihr Euch an einen ambrosianischen Mönch und einen Kanoniker aus Mailand gewandt haben.“

„Gewiß nicht – ich war niemals besessen und ich habe auch nie einen Ambrosianer oder einen Mailänder Kanoniker rufen lassen.“

„Dennoch heißt es“, fuhr der Vorsitzende fort, „Ihr fürchtet Euch vor den Blicken anderer Menschen und werdet sehr böse aus lauter Angst, man könnte einen schädlichen Zauber auf Euch werfen.“

Leonora fing an zu weinen: „Ich verstehe nicht, warum Ihr mich das fragt; ich bin nie verhext worden ...“

„Ihr habt aber doch Texte aus der jüdischen Kabbala benutzt, um Euch von der Qual zu befreien, die Euch der Teufel bereitete? Dieser Montaldo ist höchst verdächtig!“

Leonora trocknete ihre Tränen; sie hatte ihre Ruhe zurückgewonnen.

„Ich habe mit ihm nur über Medizin und mein körperliches Befinden gesprochen.“

„Und er hat nie versucht, Euch davon zu überzeugen, daß die jüdische Religion besser sei als die christliche?“

„Niemals! Wir haben lediglich über die Gesundheit der Königin und meine eigene gesprochen.“

Einer der Ratsherren beugte sich zu dem Vorsitzenden hinüber und flüsterte ihm etwas zu; das Gesicht des Präsidenten nahm einen grausamen Ausdruck an:

„Es heißt, Ihr besitzt eine große Zahl kleiner Wachskugeln?“

„Ich habe stets Wachslichter verwendet, wie alle anderen; hin und wieder fielen von diesen kleine Stückchen herunter, und vielleicht habe ich manchmal auch kleine Kugeln daraus geformt – Strafbares aber habe ich mit Sicherheit nicht damit getan.“

„Eßt Ihr Schweinefleisch?“ fragte der Vorsitzende plötzlich.

„Ich esse alles; ich habe niemals Kontakte zu Zauberern und Hexen gehabt, das wißt Ihr genau! Ich bin stets eine gute Christin gewesen!“

„Und wozu dienen die Wachsbilder, die man gefunden hat?"

„Bei mir wurde kein einziges gefunden! Wie ist es nur möglich, daß man so viel Böses über mich erzählt!"

„Aber Eure Krankheit könnt Ihr doch nicht abstreiten? Ihr habt schließlich Messen für Eure Genesung lesen lassen."

„Das stimmt, ich bat alle möglichen Mönche, Gott um Linderung meiner Krankheit anzuflehen, und ich glaube nicht, daß es schlecht ist, Messen zu lesen."

„Ihr tragt aber die Teufelsmale am Körper! Habt Ihr nicht ab und zu eine Schwellung am Hals verspürt? Ein Gefühl, als ob Euch jemand erwürge?"

„Solche Beschwerden hatte ich nie. Vor einem Jahr litt ich an Wechselfieber, aber Halsgeschwülste oder ähnliches habe ich noch nie gehabt."

„Man hat Euch aber für wassersüchtig gehalten. Oft schient Ihr abends todkrank zu sein, und am nächsten Tag sah man Euch in den Tuilerien spazierengehen."

„Wie niederträchtig das alles ist! Es stimmt: ich bin krank gewesen, und am Tag darauf ließ ich mich in einer Sänfte hinaustragen, um frische Luft zu schöpfen."

„Und Pater Roger? Er hat doch Euretwegen einmal einen Hahn an Stelle der Hostie geopfert?"

„Aber nein! Er hat nichts dergleichen getan! Pater Roger versteht aber etwas von Heilkunde, und er war Beichtvater der Königin . . ."

Leonora brach bei diesen Worten erschöpft zusammen und fing erneut an zu weinen. Der Vorsitzende war verwirrt, setzte aber trotzdem das Verhör fort:

„Bestreitet Ihr, auf dem Sabbat gewesen zu sein?"

Leonora nahm nochmals ihre ganz Kraft zusammen und erhob sich:

„Ich schwöre bei Gott, daß ich nie von Zauberern und Hexen gehört habe. Warum hätte ich nach Frankreich kommen sollen, um solches Unheil zu stiften? Man behauptet, ich besäße große Schätze; es stimmt, die Königin hat mir viele Geschenke gemacht – die will man mir nehmen! Sie haben meine Juwelen beschlagnahmt, und die allerschönsten sind an die

Königin gegangen. Nach mehr als dreißig Jahren Hofdienst gehören mir nur Ancre und Lesigny! Wenn mein Gatte Fehler gemacht hat, so ist das doch nicht *meine* Schuld!"

Die Zuschauer fingen an unruhig zu werden, denn sie hatten Mitleid mit dieser verzweifelten Frau, die nun schluchzend eine letzte Erklärung abgab:

„Ich flehe Euch an, laßt mich zurückkehren, damit ich der Königin weiterhin dienen kann! Habt doch Mitleid mit mir! Ach, ich bin so unglücklich!"

Nach diesen Worten erteilte man Leonora während der weiteren Gerichtsverhandlung nicht mehr das Wort.

Die Beweise für die der Marschallin vorgeworfenen Hexerei waren recht dürftig; offenbar war sie in allerlei höfische Intrigen verwickelt, aber das rechtfertigte kaum die Todesstrafe. Auch der Vorwurf der Behandlung durch jüdische Ärzte war seltsam, denn die Königin und auch Richelieu selbst ließen sich regelmäßig von jüdischen Ärzten behandeln, wie auch Ludwig XIV. später einen Juden namens Silva zu Rate zog. Unter diesen Umständen, erzählt Richelieu in seinen Memoiren, lehnte der Vertreter der Anklage, Cardin le Bret, es ab, Leonoras Tod zu fordern, gab dann aber auf „de Luynes ausdrückliches Versprechen der königlichen Gnade" nach. Auf diese Weise gelang es de Luynes mit Hilfe einer Lüge doch noch, sein Opfer zu vernichten. Am 7. Juli 1617 erklärte Cardin le Bret – überzeugt, man werde die Verurteilte anschließend begnadigen – die Achtundvierzigjährige für schuldig der Majestätsbeleidigung, des Verrats, der Ketzerei sowie der Veruntreuung öffentlicher Gelder und beantragte die Todesstrafe.

Das Gericht entsprach diesem Antrag; allerdings waren die Richter im Lauf der abschließenden Beratung zu dem Ergebnis gelangt, daß es besser sei, den allzu unsicher erscheinenden Vorwurf der Hexerei fallenzulassen. Dennoch heißt es in zeitgenössischen Flugblättern, Leonora sei als Hexe verurteilt worden. Es wurde sogar behauptet, die Galigaï sei in Wirklichkeit eine Jüdin namens Sophar gewesen.

Sie wurde im Hof der Conciergerie von dem Richterspruch in Kenntnis gesetzt. Als der Gerichtsschreiber das Urteil zu

Hinrichtung der wegen Hexerei verurteilten Léonora Galigai im Jahre 1617.

verlesen begann, kniete sie nieder. Als es hieß: „Und wir verurteilen die genannte Galigaï, daß ihr auf dem Schafott der Kopf abgeschlagen, ihr Körper verbrannt und ihre Asche in alle Winde gestreut werde“, da stürzte sie zu Boden und flüsterte: „Weh mir! Ich Arme!“ Man mußte sie stützen, sie wegtragen, während der Schreiber seine Papiere sorgfältig wieder zusammenrollte. Die Hinrichtung fand noch am selben Tage statt, denn de Luynes fürchtete das Eingreifen irgendeines mächtigen Beschützers. Um fünf Uhr nachmittags, als sie den schon auf sie wartenden Karren sah, bat sie, man möge ihr die Beichte abnehmen, um so den Aufbruch zu verzögern; aber schließlich mußte sie doch hinaufsteigen, und man band ihr die Hände auf dem Rücken. Von der Conciergerie bis hin zur Place de Grève stand eine dichte, schweigende Menschenmenge, und auch der Platz selbst war schwarz von Menschen.

Leonora flüsterte: „So viele Menschen, die eine Unglückliche sehen wollen."

Plötzlich trat sie ein Stück vor und wandte sich an die Menge: „Ich denke an die Nichtigkeit alles Irdischen; ich erbitte Verzeihung von denjenigen, die ich beleidigt haben sollte. Henker, ich bin bereit."

Normalerweise waren die Zuschauer bei Hinrichtungen immer sehr erregt, aber heute wirkten sie wie versteinert. Seit einigen Tagen wußte man in Paris, daß Leonora Galigaï im Grunde ein Opfer des neuen königlichen Favoriten de Luynes war und daß dieser für ihren Tod verantwortlich war; unversehens empfand das Volk Mitleid mit der Delinquentin.

Doch nun ergriff der Henker das Beil, hob es hoch, ließ es einige Male herumwirbeln und schlug zu. Blutfontänen spritzten aus dem kopflosen Körper. Anschließend brachte er Kopf und Körper zu dem in der Nähe errichteten Scheiterhaufen, den er anzündete. Mehr als zwei Stunden brannte das Feuer, während allmählich die Nacht über Paris herabsank. Dann lud der Henker die Asche auf seine Schaufel und streute sie in den Wind.

Zwölftes Kapitel

Simone Dourlet oder die besessenen Birgitten (1613)

Es galt als ein Kloster der Langeweile. Zwar läuteten regelmäßig die Glocken des Birgittenklosters zu Lille und riefen die Nonnen zu den Gottesdiensten und zum Gebet. Doch nur die ältesten Schwestern durften sich ab und zu im Garten beschäftigen, wo man unter Umständen den Blicken dreister Burschen ausgesetzt war. Die Mehrzahl der Birgitten, vor allem die Novizinnen, mußten sich auf Arbeiten im Haus, auf Nähereien, das Beten des Rosenkranzes und asketische Übungen beschränken. Nur in Träumen und Phantasien konnten die Klosterfrauen ihren Gedanken freien Lauf lassen . . .

Vor einiger Zeit waren bei einer der Nonnen, Marie de Saint, schwere psychische Störungen aufgetreten, die man heute als eine mit religiös-dämonischen Wahnvorstellungen einhergehende Depression diagnostizieren kann. Die Menschen des Jahres 1613 aber sahen in derartigen Symptomen das Wirken des Teufels: Marie „sah" Beelzebub; sie förderte sein Wirken, und er „antwortete" durch ihren Mund, indem er die übrigen Nonnen und sogar Christus selbst in übler Weise beschimpfte. Die Unglückliche wand sich in hysterischen Zuckungen und obszönen Bewegungen – klassische Symptome jener „teuflischen Besessenheit", welche die Exorzisten durch Gebete und besondere Rituale vergebens zu bekämpfen suchten.

Schon bald erwies sich Maries Leiden als ansteckend: denn auch den Novizinnen und den älteren Schwestern gelang es nicht mehr, ihre sinnlich-sexuellen Impulse, die in dieser rein weiblich geprägten Umgebung ohnehin nicht befriedigt werden konnten, zu unterdrücken. Hinzu kam, daß die meisten dieser Frauen das Leben im Kloster und die damit verbundene Keuschheit durchaus nicht freiwillig gewählt hatten; sie werden unter diesen erzwungenen Verhältnissen schwer gelitten haben, und je unerträglicher sie diese Situation empfanden, desto mehr steigerten sie sich in Hysterie und eine zunehmend dämonisch gefärbte Sexualität hinein.

Im Frühjahr 1613 geriet Marie de Saint in den Verdacht, heimlich der Hexerei ergeben zu sein; drei ihrer Mitschwestern behaupteten, sie habe den Teufel herbeigerufen, um das Kloster ins Verderben zu stürzen. Marie de Saint legte nach anfänglichem Widerstreben auch ein Geständnis ab:

„Ich habe dem Teufel meinen Körper, meine Seele, meine guten Werke, alles überlassen, was der Mensch seinem Schöpfer darbringen kann ... Auf die Nonnen habe ich mit einem Zaubermittel eingewirkt, welches den Geist verwirrt ... Vom Sabbat brachte ich Wachsbilder mit, welche die Nonnen zur Wollust reizten, und ich habe mich mit dem Teufel vereinigt, um den Schrecken hervorzurufen, welcher im Kloster herrscht. Einer Nonne reichte ich ein Zaubermittel, welches ihr einen Abscheu gegen ihren Beruf einflößte und ihr durch Beklemmung Angstgeschrei auspreßte. Bei anderen erregte ich auf diese Weise Anfälle von Verzweiflung, Schwermut und Zorn oder unzüchtige Begierden ..."

Um endlich wieder Ordnung zu schaffen, wandten sich die Oberinnen an das Offizialat, die bischöfliche Gerichtsbehörde in Tournai. Marie de Saint mußte bald darauf das Kloster verlassen; sie wurde allerdings nicht als Hexe, sondern als eine vom Teufel Besessene angesehen und entsprechend behandelt: man nahm ihr das Nonnenkleid ab und verurteilte sie zu harter Buße in immerwährender Gefangenschaft im Kerker des geistlichen Gerichts in Tournai.

Es schien zunächst, daß mit Maries Fortgehen auch der Teufel das Birgittenkloster verlassen habe und man das fromme, gottgeweihte Leben nun ungestört wiederaufnehmen könne. Aber nein, Beelzebub war wie die Pest, der es immer wieder gelingt, Lebewesen zu infizieren, und schon sehr bald trat das alte Übel erneut auf, sollte eine andere Nonne die unterdrückte Sinnlichkeit der Birgitten auf sich ziehen.

In einer nicht weit von der Kapelle entfernten Zelle wohnte seit kurzem eine neu eingetretene junge Novizin. Die blonde Simone Dourlet war eine auffallend schöne und hochbegabte Frau – an Frömmigkeit allerdings mangelte es ihr. Die Mitschwestern hatten Simones körperliche Vorzüge wohl bemerkt: die üppigen Formen unter dem Nonnengewand, den sinnlichen Mund, die weißen, glatten Arme, die manchmal unter den hochgerutschten Ärmeln sichtbar wurden, die trotz des spartanischen Schuhwerks zierlichen Füße.

Die Quellen schweigen allerdings, was das Leben im Birgittenkloster angeht. Der Historiker muß sich daher mit seinem Urteil sehr zurückhalten. In der ungesunden Atmosphäre des Birgittenklosters dürfte aber manches möglich gewesen sein. Vielleicht fühlten sich einige Nonnen, die von den Umarmungen eines Mannes nur träumen konnten, zu dem jungen Mädchen besonders hingezogen. Möglicherweise hat Simone Dourlet die Annäherungsversuche liebeslustiger Klosterschwestern zurückgewiesen – jedenfalls wurden schon wenige Wochen, nachdem Marie de Saint das Kloster verlassen hatte, auch gegen Simone entsprechende Beschuldigungen laut. Die Oberinnen setzten das zuständige Offizialat in Kenntnis, daß die Novizin Simone Dourlet „auf Drängen des Teufels etwas Böses im Schilde führe“. Einige Tage später wurde Simone nach Tournai gebracht und eingekerkert. Hier blieb sie ein ganzes Jahr, ohne daß es dem geistlichen Richter gelang, ihr das für eine Verurteilung erforderliche Schuldbekenntnis zu entreißen. Schließlich mußte er sie aus dem Gefängnis entlassen, und Simone zog sich nach Valenciennes zurück; diese Stadt galt damals als liberal. Sie suchte sich hier einen Schlupfwinkel, damit die Klosterinsassen niemals erfahren sollten, was aus ihr geworden war.

Der kleine Laden mit dem vergoldeten Aushängeschild und der Inschrift „Tücher und Spitzen“ lag nicht weit entfernt von der Place d’Armes. Simone hatte sich bei der Besitzerin, einer freundlichen und diskreten Witwe, als „Sophie“ vorgestellt, und diese hatte sie sofort engagiert in der Hoffnung, ein hübsches Ladenmädchen werde Kundschaft anlocken. Wirklich machten viele junge Burschen, die Bürger der Stadt und selbst einige Adlige es sich rasch zur Gewohnheit, von nun an häufiger in den Laden zu kommen – angeblich, um einzukaufen.

Eines Tages sah Simone einen hochgewachsenen jungen Mann in den Laden kommen, den sie sofort wiedererkannte. Da sie befürchtete, er werde sie bei ihrem richtigen Vornamen nennen, ging sie rasch auf ihn zu und sagte halblaut:

„Jean! Sag nichts! Ich weiß nicht, ob du dich noch an mich erinnerst."

„Simone!"

Sie legte mahnend einen Finger auf ihre Lippen, und der Bursche unterdrückte seine Überraschung. Er kannte das Mädchen aus ihrer Heimatstadt Lille, wo auch er geboren war; ihre Eltern wohnten beide nicht weit entfernt von der Markthalle; die Kinder waren zusammen aufgewachsen und hingen sehr aneinander.

„Wann verläßt du den Laden?" frage Jean leise.

„Zur Zeit der Vesper ... Wenn du willst, treffen wir uns an der Kathedrale."

Jean erwartete sie bereits und führte sie zum Abendessen aus, bevor er sie zu ihrer Wohnung begleitete. Er studierte an der Universität von Valenciennes Philosophie, nutzte aber von jetzt an seine gesamte Freizeit, um mit dem jungen Mädchen, zu dem er sich immer stärker hingezogen fühlte, spazierenzugehen.

Eines Sonntags im Mai wagte er zu fragen: „Simone, würdest du mich heiraten?"

Das Mädchen erstarrte.

„Du sagst nichts? Gefalle ich dir nicht? Was ist denn?"

Simone antwortete nicht; Jean drückte ihr die Hände.

Da begann sie lautlos zu weinen.

„Ich bestehe nicht darauf. Wir wollen uns nicht mehr treffen; ich sehe wohl, daß du mich nicht magst."

Simone zögerte; wie sollte sie ihm sagen, daß sie nach einem Jahr Gefängnis in Tournai das Kloster verlassen hatte, an das sie dennoch durch das Gelübde unauflöslich gebunden blieb. Ihre Tränen versiegten, und schließlich gestand sie:

„Ich bin auf der Flucht aus dem Birgittenkloster. Ich war Gefangene des geistlichen Gerichts in Tournai ..."

„Sonst nichts? Was macht das schon aus! Ich will dich vor Gott heiraten, und Gott wird seinen Segen geben."

Das waren große Worte, große Versprechungen. Simone willigte in die Heirat ein, allerdings unter der Bedingung, daß Jean niemandem sagen dürfe, woher sie kam. Jean schwor dies beim Evangelium; seine nur halb verstandenen philosophischen Studien hatten ihm aber wohl das Hirn vernebelt, denn er hatte nichts Besseres zu tun als das Geheimnis umgehend einer alten Tante anzuvertrauen. Der Teufel hätte es nicht besser machen können! Die Frau, die er zu seiner Vertrauten machte, war Laienschwester im Abblette-Kloster zu Lille. Die Tante war nicht klüger als ihr Neffe, der als Simones künftiger Gatte hätte vorsichtiger sein müssen; sie sah keinerlei Veranlassung, ihr Wissen für sich zu behalten. Schon bei der nächsten Beichte erzählte sie Pater Doompt, einem gefürchteten Exorzisten, von der Geschichte – damit war Simones Schicksal besiegelt.

Im Birgittenkloster hatte unterdessen die Massenhysterie neue Blüten getrieben, und man hatte Exorzisten zu Hilfe geholt, die den besessenen Nonnen die Teufel austreiben sollten. Einige Schwestern behaupteten nun, die ehemalige Novizin Simone Dourlet nehme jede Nacht an Hexenversammlungen teil, sie habe ihren früheren Mitschwestern mit teuflischen Mitteln die Sinne verwirrt und sei überhaupt noch weit verruchter als die Marie.

Im Juni 1613 wurde Simone Dourlet verhaftet und ins Gefängnis von Valenciennes gebracht. Flandern gehörte damals politisch zu den Spanischen Niederlanden; aus diesem Grund waren für Simones Fall sowohl Vertreter der spanischen Besatzungsmacht als auch solche der katholischen Kirche zuständig. Auf Anordnung der Erzherzöge fand beim apostolischen Nuntius eine Versammlung statt, an welcher der Erzbischof von Mecheln, der Provinzial der Dominikaner, der Prior der Barfüßermönche, ein Vertreter der Universität Douai, der Fürst von Robeck und der Rat Mazius als vertraulicher Berater Ihrer Hoheiten teilnahmen. Der Fall kam auch der Infantin Isabella zu Ohren, die früher erklärt hatte, sie sehe im Aufspüren von Hexen keinen Nutzen für die Religion.

Pater Doompt aber erhob gegen Simone Dourlet so schwerwiegende Anklagen, daß den Erzherzögen „vor Abscheu die Haare zu Berge standen“; von da an legte die Infantin den Verfolgungen kein Hindernis mehr in den Weg.

Pater Doompt wurde schließlich zum Untersuchungsrichter ernannt und verließ, mit umfangreichen Vollmachten ausgestattet und begleitet von einem Beisitzer und dem Mechelner Offizial, Brüssel, um über Tournai nach Valenciennes zu reisen. In Tournai suchte er Marie de Saint auf, die über ihrer ständigen Gefangenschaft allmählich den Verstand verloren hatte. Sie gestand alles, was man von ihr hören wollte und bezichtigte auch Simone Dourlet, die sie doch kaum kannte, aller möglichen Verbrechen. Einen Tag später verließen die Richter Tournai und begaben sich nach Valenciennes, um dort Simone zu verhören. Diese besaß aber einen klaren Verstand und ein gutes Gewissen; sie brachte ihre Richter durch ihr standhaftes Leugnen zunehmend in Verlegenheit. Der erzürnte Exorzist ließ sie schließlich nach Tournai und später nach Lille bringen, wohin Marie de Saint sie begleiten mußte.

Simone leistete Widerstand, solange sie konnte. Zwar wurde sie nicht gefoltert, aber ein Verhör folgte dem anderen; als Zeugen der Anklage waren die besessenen Birgitten und auch die Äbtissin des Klosters anwesend.

„Bekenne, gehorche, Verruchte“, schrie eine Besessene ihr zu, „preise Gott; wenn du noch einige Zeit zögerst, so wirst du die mächtige Hand des Teufels fühlen, welcher meine Qualen verursacht; warum kann ich mich nicht auf dich werfen und dich in Stücke zerreißen?“

Die völlig wahnsinnige Marie de Saint sprach zu ihr: „Ich bin eine Hexe, eine Zauberin, das elendeste Geschöpf der Welt; ich habe gottlose Handlungen ohne Zahl verübt, ich habe Umgang mit den Dämonen gehabt, alles Böse getan, welches auf Erden möglich ist. Gesteh, daß du nicht weniger schuldig bist als ich!“

Man schritt endlich zur Nadelprobe: der Suche nach den sogenannten Hexenmalen, unempfindlichen oder blutleeren Stellen am Körper der Angeklagten, die angeblich von der Berührung des Teufels stammen sollten. Ein Notar, drei Ärzte und eine Nonne führten diese Probe durch, indem sie Simone mit langen Nadeln stachen, um zu erfahren, ob irgendwo Teufelsmale verborgen seien. Zwar entdeckten sie keine einzige unempfindliche Stelle – das Protokoll betonte jedoch ausdrücklich, daß nicht alle Verletzungen geblutet hätten. Simone wurde selbst während des Schlafes überwacht und oft plötzlich aufgeweckt, damit sie von ihren angeblichen „Fahrten" zum Hexensabbat berichte. Man warf ihr vor, die Hostie aus Hohn mit Füßen zu treten, Umgang mit einem Teufel namens Lucem zu pflegen und die hieraus entstandenen Kinder am Sabbat durch die Hexen taufen zu lassen.

Fünf Tage lang wurde sie so von Besessenen, Richtern und Exorzisten gequält; am sechsten Tag brach sie schließlich zusammen und gestand, die heilige Hostie einmal mit den Lippen angefeuchtet und mit ihr Tricktrack gespielt zu haben. Sie wurde an sich selbst so irre, daß sie mehrmals wiederholte: „Ach, es scheint mir, daß ich bekenne, was mir im Traume widerfahren ist, und daß ich nur Lügen ausspreche; doch fühle ich, daß es nicht von meinem Willen abhängt, zu schweigen und eine andere Sprache zu führen." Kurz darauf widerrief sie alle ihre Geständnisse, doch die Richter waren von ihrer Schuld fest überzeugt und verdammten Simone zum Feuertod.

Und nun war es soweit: der Zug, der die Verurteilte zur Hinrichtung begleitete, näherte sich. An der Spitze ging der Offizial mit dem Todesurteil in der Hand, hinter ihm Simone, barfuß, einen Strick um den Hals und eine zweipfündige Kerze in der Hand. Pater Doompt und ein anderer Geistlicher, der ein Kruzifix trug, schritten an ihrer Seite; den Abschluß bildeten viele andere Kleriker und Laien, alle in Erwartung eines eindrucksvollen Schauspiels.

Vor dem Hauptportal der Kathedrale von Tournai hielt der Zug an, damit die Verbrecherin die im Rahmen der sogenannten Kirchenbuße übliche öffentliche Abbitte leiste: sie kniete nieder und bat mit lauter Stimme Gott, die Erzherzöge und das Gericht um Verzeihung.

Anschließend führte man sie auf den Marktplatz, wo gegenüber dem Glockenturm ein großer Scheiterhaufen er-

Hexen schänden die Hostie. Flugblatt, 1567.

richtet war; auf diesem wurde sie festgebunden, und zwar so, daß ihr Kopf kaum über die Holzscheite hinausragte. Der Offizial verlas nochmals das Urteil, die Geistlichen begannen inbrünstig Psalmen zu singen, und der Henker entzündete das Feuer. Der laute Gesang übertönte Simones Schmerzensschreie.

Als das Feuer sie verzehrt hatte, löste sich die Masse der Zuschauer auf; man suchte eines der nahegelegenen Wirtshäuser auf, um sich von der Hitze und den sonstigen Strapazen zu erholen. Auf dem Marktplatz war nur der Henker zurückgeblieben, um die Reste wegzuräumen und alles wieder in Ordnung zu bringen. Gerade war er im Begriff, die übriggebliebene Asche in den Wind zu streuen, als er mitten in der Bewegung innehielt. Ein Mann in der Tracht der spanischen Soldaten erschien auf dem Marktplatz; er trug eine Graburne in den Armen und sah ganz verstört aus. Bevor noch der Scharfrichter die Situation erfaßt hatte, füllte der Fremde diese Urne mit Asche und eilte, das Gefäß an sich drückend, in Richtung auf das nächste Stadttor davon.

Es war ohne Zweifel Jean – der zärtliche, unvorsichtige Jean; mit der Asche seiner Geliebten war nun auch er auf dem Weg zur Hölle.

Dreizehntes Kapitel

Martine de Beausoleil: Hexe oder weiblicher Berg-Ingenieur? (1626)

Das junge Mädchen schaute interessiert einer Gruppe von Männern zu, die eifrig beim Steinbruch beschäftigt waren; einige drangen in eine Höhle ein, aus der sie erst nach einer ganzen Weile wieder herauskamen. Zwar erwies sich ihr Reifrock beim Durchdringen der Brombeergebüsche als sehr störend, aber ihre Neugier war doch stärker als alle Hindernisse; schließlich hatte sie sich durch die Ranken hindurchgearbeitet und ging zu der Gruppe hin.

Der Anführer zog sogleich ihre Aufmerksamkeit auf sich; er war jung, hochgewachsen, sah freundlich und lebhaft aus und wirkte trotz seiner verstaubten Kleidung sehr elegant. Er hielt einige Gesteinsbrocken in der Hand, die seine Aufmerksamkeit derart beanspruchten, daß er die Neugierige gar nicht kommen sah.

„Monsieur, bitte verzeiht mein Eindringen, aber was tut Ihr hier?"

Der Edelmann schaute überrascht auf. „Wir suchen Erzlager", antwortete er mechanisch.

„Das ist recht; an dieser Stelle könntet Ihr eventuell Eisen finden."

„Wirklich?"

„Ganz gewiß; ich wohne in der Nähe und habe schon oft bei Sonnenaufgang Dämpfe aufsteigen sehen."

„Ich danke Euch, ich weiß, aber ..."

„Die Quellen, die hier nahebei entspringen, sind vermutlich auch eisenhaltig."

Nun betrachtete er das junge Mädchen genauer; ihre Anwesenheit, ihre Kleidung, vor allem aber ihr Wissen und ihre exakten Beobachtungen setzten ihn immer mehr in Staunen.

„Ihr wohnt hier in der Nähe?“

„Etwa drei Meilen entfernt. Mein Pferd habe ich dort unten an den Baum gebunden.“

„Erlaubt, daß ich mich vorstelle: Jean du Châtelet, Baron de Beausoleil.“

„Ich bin Martine de Berterau.“

Diese Begegnung war von entscheidender Bedeutung; der Baron sah Martine wieder und verliebte sich in sie, was aber keineswegs den Anfang einer alltäglichen Liebesaffäre bedeutete. Jean de Châtelet interessierte sich sehr für Chemie und Mineralogie; er wollte sich nun auch dem Studium des Bergbaus widmen, der im 16. Jahrhundert in ganz Europa großen Aufschwung genommen hatte. Baron de Beausoleil war ein weithin berühmter Experte, doch sollte die junge Frau, der er gerade begegnet war, ihn hierin noch übertreffen, bevor beide den Hexenverfolgungen zum Opfer fielen. Martine sprach Englisch, Deutsch, Italienisch, Spanisch, Latein und sogar etwas Hebräisch; auf Grund einer sehr fortschrittlichen Erziehung und Bildung besaß sie darüber hinaus auch Kenntnisse, die damals noch selten und für eine Frau mehr als ungewöhnlich waren: so in Geometrie, Hydraulik, Mineralogie und Chemie.

Martine heiratete den Baron und betätigte sich von nun an außer als Wissenschaftlerin auch als Geschäftsfrau. Das gemeinsame Unternehmen blühte rasch auf, denn von jetzt an reisten die beiden Beausoleil in ganz Europa umher, um nach Erz zu schürfen; ein aus dem Jahre 1630 stammender Paß nennt außer dem Ehepaar auch noch „Kinder, Diener, Dienerinnen, Kleidung und Gepäck“, außerdem hatten sie fünfzig deutsche und zehn ungarische Bergleute als Arbeitskräfte bei sich. Martine erwarb sich nach und nach umfassende Kenntnisse, die sie auf Reisen in die Neue Welt (sie überquerte sogar den Atlantik) noch weiter vervollständigen konnte. Bald hatte sie auch ihren Gatten überflügelt; heute ist nur noch die Erinnerung an die Baronin Beausoleil lebendig, eine echte Vorläuferin der modernen Berg-Ingenieure.

Eines Tages, als die Beausoleis sich gerade in Deutschland aufhielten, kam eine wichtige Botschaft:

„Martine, wir haben ein Schreiben des Königs von Frankreich erhalten!"

„Du scherzest!"

„Aber nein. Ein Geheimbote hat es gerade abgeliefert. Seine Majestät Heinrich IV. bittet uns zu kommen. Vermutlich haben wir diese Gnade meinem Freund Pierre de Berenghen zu verdanken."

„Pierre de Berenghen?"

„Ja; er ist seit kurzem Erster Kammerdiener Heinrichs IV., hat aber auch die Oberaufsicht über die französischen Bergwerke. Auf jeden Fall bist du es, die seine Majestät um ihr Kommen bittet."

„Ich?"

„Ja, du. Offiziell spricht er zwar freundlicherweise auch von deinem Mann, aber im Grunde . . ."

Der Baron lachte ein wenig, als er das sagte.

„Aber der König weiß doch ganz genau, daß wir immer gemeinsam reisen und arbeiten."

„Das mag sein – trotzdem wendet er sich an dich, Martine. Er will dir die noch unerschlossenen Erzlager in Guyenne und Languedoc anvertrauen!"

Das Paar reiste also mit seinen Arbeitern nach Südfrankreich. Sie waren jedoch kaum angekommen und hatten Verbindung mit den zuständigen Lokalbehörden aufgenommen, als es auch schon Schwierigkeiten gab.

„Wie heißt Ihr? Beausoleil? Und Ihr kommt aus Deutschland? Zu welchem Zweck?"

„Seine Majestät der König hat uns herbestellt."

„Aus welchem Grund hat er Euch herbestellt? Könnt Ihr seinen Brief vorweisen?"

„Den haben wir nicht bei uns; wir sind Ingenieure und sollen in Frankreich nach Bodenschätzen suchen."

„Und wie wollt Ihr das anfangen?"

„Es gibt mehrere Methoden, aber es würde zu lange dauern, Euch das alles zu erklären", antwortete Martine ungeduldig.

„Euer Gefasel von Bodenschätzen ist die reinste Räubergeschichte. Hier in Südfrankreich haben wir sehr guten, fruchtbaren Erdboden, um Weizen darauf anzubauen; das genügt vollkommen. Wir brauchen keine Hexenmeister, um auch noch nach anderem Gold zu suchen!"

„Ja aber . . ."

„Schluß damit! Wendet Euch an den Louvre, wenn Ihr eine Unterredung mit dem König haben wollt. Wir hier können nichts für Euch tun."

Entmutigt fuhren Martine und ihr Mann nach Deutschland zurück, wo man ihre Nachforschungen mit großem Interesse beobachtet hatte. Nach ihrer Rückkehr ernannte der Kaiser den Baron zum Oberaufseher der ungarischen Bergwerke und zum persönlichen Berater seiner Majestät – eine Position, die zahlreiche Vergünstigungen mit sich brachte, unter anderem die, sich auf dem gesamten Staatsgebiet frei und ohne irgendwelche Auflagen bewegen zu können.

Die Zeit verging; im Jahre 1626 erhielten die Beausoleils erneut eine Botschaft aus Frankreich:

„Jean, hier ist wieder ein offizieller Auftrag."

„Woher denn?"

„Aus Paris."

„Wieder aus Paris! Dann haben die Leute da also doch ein bißchen Verstand!"

„Der Marquis d'Effiat läßt uns rufen."

„D'Effiat?"

„Gewiß; er ist Oberaufseher der Finanzen! Und weißt du, was er noch schreibt?"

„Lies vor!"

„Er gibt uns die Genehmigung, sämtliche zum Aufspüren und Ausbeuten von Erzlagern notwendigen Forschungen durchzuführen, ohne daß irgend jemand uns dabei stören kann."

„Das ist ja ein wahres Wunder. Ich habe aber keine Lust, nach Frankreich zu fahren. Denk nur, wie sich damals die französischen Beamten benommen haben! Und dann die unwissenden, rückständigen Bauern!"

„Das hat sich bestimmt geändert! Es sind doch inzwischen Jahre vergangen.“

„Das glaube ich nicht. Ich weiß, daß es in Frankreich jetzt noch Hexenverfolgungen gibt. Was in aller Welt sollten wir also dort!“

„Wenn der Marquis d'Effiat uns bestellt, so tut er das im Auftrag des jungen Königs Ludwig XIII.“

„Nicht Ludwig ist der wirkliche Herrscher, sondern Kardinal Richelieu.“

„Das beweist doch, daß der Kardinal uns kennt.“

„Daran zweifle ich, Liebste. Ich schätze dieses Land gar nicht; Zauberer und Erzgräber müssen dort mit allem rechnen.“

Martine de Beausoleil bestand jedoch auf ihrem Vorhaben, und so reiste das Paar heimlich mit der ganzen Familie und etlichen Bergarbeitern nach Frankreich. Dort angekommen, begannen sie zuerst im Süden des Landes, dann in der Bretagne mit ihren Nachforschungen nach Erz. Fast umgehend wurden sie auch in die Hexenverfolgung verwickelt:

„Schaut nur! Habt ihr das gesehen? Kein Wunder, daß die Schafe sterben und die Kühe keine Milch mehr geben.“

„Wo ist sie?“

„Dort unten – mit ihrem Zauberstab! Die Marie hat sie gestern abend gesehen, wie sie sich in der Nähe des Steinbruchs herumtrieb.“

„Schlimmer noch, ich habe sie seit heute früh nicht aus den Augen gelassen. Ich versteckte mich hinter den Bäumen, so daß sie mich nicht sehen konnte. Ich war schon vor fünf Uhr hergekommen, um die Ziegen zu melken. Und wißt ihr, was dieses Weib tat?“

„Nein.“

„Sie war in lauter Dampf eingehüllt, der aus der Erde hervordrang; dabei lag sie flach auf der Erde und rührte sich nicht. Schließlich stand sie wieder auf, und dabei hielt sie noch immer ihren Zauberstab in der Hand!“

„Kein Wunder, daß der Kleine krank geworden ist – ihr wißt doch, mein kleiner Martin! Er ist ihr gestern zufällig begegnet, und da muß sie ihn behext haben.“

Bereits eine Stunde später waren rund vierzig Bauern versammelt, die sich, mit Steinen und Mistgabeln bewaffnet, aufmachten, um die Verdächtige unschädlich zu machen.

Martine lag noch immer platt auf dem Boden und beobachtete die aufsteigenden Dünste; diese Arbeit nahm sie so in Anspruch, daß sie die näherkommenden Rufe und Beschimpfungen zunächst gar nicht bemerkte. Als sie jedoch plötzlich von zwei scharfkantigen Steinen getroffen wurde, sprang sie in panischer Angst auf und lief, so rasch sie konnte, davon.

„Drauf auf die Hexe!"

„Wo ist sie?"

„Fangt sie!"

„Der Teufel kommt ihr bestimmt zu Hilfe! Ihr werdet sehen, gleich fliegt sie auf einem Besen davon!"

Martine, die der lange Rock beim Laufen stark behinderte, hatte aber nur in einem hohlen Baum Zuflucht gesucht; mit angehaltenem Atem und klopfendem Herzen wartete sie hier, bis auch der letzte ihrer Verfolger verschwunden war. Dann wollte sie herauskommen – aber da gerade ein Bauernkarren vorbeifuhr, besann sie sich eines Besseren und blieb in ihrem sicheren Versteck, bis es dunkel wurde; erst dann kehrte sie zu ihren Leuten zurück.

„Martine! Liebste ... Ich glaubte dich schon verloren. Mein Gott, dein Kleid ist zerrissen! und deine Arme – du bist ja ganz voll Blut! Martine ..."

„In den Armen ihres Mannes brach sie endlich in Tränen aus, und dann berichtete sie von dem Haß der Bauern, von der Angst und den Schrecken, die sie hatte ausstehen müssen.

„Wir müssen nicht hierbleiben, Liebes; wir fahren besser zurück nach Deutschland."

„Aber Jean, so etwas läßt sich doch gar nicht vermeiden. Die Leute sind eben dumm und unwissend, sie verstehen diese Dinge nicht. Man müßte ihnen alles erklären; wenn die Parlamente ..."

„Die Parlamente können wir getrost vergessen; die Behörden in Paris und Rouen haben ja noch nicht einmal den Erlaß des Königs, der uns zum Erzschürfen ermächtigt, bestätigt, und was die Zentrale in Rennes angeht ..."

„Ich werde den Profoß des Herzogtums Bretagne aufsuchen; das ist doch bestimmt ein gebildeter Mann, mit ihm will ich sprechen.“

„Genügt dir dein bisheriges Mißgeschick noch nicht? Martine, ich habe Angst um dich.“

„Und du?“

„Bei mir ist das etwas anderes; ich bin ein Mann, ich bin an derlei gewöhnt.“

Martine betrachtete ihren Mann mit einem Ausdruck von Zärtlichkeit und zugleich voller Ironie:

„Frauen sind auch gewohnt, Angst zu haben – und auch daran, sie zu besiegen. Außerdem ist das Einfahren in gold- und silberhaltige Schächte viel gefährlicher als eine Handvoll dummer Bauern.“

Die kühne Martine setzte also unbeirrt ihre Arbeiten fort; bald darauf suchte sie den Profoß der Bretagne auf. Der Profoß war ein schwerfälliger Mensch mit niedriger Stirn und einer auffallend großen Nase. Seinen Herrschaftsbereich verwaltete er vor allem mit Dummheit und Arroganz: kriecherisch gegenüber den Mächtigen und unerbittlich gegen die kleinen Leute. Er empfing seine Besucherin in einem zimtfarbenen, mit Kissen bedeckten Sessel sitzend, der unter seinem Gewicht ächzte. Der schwere Mann hob den Kopf und schaute Martine scharf an.

„Wer seid Ihr?“

„Baronin de Beausoleil.“

„Als Martine diesen Namen nannte, machte der Profoß Anstalten, sich aus seinem Sessel zu erheben. Er nahm ihre Hand, die er mit einer unverschämten Vertraulichkeit küßte:

„Schöne Dame, was verschafft mir die Ehre dieses Besuchs? Ich würde mich glücklich schätzen, wenn ich Euch zu Diensten sein könnte.“

Der Mann war auf einmal übertrieben höflich geworden; dabei betrachtete er lüstern Martines Hals und Brustansatz und verdrehte die Augen. Sie bemerkte seinen Blick und zog ihren Schal eng um die Schultern zusammen; als er sich ihr zu nähern versuchte, gab sie ihm einen Stoß, daß er bis in seinen Sessel zurücktaumelte:

„Mein Mann, der Baron de Beausoleil ..."

Ein häßliches Lachen unterbrach sie: „Für die Ehemänner hübscher Frauen habe ich nicht viel übrig."

„Für den meinigen solltet Ihr aber etwas übrig haben. Wir arbeiten hier gemeinsam, um nach Bodenschätzen zu suchen. Seine Majestät der König hat uns die Genehmigung erteilt."

„Was redet Ihr da? Was ist das für ein Geschwätz?"

„Es handelt sich nicht um Geschwätz, sondern um die ernsthafte Suche nach Metallvorkommen. Der Marquis d'Effiat hat uns im Namen des Königs dazu ermächtigt."

„Davon weiß ich nichts."

„Ja, aber der König ..."

„Der König wird oft genug durch finstere Machenschaften überlistet; es ist meine, des Profoß, Aufgabe, die jeweiligen Urheber einer entsprechenden Kontrolle zu unterziehen."

„Es sind durchaus keine finsteren Machenschaften, Monsieur!"

„Nehmt bitte zur Kenntnis, Frau Baronin: für den Profoß und alle anderen rechtschaffenen Menschen ist die Suche nach Erz, wie Ihr das nennt, ein Werk des Teufels! Und wir dulden den Teufel nicht!"

„Aber ..."

„Wir verbrennen seine Handlanger! Ist Euch bekannt, wie viele Hexen hier noch vor kurzem verurteilt worden sind?"

„Das will ich gar nicht wissen", erwiderte Martine entsetzt. „Ich bin jetzt fertig. Auf Wiedersehen, Monsieur."

Als sie zu ihrem Mann zurückkam, war sie bereits imstande, mit einer gewissen Heiterkeit von der Unterredung zu erzählen:

„Ich habe gerade den dicksten, fettesten, schwerfälligsten, dümmsten Profoß von ganz Frankreich gesehen."

„Hat er dich denn gut empfangen?"

„Er wollte, daß ich dich seinetwegen verlasse. Ich habe ihn abgewiesen und ihn mir dadurch sofort zum Feind gemacht."

„Zum Feind? Woher willst du das wissen?"

„Es ist gar nicht anders möglich; der Mann ist ein ausgemachter Dummkopf, der unsere Arbeit für Teufelswerk hält, und von dieser Meinung wird er auch nicht abgehen."

Dieser Mann sollte in der Tat in Zukunft Martines erbittertster Gegner werden, der ihr einen erbarmungslosen Kampf lieferte. Zunächst einmal versagte er ihr jegliche administrative Unterstützung, aber dabei blieb es nicht. Als die Baronin eines Tages nach Rennes gefahren war, benutzte der Profoß ihre Abwesenheit, um ihre Wohnung zu durchsuchen; der gesamte Inhalt der Reisekisten wurde beschlagnahmt: Aufzeichnungen, Bergkompaß, Schmelztiegel, Gesteinsproben, Werkzeug und nicht zuletzt Silber und Edelsteine – die Ausbeute einer zehnjährigen Arbeit in Frankreich, zehn Jahre, in denen Martine beinahe ihr gesamtes Vermögen erschöpft hatte, denn die Schürfarbeiten erfolgten auf ihre Kosten; sie hatte dafür ungeheure Summen auslegen müssen und die von der Regierung versprochenen Vergütungen bisher nicht erhalten.

Von einem Tag auf den anderen sahen sich die Beausoleils daher in einer sehr unangenehmen Lage; sie waren arme Leute geworden, und das ausgerechnet in einer Zeit, als, wie Martine in ihren Memoiren schreibt, „in Frankreich das Ansehen sich nach dem Glanz der Equipagen bemißt".

Aber es kam noch schlimmer. Einige Zeit danach strengte der Profoß gegen Martine einen Prozeß wegen Hexerei an, und diese mußte sich wegen ihres angeblichen Teufelsbundes vor dem Gericht in Rennes verantworten.

„Ihr führt Eure Nachforschungen mit Hilfe eines Zauberstabs durch!" stellte der Vorsitzende fest.

„Das ist kein Zauberstab."

„Wie könnt Ihr es wagen, so etwas zu behaupten! Ihr wißt sehr gut, daß nur Hexen und Zauberer erraten können, was im Innern der Erde, wo Scharen von Gnomen und bösen Geistern hausen, vor sich geht. Der Teufel selbst zeigt Euch die Stellen, an denen es Gold gibt!"

„Darf ich Euch, den gelehrten Mann, daran erinnern, daß Agricola ..."

„Der römische Feldherr?"

„Nein, ich meine den deutschen Mineralogen."

„Wir kennen die Deutschen nicht."

„Aber er ist der Begründer der Hüttenkunde, ein bekannter Gelehrter aus dem vorigen Jahrhundert, der in seiner berühm-

Wünschelrute als Anzeiger von Bodenschätzen. Holzschnitt aus dem „Bergwerck-Buch“ des Georg Agricola, 1580.

ten Abhandlung ‚De re metallica‘ solche Stäbe, mit deren Hilfe man auch früher schon nach Bodenschätzen gesucht hat, ganz genau beschreibt. Es sind einfache Astgabeln vom Haselstrauch, die in der Nähe von unterirdischen Erzadern ausschlagen. Es handelt sich um eine wissenschaftliche Methode, die mit Magie überhaupt nichts zu tun hat.“

„Ihr behauptet also, die im Schoß der Erde lagernden kostbaren Metalle auf natürliche Weise zu entdecken; ja Ihr erwähnt sogar Quellen, die den Tod verhindern können!“

„Das habe ich nie gesagt. Sie können ihn nur aufhalten und durch die Kräfte, die ihnen von Gott verliehen sind, auf einen späteren Zeitpunkt verschieben.“

Martine verteidigte sich sehr geschickt, so daß die Richter

zögerten. Die Baronin hatte Glück und gewann ihren Prozeß, reiste dann aber umgehend aus Frankreich ab.

Warum blieb sie nicht in Ungarn oder Deutschland? Weshalb wollte sie unbedingt in ihre Heimat zurückkehren und ihre Landsleute von der Wichtigkeit und dem Nutzen ihrer Forschungen überzeugen? Fest entschlossen, auch die Rückgabe ihrer Güter durchzusetzen, verfaßte sie ihre Memoiren und sandte ein Exemplar an Kardinal Richelieu. Das Buch trug den Titel *Traité des Métaux (Abhandlung über die Metalle)*; im Untertitel heißt es: „Mit einer Widerlegung derjenigen, die glauben, daß Erzlager und andere Bodenschätze nur durch Magie und mit Hilfe von Dämonen zu finden sind".

Das Büchlein beginnt mit einer Entschuldigung dafür, daß die Autorin nur eine Frau ist: „Warum, so wird ein anderer sagen, unternimmt es eine Frau, im Gebirge zu schürfen und Schächte anzulegen – das ist zu kühn und übersteigt die Kräfte ihres Geschlechts." Im Anschluß daran legt sie ihre Methoden dar: „Es gibt", sagt sie, „fünf Möglichkeiten, Metall zu finden. Die erste ist das Aufgraben der Erde; weitere natürliche Hilfsmittel sind Pflanzen und Kräuter, Quellwasser sowie die bei Sonnenaufgang aufsteigenden Dünste, aus deren Aussehen und Geschmack man Lage und Art der betreffenden Erzader ablesen kann. Außerdem gibt es insgesamt sechzehn verschiedene Instrumente und Werkzeuge zum Aufspüren und Ausbeuten von Erzlagern."

„In der Tat", erklärt sie dann dem Kardinal, „sind die Gegenden, in denen die größten und reichsten Erzvorkommen liegen, nicht sehr fruchtbar. Es gibt aber überall in Frankreich Bodenschätze."

„Frankreich besitzt fast alles, was Ihr im Ausland sucht, selbst", fügt sie hinzu, „abgesehen von den Spezereien der Levante, den wilden Tieren Afrikas und den kanadischen Biberfellen. Das sind aber Dinge, auf die Frankreich leicht verzichten kann, und die keineswegs unbedingt lebensnotwendig sind. Wenn Euch Spanien seinen Stahl anpreist und Deutschland sein Eisen, so haben wir auch hier reiche Eisenvorkommen und tüchtige Männer, um sehr guten Stahl daraus zu machen. Wenn England Euch Blei und Zinn verkaufen will, so gibt es das in Frankreich auch und in viel größeren Mengen. Um die Steinkohle brauchen wir Holland nicht zu beneiden ..."

Um den Kardinal endgültig zu überzeugen, erinnert Martine zum Schluß ihrer Abhandlung daran, daß selbst Christoph Columbus im Rat des Königs von Spanien ausgelacht worden war. Der Vergleich ist gar nicht so dumm: auch sie stellt ja Frankreich als ein „Land der unbegrenzten Möglichkeiten" hin, indem sie seine reichen Bodenschätze vor Augen führt. Sie fand jedoch zu Lebzeiten ebensowenig Anerkennung wie viele andere; die Arbeit Martine de Beausoleils geriet in Vergessenheit. Doch einige der damals entdeckten Lagerstätten sind heute noch ergiebig.

Unglücklicherweise hatten die Beausoleils sehr viele Feinde. Kardinal Richelieu ließ sich, nachdem er Martines Abhandlung zur Kenntnis genommen hatte, von ihren Gegnern beeinflussen; als die Baronin so unklug war, nach Frankreich zurückzukehren, wurde sie sogleich gefangengenommen und nach Schloß Vincennes verbannt; ihren Gatten schickte man von ihrer Seite weg in die Bastille.

Martine sollte in ihrem Gefängnis sterben, arm, krank und elend. Nur einige wenige Freunde – darunter der Abt von Saint-Cyran, den sie in ihren Memoiren erwähnt – ließen ihr etwas Geld und sonstige Unterstützung zukommen. Ihren Mann, der 1645 in der Bastille starb, hat die Baronin niemals wiedergesehen.

Einhundertfünfzig Jahre später wurde in Frankreich die „Ecole nationale des mines" gegründet. Einige Autoren, darunter der französische Chemiker Jean Hellot (1685–1766), haben die Entdeckungen Martine de Beausoleils erneut aufgegriffen und nicht selten als eigene Ergebnisse bezeichnet; die Wissenschaftlerin selbst aber wurde systematisch totgeschwiegen und geriet allmählich in Vergessenheit. Erst im 19. Jahrhundert wurde die Engländerin Alice Catherine Raisin zur ersten Frau, die an der Londoner Universität Geologie studieren konnte und zum Doktor der Naturwissenschaften promovierte. Die Zeit, in der man die Hexen einsperrte, war endgültig vorüber.

Vierzehntes Kapitel

Marguerite Touret (Franche-Comté, 1657–59)

Dieser Arzt verstand etwas von der Heilkunst. Er gab sich Mühe, den Kranken zu helfen, und tat das fast umsonst: nur ab und zu erhielt er ein Hühnchen oder einige Geldstücke als Bezahlung. Seine Habe bestand aus einem Rock, zwei Hemden, zwei goldenen Kreuzen und vier Rosenkränzen. Der Arzt hieß Marguerite Touret, genannt „la Bernarde", und praktizierte in Besançon. Allerdings, als Frau gehörte sie nicht zu den offiziellen Vertretern des Heilgottes Äskulap, sondern zu den Weisen Frauen, die das Wissen der Vorzeit um heilkräftige Pflanzen und Kräuter als kostbares Erbe hüteten.

Als einer ihrer Nachbarn eines Tages beim Essen versehentlich seine Gabel verschluckt hatte, kochte sie ihm sogleich Schlehenfrüchte in Wein – ein schon im Mittelalter und vor allem seit dem 16. Jahrhundert häufig verwendetes Volksheilmittel. Einen Mann, der an Ohrenschmerzen litt, kurierte sie mit einer aus Wachs, Schweineschmalz und heilsamen Kräuterauszügen bereiteten Salbe. Ein an Ausschlag erkranktes Kind wurde mit einer Essenz aus Rosenblüten, Majoran und Essig behandelt, ein anderes mit heilenden Umschlägen von den Blattern gerettet.

Diese Mittel kamen sämtlich aus der Natur; zu ihrer Anwendung waren weder Gebete noch irgendwelche angeblich heilbringende Amulette nötig. Eines Tages kam eine Frau zu Marguerite und bat sie, ihren Mann vom Fieber zu heilen. Sie erhielt den Rat, neun Tage lang jeweils vor Sonnenaufgang aufzustehen und eine ganz bestimmte Pflanze zu suchen. Weder auf dem Hin- noch auf dem Rückweg durfte sie mit irgend jemand sprechen; hatte sie die betreffende Pflanze gefunden, so sollte sie vor dieser niederknien und dreimal einen bestimmten Zauberspruch sagen; anschließend solle sie sie pflücken und ihrem Mann an den Arm binden, so werde er nach Ablauf der neun Tage geheilt sein. Das Mittel half tatsächlich, so seltsam es uns auch heute vorkommen mag.

Das Unglück Marguerites begann an einem Aprilmorgen. Gerade hatte sie ein krankes Kind erfolgreich behandelt, als sich herausstellte, daß zur selben Zeit im Stall ein Kalb eingegangen war; bei einem anderen Patient war ein Geschwür zwar an dem einen Arm geheilt, aber dafür hatte sich am anderen ein neues gebildet; der Zustand ihres Nachbarn, eines gewissen Claude Ramel, der an heftigen Magenschmerzen litt, wollte sich trotz aller Heilmittel nicht bessern. Marguerite war deshalb in üblen Ruf gekommen, und manches böse Wort wurde gegen sie laut, worüber sie sehr verbittert war. Als sie eines Morgens zufällig sah, wie ihr Nachbar seine Schweine aus dem Stall ließ, und diese sich über die in der Nacht von den Bäumen gefallenen Nüsse hermachten, so daß für die Menschen nichts mehr übrigzubleiben drohte, rief sie zornig aus: „Wenn doch der Wolf deine Schweine fressen würde!“ Wenige Tage später zerriß tatsächlich ein Wolf eins der Schweine.

Einige Zeit darauf übernachtete ein Ehepaar namens Petignie, das sich gerade auf einer Reise befand, bei Marguerite und deren Mann. Am nächsten Morgen beim Aufbruch fragten sie, was sie schuldig seien. Marguerite antwortete zwar stolz, sie wolle kein Geld von ihnen, beobachtete dann aber doch voller Groll, wie ihre Gäste tatsächlich Miene machten, ohne Bezahlung fortzugehen. Wütend rief sie der Frau Petignie nach: „So ein Miststück! Hätte sie doch wenigstens meiner Tochter einen einzigen Sou geschenkt! Verflucht soll sie sein!“ Louise Petignie hörte diese Beschimpfung und hielt sich seither für verhext: jahrelang plagte sie sich mit einer undefinierbaren Krankheit ab, die man heute als „psychosomatisch“ einstufen würde.

Aber es kam noch schlimmer: bei der Bäuerin Barthe Louis waren nach einem Besuch Marguerites im Kuhstall mehrere Tiere eingegangen. Barthe sagte später aus, in der Nähe der Tür habe sich ein „distelähnliches Blatt mit etwas Kuhmist darauf" gefunden. Man muß bedenken, daß auch Barthe Louis ebenso wie Marguerite eine Weise Frau war, und sie scheute keineswegs davor zurück, die unliebsame Konkurrentin aus dem Weg zu räumen, indem sie sie des versuchten Schadenzaubers beschuldigte. Eines Tages begleitete Barthe Louis eine Patientin namens Pierrotte, der sie kürzlich bei der Geburt ihres ersten Kindes geholfen hatte, zu der nach der Entbindung vorgeschriebenen „Aussegnung" der Wöchnerin. Unterwegs begegneten die beiden Frauen Marguerite, die – wie Barthe Louis behauptete – auf Pierrotte zulief, den Schleier, den diese der Sitte gemäß trug, aufhob und rief: „Wie schön ist diese junge Mutter!" worauf diese nicht mehr imstande war, ihr Kind zu stillen. So lautete jedenfalls die Aussage der Barthe Louis, die sie durch Eid erhärtete.

Die Gerüchte nahmen weiter zu, und sie schürten zugleich Haß und Rachgier gegen Marguerite.

„Ich habe neulich mal mit ihr zusammen geschlafen", sagte eine Bäuerin namens Antoinette Champagne, „wißt ihr, was sie mir erzählt hat? Man müsse jeden Freitag die Bettücher umdrehen, so daß die Naht zum Körper des Schlafenden gewendet ist."

„Ich brachte ihr einmal eine Kerze zum Ausbessern, die ich dem heiligen Martin opfern wollte", sagte Louis Chauvelot. „Fast zwei Stunden habe ich auf Marguerite warten müssen! Als sie endlich aus ihrem Garten zurückkam, machte sie einen ganz verstörten Eindruck."

„Und dann der junge Cousteret!" flüsterte eine andere. „Habt ihr ihn gekannt? Marguerite hat ihn ärztlich behandelt – und nun ist er tot."

„Das ist vielleicht gar nicht ihre Schuld . . ."

„Doch! Sie wollte ihn ja unbedingt selbst aufbahren und hat ihm die Hände gefaltet, statt sie aneinanderzulegen; in jede Hand gab sie ihm einen Rosenkranz."

„Sie hat doch zwei Kinder gehabt?"

„Die sind tot, Gevatterin, genau wie ihr Mann . . ."

„Und ihr Vater?"

„Der hatte noch einmal geheiratet, und wißt Ihr, wen? Die Choupotte."

Der Teufel als Liebhaber der Hexe. Holzschnitt aus Ulrich Molitor: „De lamiis et phitonicis mulieribus“, 1489.

„Etwa die, die als Hexe verbrannt worden ist?“

„Ja, eben die.“

So fanden sich jede Woche neue Verdachtsmomente gegen Marguerite. Niemand besuchte sie mehr; man zeigte mit dem Finger auf sie, und immer stärker spürte sie ihre Einsamkeit und den Haß der anderen. Im Herbst 1657 kam es endlich zu einem Zwischenfall von entscheidender Bedeutung. Eines Sonntags, als in der Kirche gerade die Messe gefeiert wurde, stürzte plötzlich Marguerite mit zerrauftem Haar und verzerrtem Gesicht aus ihrem Haus und schrie laut: „Ich bin ruiniert! Das Vieh hat auf den Feldern geschlafen!“ Unter anderen Umständen hätte man diese Erregung als ganz normal angesehen, als vollkommen verständlich bei einer Bäuerin, die feststellen muß, daß ihre Tiere nicht im sicheren warmen Stall geblieben sind. Marguerite aber machte sich erneut verdächtig, und als sie sich jetzt der Kirche näherte, begannen die Leute zu flüstern:

„Habt ihr das gesehen? Sie hat so merkwürdige Flecken und Striemen im Gesicht ...“

„Das sind doch bestimmt Spuren des Teufels.“

„Ihr Buhlteufel hat sie wohl zu heftig umarmt.“

„Sie wird beim Hexensabbat gewesen sein.“
„Laßt uns schnell weggehen! Da kommt die *‚Bernarde‘*...“
„Warum sperrt man sie nicht ein? Wieso hat man sie nicht schon längst gefangengenommen?“

Marguerite sprach kein Wort mit den anderen Dorfbewohnern; schweigend ging sie zum Gottesdienst und wieder nach Hause. Dort angekommen, suchte sie die Nachbarfamilie Ramel auf; die Tochter des Mannes, den sie wegen eines Magenleidens erfolglos behandelt hatte, hatte nämlich das Gerücht verbreitet, Marguerite sei bereits im Gefängnis. Die „Hexe“ schalt das junge Mädchen wegen dieser unwahren Behauptung heftig aus – aber gerade dies sollte ihr zum Verhängnis werden: noch am selben Tag verfiel die Mutter des Mädchens in eine rätselhafte Krankheit, wahrscheinlich Folge eines durch die Aufregung ausgelösten Nervenschocks, für die man jedoch einen von Marguerite Touret verursachten bösen Zauber verantwortlich machte. Schließlich starb auch noch das einzige Zicklein der Ramels – kurz nachdem Marguerite es einmal mit den Worten „Der Wolf soll dich zerreißen!“ aus ihrem Garten gejagt hatte. Ihr Schicksal war besiegelt.

Die gesamte Franche-Comté war damals Schauplatz von Hexenverfolgungen, denen nicht nur Erwachsene zum Opfer fielen, sondern auch etliche Kinder. Zwei von ihnen – ein Junge namens Bardel und eine gewisse Simone Deboichet – waren bereits zum Tod verurteilt worden, und die Hinrichtung stand unmittelbar bevor. Am 22. Dezember 1657 nahm man auch Marguerite gefangen und stellte sie den Verurteilten gegenüber. Zwar erklärte sie feierlich, die beiden kaum zu kennen – Simone aber behauptete, daß sie Marguerite „ungefähr vier Mal“ auf dem Hexensabbat gesehen habe. Beide Kinder sagten auf weiteres Befragen hin aus, Marguerite nehme seit etwa drei Jahren am Sabbat teil, der regelmäßig auf einer nicht weit vom Karmeliterkloster gelegenen Anhöhe stattfinde; sie habe dort wie alle anderen gegessen, getrunken, getanzt und mit ihnen beiden Ball gespielt. Der Junge erklärte sogar, sie hätte die von den Hexen zu gotteslästerlichen Zwecken mitgebrachten geweihten Hostien mit einem Messer durchstochen.

Einen Monat später begann das eigentliche Verhör der Hexe *„Bernarde"*; man fragte sie nach ihrem früheren Leben.

„Ach", sagte sie errötend, „nach dem Tode meines Mannes habe ich keine zwei Jahre enthaltsam gelebt. Ich hatte Liebesverhältnisse."

„Mit wem?"

„Mit einem gewissen Jean, der mich einmal wegen einer Potenzstörung aufsuchte. Ich hatte in meinem Garten eine tote Fledermaus gefunden, die gab ich ihm."

„Warum denn das?"

„Ich habe gehört, das soll gut sein, um einen geliebten Menschen für sich zu gewinnen."

„Und was weiter? Habt Ihr Euch auch mit anderen Männern eingelassen?"

Bernarde nickte: „Ach ja, und ich wurde bald schwanger . . ."

„Von wem?"

„Das weiß ich nicht genau, denn ich hatte damals mit drei jungen Burschen und einem verheirateten Mann zur gleichen Zeit Umgang."

Die Richter sahen sich vielsagend an: die Bernarde war wirklich eine ruchlose Person.

„Was habt Ihr mit dem Kind gemacht?"

„Ich behielt es bei mir; um leben zu können, habe ich die Häuser von Pestkranken gereinigt.

Schließlich entsann ich mich eines bestimmten Mannes, der versprochen hatte, mich zu heiraten, falls ich einen Jungen zur Welt brächte; eines Nachts legte ich einen Eid ab, nie einen anderen Gatten zu haben als ihn, und auf diese Weise habe ich mir die ewige Seligkeit verscherzt."

„Habt Ihr auf seinen Befehl das heilige Abendmahl und die Taufe verleugnet?"

„Daran kann ich mich nicht erinnern."

Die Fragen der Richter wurden nun verfänglicher, die Antworten der Angeklagten immer unvorsichtiger, so daß ihre Schuld bald offen zutage lag: sie war des Bundes mit dem Teufel überführt.

Nun traten die Zeugen auf: die Eigentümer des toten Zickleins und Pierrotte, die auf dem Weg zur Aussegnung angeblich von Marguerite verhext worden war, als diese ihren Schleier aufgehoben hatte.

„Wenn ich das getan habe", protestierte Marguerite, „dann aus Freude, nicht mit böser Absicht. Gott soll mich strafen, wenn ich jemals irgendjemandem wissentlich Schaden zugefügt habe."

Die Richter fragten sie nun nach den von ihr verwendeten Heilmitteln. Sie erklärte, ihre selbstbereitete Ohrensalbe enthalte mehr Zwiebelöl als tierische Fette, da dies besser sei; und sie beteuerte, bei ihren Kuren niemals Gebete oder christliche Segenssprüche angewandt zu haben: „Wenn ich Fehler beging, dann nicht aus Arglist, sondern aus Unwissenheit."

Marguerite machte ihre Aussage ganz offen und ehrlich, ohne auf der Hut zu sein; die Richter aber glaubten sie zu durchschauen. Hatte sie denn im Gefängnis keine Visionen gehabt? Waren ihr nicht schon einmal im Traum schreckenerregende Gestalten erschienen? Nun ja, gewiß, es war schon vorgekommen, daß sie ein schwarzes Huhn vor sich zu sehen glaubte; ein andermal waren es undefinierbare kriechende Gestalten, manchmal auch ein Kreuz, Schlangen und Turteltauben. Je länger die Untersuchungshaft dauerte – sie mußte insgesamt 18 Monate im Kerker verbringen – desto schlimmer wurden Marguerites Wahnvorstellungen: sie glaubte teuflische Stimmen zu hören, die ihr in gemeinster Weise die Ausschweifungen des Hexensabbats schilderten. Als man sie am 12. April 1659 erneut zum Verhör führte, kniete sie unaufgefordert nieder und bat um Verzeihung für ihre zuletzt begangenen Freveltaten: am Sonntag zuvor hatte eine „Stimme" sie aufgefordert, die Hostie zu besudeln; außerdem hatte sie von Claude Chauvot, dem Kerkermeister, geträumt.

„Was habt Ihr geträumt?" fragte einer der Richter scharf.

„Er lag bei mir", antwortete die „Bernarde" verschämt.

„Und weiter?"

„Ich betete zu Gott, er möge mich vor einer Todsünde bewahren."

„Wir wissen, daß Chauvot früher Schuster war und daß er Euch zu kleine Schuhe gemacht hat. Habt Ihr ihm etwa aus diesem Grunde Krankheit und Elend angewünscht, so daß er seinen ehrlichen Beruf aufgeben und Gefängniswärter werden mußte?"

„Das ist längst vergeben und vergessen", beteuerte Marguerite. „Er besucht mich oft."

„Nachts?"

„Nein. Es ist doch nur ein Traum..."

„Und was sagt er?"

Er sagt: „Küß mich!" – und ich habe geantwortet: „Ja, herzlich gern!"

Die Richter sahen sich erneut an: war das wirklich ein Traum? Es gab so viele Kerkermeister, die gefangene Hexen zu täuschen versuchten; wie konnte man wissen, was wirklich geschehen war?

Die Verhöre wurden verstärkt fortgesetzt, und Marguerite legte auch weiterhin „freiwillige" Geständnisse ab. Es war nicht die Folter, sondern der sich täglich verschlimmernde Wahnsinn, der sie zu immer erneuten Selbstbezichtigungen trieb: einmal behauptete sie, eine geweihte Hostie mit dem Messer durchstochen zu haben; ein anderes Mal glaubte sie, einen kleinen Jungen mit schwarzem Hut und begleitet von einer schwarzen Katze zu sehen, der sie zum Sabbat einlud. Häufig bat sie um Weihwasser, um sich Erleichterung von diesen teuflischen Versuchungen zu verschaffen.

Am folgenden Tag sollte sie von eigens dazu bestellten Wundärzten untersucht und der Nadelprobe unterzogen werden. Als sie die Ärzte kommen sah, murmelte sie vor sich hin: „Es ist mir ganz recht, ich nehme alles auf mich um der Liebe Gottes willen." Die Arme wußte nicht, was sie erwartete! Man schnitt ihr die Haare ab, dann verband man ihr die Augen und setzte sie nackt auf einen Schemel. Die Chirurgen stachen sie systematisch mit langen Nadeln, um das „Teufelsmal" zu finden – doch floß Blut aus jedem Einstich, und zudem schrie Marguerite ununterbrochen vor Schmerzen. Schließlich fanden sich aber doch zwei unempfindliche Stellen: die eine am Kopf, die andere in der Lendengegend. Das erste dieser angeblichen Hexenmale war ein kleiner weißer Fleck, das andere sah aus wie eine weißliche Bohne.

Damit war der Beweis erbracht: Marguerite war vom Teufel gezeichnet. Sie fühlte es wohl, ein Dämon hatte sich ihrer bemächtigt. Sie erinnerte sich nun, daß sie wirklich zum Sabbat gegangen war, und zwar sehr oft. Sie hatte tanzende Hexen und Teufel dort gesehen, auch Verstorbene und schwarze Katzen, sie hatte Verwünschungen ausgestoßen und den Teufelspakt mit ihrem eigenen Blut unterzeichnet. Ihre beiden Anwälte bestritten zwar die Wahrheit ihrer Aussagen, aber Marguerite war inzwischen selbst überzeugt, die ihr angelasteten Verbrechen tatsächlich begangen zu haben, ja sie begriff überhaupt nicht mehr, warum diese Herren so auf ihre Verteidigung erpicht waren und immer wieder in ihrem Namen behaupteten, daß sie *keine* Hexe sei.

Marguerite wurde schließlich, wie vorauszusehen, zum Feuertod verurteilt; damit war das Gerichtsverfahren abgeschlossen. Am 10. Juni 1659 – so berichtet François Bavoux in seinem 1956 erschienenen Buch *La Sorcellerie en Franche-Comté* – drängte sich eine riesige Menschenmenge vor der Martinskirche zu Quingey: Bürger und Bauern, ehemalige Patienten, welche die Angst nun zu Gegnern gemacht hatte, Neugierige, Tagediebe und Sadisten – sie alle waren gekommen, um den Zug zu sehen, der sich vom Untersuchungsgefängnis zur Kirche bewegte: an der Spitze die Vertreter der weltlichen Gerichtsbarkeit sowie mehrere Ordensbrüder in schwarzen Kutten; hinter ihnen ging Marguerite, den Kopf kahlgeschoren, einen Strick um den Hals und in der rechten Hand eine riesige Kerze. Vor dem Kirchenportal kniete sie nieder und bat öffentlich um Verzeihung für ihre „abscheulichen Untaten".

Wenige Meter entfernt wartete der Henker ungeduldig auf sein Opfer, dessen Gesichtsausdruck sich kaum veränderte, als er es in den brennenden Scheiterhaufen stieß. Gleich darauf fing die Kirchenglocke an zu läuten, um den Beginn des Todeskampfes anzukündigen; in dem Lärm waren Marguerites Schreie, die rasch leiser wurden und dann ganz verstummten, kaum zu hören.

Fünfzehntes Kapitel

Teuflische Besessenheit im Kloster (17. Jahrhundert)

Der Fall der Birgittin Simone Dourlet ist nur einer von vielen, die ähnlich gelagert waren. Zahllos sind die Berichte über Nonnenklöster, deren Bewohnerinnen angeblich von Teufeln besessen waren, wofür sie entweder eine Mitschwester oder aber ihren unglücklichen Anstaltsgeistlichen verantwortlich machten und als Hexe oder Zauberer hinstellten. Wie Michelet ganz richtig schreibt, „triumphierte Satan im 17. Jahrhundert".

Von den vielen, oft beschriebenen Skandalgeschichten seien hier nur die wichtigsten zusammengefaßt:

Gaufridy, der „Fürst der Hexen" (1611)

Der Fall begann wie immer mit den nächtlichen Anfechtungen eines jungen Mädchens, Madeleine de la Palud, die seit 1606 im Kloster der Ursulinen zu Aix-en-Provence lebte. Seit einiger Zeit litt sie zunehmend an „teuflischen" Halluzinationen, und zwar gleichzeitig mit einer anderen Nonne namens Louise Capeau. Beide wurden schließlich dem Dominikanerprior Pater Michaelis anvertraut, einem erfahrenen Exorzisten, der zugleich päpstlicher Inquisitor für die gesamte Provence war und in dieser Eigenschaft bereits achtzehn Hexen verurteilt hatte. Er ließ die besessenen Nonnen ins Kloster Sainte-Baume bringen, wo sie in Anwesenheit zahlreicher Zuschauer mehrfach exorziert wurden; die Folgen waren Massenhalluzinationen sowie eine Verschlimmerung der Symptome bei den Besessenen. Schließlich erhoben beide Frauen Anklage gegen Louis Gaufridy, Priester zu Marseille. Er habe sich, sagten sie, mit Leib und Seele dem Teufel verschrieben; er sei der Fürst der Zauberer in Spanien, Frankreich, England, Deutschland und der Türkei, und sein Atem bezaubere die Frauen, wenn er sie mißbrauchen wolle. Er habe Madeleine de la Palud verführt, zum Hexensabbat mitgenommen und sie zum Abfall von Gott bewogen. Als sie später reumütig ins Kloster zurückkehrte, habe er ihr und ihren Gefährtinnen Plageteufel gesandt, um sie zu besitzen und zu quälen. Gaufridy wurde verhaftet und in Aix vor Gericht gestellt. Anfangs bemühte er sich, die Beschuldigungen der wahnsinnigen Nonnen zu widerlegen – zuletzt aber verlor er den Kopf und gestand, der „Fürst der Hexen" zu sein. Er wurde der ordentlichen und außerordentlichen Folter unterzogen, dann von seinen Ämtern suspendiert und am 30. April 1611 lebendig verbrannt. Die Richter von Aix waren offenbar leichtgläubig genug, die Berichte der Ursulinen über ihre angeblichen Flüge zum Sabbat keinen Augenblick in Zweifel zu ziehen.

Jeanne des Anges und Urbain Grandier (1632–1634)

Im Jahre 1632 wurde die Priorin eines kleinen Ursulinenkonvents im westfranzösischen Städtchen Loudun ebenfalls von einem „teuflischen" Übel befallen, das rasch auf die übrigen Bewohnerinnen des Klosters übergriff. Wie Madeleine de la Palud beschuldigte auch sie einen Priester: Urbain Grandier, wohlbestallter Pfarrer zu Sainte-Croix, der kurz zuvor abgelehnt hatte, Beichtvater der Ursulinen zu werden, was diese ihm sehr übelnahmen.

Leider war diese Weigerung nicht der einzige Fehler, den Grandier beging. Seine rhetorische Begabung und vor allem seine zahlreichen Liebesaffären brachten ihm nach und nach Haß und Feindschaft vieler auf diesem Gebiet weniger erfolgreicher Männer ein. Durch seinen Widerstand gegen die Zerstörung der Zitadelle von Loudun – eine von Kardinal Richelieu angeordnete und dem königlichen Prokurator, einem gewissen Martin de Laubardemont, durchgeführte politische Maßnahme – hatte er sich auch in dem Kardinal einen gefährlichen Feind gemacht. Es dauerte nicht lange, bis dieser einen

Dieser Holzschnitt über den Tod Grandiers auf dem Scheiterhaufen aus dem 17. Jahrhundert stellt gleichzeitig andere Szenen aus der Geschichte von Loudun dar – zur Linken einen Exorzismus und zur Rechten die Tollheiten und Ausschweifungen der „verhexten" Nonnen.

Vorwand gefunden hatte, der es erlaubte, Grandier zu vernichten.

Schon seit Monaten hatten die besessenen Nonnen sich regelrecht zur Schau gestellt. Die dämonischen Attacken, denen sie unterworfen schienen, erregten in der ganzen Umgebung größtes Aufsehen; dasselbe gilt für die sehr spektakulären öffentlich durchgeführten Exorzismen, durch welche der Wahnsinn der Betroffenen immer neue Nahrung erhielt. Sie bezichtigten den unglücklichen Urbain Grandier, ein Hexenmeister und der Urheber ihrer Leiden zu sein: auf unbegreifliche Weise dringe er in ihre Zellen ein, hindere sie am Gebet und reize sie zur Wollust auf. Der Priester wurde verhaftet, zahlreichen Verhören unterworfen und so stark gefoltert, daß er nicht mehr imstande war, zum Richtplatz zu gehen; da man ihm in der Tortur beide Beine zerschmettert hatte, mußte er auf einer Schleife zum Platz des heiligen Kreuzes in Loudun gezogen werden, wo er am 18. August 1634 vor rund sechstausend Zuschauern auf dem Scheiterhaufen starb.

Die Besessenheitsepidemie aber sollte mit Grandiers Tod keineswegs erlöschen. Sie griff zunächst auf Einwohnerinnen der Stadt Loudun über; schließlich kam es auch in der weiteren Umgebung zu ähnlichen Vorfällen, die allerdings durch entsprechende Maßnahmen in ihrem Fortschreiten gehemmt werden konnten. „Die Teufel aber gingen, aus dem Poitou verjagt, in die Normandie, wo sie ihre Albernheiten von Sainte-Baume kopierten und immer wieder auffrischten ...“ (Jules Michelet).

Madeleine Bavent aus Louviers oder Teuflisches in der Normandie (1642–1647)

Eigentlich hatte die sogenannte Besessenheit in Louviers schon im Jahr 1591 einige seltsame Blüten getrieben: Françoise Fontaine, eine junge Magd, war angeblich vom Teufel besessen, und die Priester hatten sie mit Exorzismen behandeln müssen, um sie zu befreien.

Im Jahr 1642, wenige Jahre nach den Ereignissen in Loudun, traten bei Madeleine Bavent, einer Nonne des Klosters der Elisabethen zu Louviers, ganz ähnliche Symptome auf, und zwar in direktem zeitlichem Zusammenhang mit dem Tod des Klostergeistlichen Picard. Unter Führung von Madeleine verfielen die Schwestern in eine sich immer mehr steigernde nervöse Erregung, die sich in hysterischen Krampfanfällen und stark erotisch gefärbten Visionen äußerte. Man beschuldigte den verstorbenen Picard, der im Chor der Klosterkapelle begraben war, als den Urheber aller Übel; der Bischof von Evreux ordnete schließlich an, den Leichnam wieder auszugraben, damit zugleich mit der Entfernung von Picards Körper auch die Teufel das Kloster verlassen sollten. Die Besessenheit dauerte jedoch unvermindert an, und die Nonnen bezichtigten nun nicht allein den toten Geistlichen, sondern auch dessen ehemaligen Vikar Thomas Boullé, Madeleine mehrmals geschwängert, ihre Kinder auf dem Hexensabbat gekreuzigt und verbrannt und die Asche zur Bereitung von Zaubermitteln benutzt zu haben.

Die Angelegenheit wurde schließlich dem Gerichtshof in Rouen übergeben; man befand Boullé für schuldig und verurteilte ihn, zusammen mit dem exhumierten Leichnam Picards öffentlich verbrannt zu werden. Die Hinrichtung fand am 21. August 1647 in Rouen statt. Madeleine Bavent beendete ihr Leben im Gefängnis, wo sie mehrere vergebliche Selbstmordversuche unternahm.

Neue Einsichten

Die auch in anderen Gebieten recht häufig auftretenden klösterlichen Besessenheitsepidemien hatten zur Folge, daß seitens der Parlamente eine genauere Überwachung der Frauenkonvente vorgeschlagen wurde, um bestimmte Fehlentwicklungen rechtzeitig erkennen zu können. In der Tat darf man diese Nonnen nicht etwa als „Hexen“ bezeichnen; Hexen wurden verurteilt, weil sie *freiwillig* einen Bund mit dem Teufel geschlossen hatten – Besessene hingegen betrachtete man als *Opfer* des Teufels. Bei den hier geschilderten Besessenheitsepidemien handelte es sich offensichtlich um hochneurotische Reaktionen auf die klösterliche Lebensform, die von vielen Frauen nicht freiwillig gewählt worden war.

Die so dramatischen Vorfälle in den Klöstern und vor allem die in aller Öffentlichkeit durchgeführten Exorzismen waren durchaus geeignet, auf die Allgemeinheit nicht nur Eindruck zu machen, sondern bei manchen Menschen auch Zweifel an der Macht, ja selbst an der Existenz des persönlichen Teufels zu wecken. Vereinzelt meldeten sich Ärzte zu Wort mit rationalen Argumenten, die in krassem Widerspruch zu der bisherigen Theologie standen. Ihrer Beherztheit ist es nach Meinung Robert Mandrous zu verdanken, daß die jahrhundertealten dämonologischen Erklärungen ins Wanken gerieten; zum ersten Mal wurde nun dem Teufelsglauben selbst der Prozeß gemacht.

Unter dem Einfluß von Ärzten, Schriftstellern und aufgeklärten Juristen hatte der Pariser Gerichtshof schon seit dem Jahr 1640 auf jegliche Strafverfolgung in bezug auf Hexerei verzichtet. Bei den Parlamenten in den Provinzen und bei den untergeordneten Richtern nahm diese Reform längere Zeit in Anspruch – doch schon am 10. Juli 1640 schrieb Claude Pellot, Erster Vorsitzender des Parlaments von Rouen, an den berühmten Staatsmann Jean-Baptiste Colbert: „Monsieur, ich halte es für sehr gefährlich, auf die Zeugenaussage von vier oder fünf Elenden, die oft genug gar nicht wissen, was sie sagen, Menschen zum Tode zu verurteilen." Der Einfluß Claude Pellots sollte ausschlaggebend sein; die Lektüre der Korrespondenz zwischen ihm und Colbert entschädigt ein wenig für die jahrhundertelange Niveaulosigkeit der geistigen Führungsschicht.

Dem Prozeß gegen die berüchtigte Marquise de Brinvilliers, die 1676 nicht als Hexe, sondern als Giftmörderin durch das Schwert hingerichtet wurde, folgte vier Jahre später das spektakuläre Verfahren gegen Cathérine Montvoisin, eine der berühmtesten „Zauberinnen" im damaligen Paris, die durch den Verkauf von selbstbereiteten Liebes- und Gifttränken unzähligen Untaten Vorschub geleistet hatte, wofür sie lebendig verbrannt wurde. Gerade dieser Fall, mit dessen gerichtlicher Untersuchung der König eine besondere Kommission beauftragt hatte, sollte die Einstellung der Hexenverfolgungen in Frankreich insgesamt verzögern. Andererseits war man bei der Prozeßführung selbst vergleichsweise zurückhaltend, denn es waren mehrere Höflinge in die Angelegenheit verwikkelt, worauf von offizieller Seite Rücksicht genommen wurde. Mitbelastet wurde vor allem Madame de Montespan, die damalige Mätresse Ludwigs XIV.: die Montvoisin und ihre Komplizin beschuldigten sie der Teilnahme an Schwarzen Messen, bei denen ihr nackter Körper als Altar gedient habe; auch von der Tötung neugeborener Kinder zu magischen Zwecken war die Rede. Der Anklage nach scheint die Marquise de Montespan Mittelpunkt eines satanistischen Zirkels gewesen zu sein, in welchem dem Teufel Menschenopfer dargebracht wurden, um mit seiner Hilfe die Leidenschaft des

Schwarze Messe des Abbé Guibourg für Madame de Montespan. Stich von Henri de Walvost, 1903.

Königs für seine Geliebte wachzuhalten. Der ranghöchste Minister Ludwigs XIV., Colbert, nahm regelmäßig an den Verhören teil und faßte selbst das Gutachten ab, in dem die „Unschuld“ der Montespan dargelegt wurde.

Diese beiden Fälle seien jedoch nur erinnerungshalber angeführt. Nach Meinung Robert Mandrous machen weder das von der Brinvilliers verwendete Arsenik noch die von den Freunden und Kunden der Montvoisin vorgebrachten mehr oder weniger phantastischen Beschuldigungen aus diesen Prozessen echte Hexenprozesse. Ähnlich hat schon Jules Michelet in der „Hexe“ geurteilt: „Ich halte die Voisin nicht für eine Hexe; der angebliche Sabbat war doch nur ein Mittel, um die blasierten Höflinge zu unterhalten.“

Betont werden muß aber, daß gerade auf Grund der beiden oben genannten Fälle in Zukunft ausdrücklich unterschieden wurde zwischen einfachen Verbrechern und den angeblichen „Hexen“, und zwar noch bevor die Verfolgungen endgültig eingestellt wurden. Schon 1674 hatte der französische Philosoph Nicolas de Malebranche in seiner Abhandlung *La Recherche de la Vérité* ausdrücklich erklärt:

„Wenn ich auch überzeugt bin, daß die echten Hexen sehr selten sind, der Sabbat nur ein Traum ist und daß die besten Gerichte diejenigen sind, die Anklagen wegen Hexerei zurückweisen, so zweifle ich doch keineswegs an der realen Existenz von Magie und zauberkundigen Personen ... Die Strafverfolgung all dieser Verbrecher nährt jedoch die allgemeine Hexenangst, die Einbildungskraft ist schuld an der Zunahme von Hexen ... An Orten, an denen Hexenverbrennungen üblich sind, findet sich immer eine große Anzahl Hexen, denn wo man sie zum Feuertod verurteilt, da glaubt man auch wirklich an ihre Existenz ... Wenn man doch endlich aufhören würde, sie zu bestrafen und sie stattdessen als Irre behandelte – mit der Zeit würde man dann schon erkennen, daß sie gar keine Hexen mehr sind ..."

Die Gesetzgebung folgte wie immer den Fortschritten auf geistigem Gebiet: 1672 hatte Colbert den Richtern verboten, Hexenprozesse aufzunehmen; ein von Ludwig XIV., dessen Beichtvater, dem Jesuiten Michel Le Tellier, sowie Colbert unterzeichnetes Edikt vom Juli 1682 regelte endgültig das Problem: Hexerei galt in Zukunft nicht mehr als ein Verbrechen, sondern wurde definiert als Ausnutzen der Unwissenheit und Leichtgläubigkeit anderer Menschen zum eigenen Vorteil.

So begann schließlich ein Zeitalter, das die Strafverfolgung von „Hexen" auf „wirkliche Verbrechen" beschränkte; gleichzeitig nahmen „Hexen" und „Besessene" zahlenmäßig stark ab. Und dennoch blieb manches bestehen; Wahrsagerinnen, heilkundige Frauen und Teufelsanbeter lebten überall weiter, etwa im Folklorismus oder in bestimmten Phänomenen der Subkultur. Auch noch im 19. Jahrhundert hat es Hexen gegeben ...

Sechzehntes Kapitel

Die Hexe von Céron und das Medium von Lapalisse (19. Jahrhundert)

Die Scheiterhaufen waren erloschen, der Erlaß Colberts hatte für inneren Frieden gesorgt; sofern noch Zauberer hingerichtet wurden, geschah dies wegen tatsächlich begangener Verbrechen wie Giftmord, der wegen seiner Heimtücke leicht den Eindruck von Hexerei erwecken kann.

Die uralte „Medizin der weisen Frauen" war im akademischen Bereich durch die sogenannte „Schulmedizin" verdrängt worden. Heute findet ärztliche Behandlung vornehmlich in Kliniken und Hospitälern statt. Doch wie es unter jeder modernen Großstadt eine Art symmetrisches „Gegenstück" voller Gänge und Kanäle gibt, so existiert auch außerhalb der offiziellen wissenschaftsorientierten Medizin, die gern absolute Geltung für sich beansprucht, noch eine andere Form der Heilkunst: der große Bereich der Volksmedizin, deren Vertreter sowohl auf dem Land als auch in der Stadt zu finden sind. Nicht selten als „Scharlatane, Quacksalber" und „Kurpfuscher" verschrien, sind diese Frauen und Männer „Nachfahren" der Hexen von einst; sie haben das alte geheime Wissen um Heilmittel, Gifte, Zauberformeln, um die Bedeutung und Wirkweise heilender oder schädigender Sprüche und Praktiken wohl bewahrt.

Im Jahre 1830 lebte im Bourbonnais, genau gesagt in Céron, eine Hexe. Schon in ihrer Jugend pflegte sie ihren Freundinnen die Karten zu legen und ihnen so die Zukunft vorauszusagen; nach und nach hatte sie sich eine ständig wachsende Kundschaft erworben. Ihr Haus stand in dem nahe Céron gelegenen Weiler Bois-Rond; man nannte sie deshalb die „Hexe von Bois-Rond" oder auch die „Seherin von Céron".

Eines Tages kam ein gewisser Daniel zu ihr und klagte, sein Vieh sei krank. Tatsächlich starben die Tiere eines nach dem andern; da man damals in Bois-Rond von ansteckenden Viehseuchen noch nichts wußte, war Daniel fest überzeugt, daß ein böser Zauber an der Krankheit seiner Tiere schuld sei.

Im Ort lebte auch ein Hexenmeister; er hieß eigentlich Beurrier, wurde aber auch „Coquelicot" (Klatschmohn) genannt. Coquelicot zog schmerzende Zähne, heilte Krankheiten, verkaufte Liebestränke und konnte vor allem Bezauberungen verhängen und wieder aufheben; er war der direkte Konkurrent der Hexe von Céron. Daniel hätte sich ebensogut an Coquelicot um Hilfe wenden können, aber die Hexe stand in höherem Ansehen. Er zögerte nicht lange:

„Ich komme zu Euch", sagte er, „weil . . ."

„Weil dein Vieh krank ist."

Daniel betrachtete die Wahrsagerin argwöhnisch:

„Das wißt Ihr schon?"

„Natürlich. Warum suchst du Rat bei mir und nicht bei Coquelicot?"

„Ich dachte daran, aber . . ."

„Du fragst dich, ob nicht er es ist, der den Zauber verhängt hat?"

„Das habe ich nicht gesagt . . ."

„Aber gedacht. Hör zu! Hast du Geld bei dir?"

„Ja, ein bißchen", antwortete Daniel vorsichtig.

„Ich werde dein Vieh heilen, aber das fordert seinen Preis. Deine Tiere sind wirklich behext worden, und ich kenne auch den Urheber. Er wohnt hier im Dorf, und von diesem Augenblick an herrscht Fehde zwischen ihm und mir. Tu also genau, was ich dir sage, und wir werden sehen, wer den Sieg davontragen wird. Geh drei Tage hintereinander jeweils zwischen elf und zwölf Uhr nachts zu einem Weg, an dem das Kreuz steht. Dort wende dich nach Osten, bete und warte ab, was geschieht. Wenn du am dritten Tage noch nichts gesehen hast, dann bedeutet das, daß ich tot bin."

Mit leerem Geldbeutel verließ Daniel die Wahrsagerin und kehrte nach Hause zurück. Am selben Abend begab er sich ziemlich schläfrig zum Kreuz von Chabannes, das oberhalb des Ortes auf einer bewaldeten Anhöhe stand. Die Nacht verging, und er fror jämmerlich, sah aber nichts Ungewöhnliches. Fast erstarrt und ganz erschöpft ging er schließlich nach Hause. Auch die zweite Nacht verging in gleicher Weise. Am dritten Abend zögerte Daniel mit dem Hinausgehen, denn sein warmes Bett lockte. Sollte er wirklich noch eine eisige Nacht beim Kreuz von Chabannes zubringen?

Nach einigem Zögern und als er sah, daß gerade wieder ein Schaf gestorben war, nahm Daniel jedoch seine dicke Jacke und machte sich auf den Weg. Finsternis, Einsamkeit, die geheimnisvollen nächtlichen Geräusche, das alles jagte ihm Angst ein. Was würde geschehen? Und würde überhaupt etwas geschehen? Mutlos und furchtsam begann Daniel mit seinem Gebet; da sah er auf einmal in der Richtung, in der das Dorf lag, helle Flammen auflodern. In der Ferne begann die Sturmglocke zu läuten. Daniel verließ den Wald und lief, so schnell er konnte, heimwärts. Im Ort angekommen, sah er etliche Menschen, die eine Kette gebildet hatten und einander Eimer mit Wasser zureichten, um ein brennendes Haus zu löschen. Es war die Wohnung Coquelicots, die in Flammen stand.

Der Hexenmeister war nicht zu Hause; am folgenden Tag fand man in einem Teich in der Nähe des Waldes seine Leiche. Die Untersuchung ergab, daß er selbst Feuer an sein Haus gelegt hatte, bevor er sich ertränkte. Seitdem trägt der Teich den Namen Coquelicots; der Teufel, so erzählen die Leute, hält dort seine Zusammenkünfte ab, kluge Spaziergänger meiden diesen Ort und nehmen lieber einen Umweg in Kauf.

Und die Sibylle von Céron? Sie war entweder unschuldig oder aber sehr gerissen. Nach dem Tod ihres Rivalen strömten ihr die Kunden nur so zu; ihre Praxis blühte auf, und sie kam zu Reichtum und Ansehen. Mit den Jahren ähnelte sie wirklich dem gängigen Klischeebild einer Hexe: knotige Arme und dichtes wirres Haar, das über einen gekrümmten Rücken floß. Bei ihrem Tod im Jahr 1870 hinterließ die „Hexe von Céron“ ein Vermögen von rund zweihunderttausend Francs.

Der Teich Coquelicot hat seine geheimnisvollen Kräfte bewahrt; schon einige Jahre später machte er erneut von sich reden. Es lebte damals in der Gegend von Céron ein junger Mann, der von schwächlicher Konstitution und zudem noch verwachsen war. Aus diesen Gründen hatte er sich für den Beruf des Spielmanns entschieden. Er war jedoch ein sehr mittelmäßiger Musikant, der seinen Dudelsack reichlich schlecht spielte. Daher wurde er nur selten für Hochzeiten oder andere Festlichkeiten engagiert; aus Kummer über seine elende Lage hatte er angefangen zu trinken. Eines Tages vertraute er sich einem Freund an.

„Du bist ja ein Narr!" antwortete ihm dieser. „Wenn die anderen Musikanten so gut spielen, denn doch nur deshalb, weil sie vom Teufel das nötige Talent erhalten haben."

„Und was kann ich tun?"

„Wende dich an Baptiste, den Hexenmeister, und bitte ihn um ein Treffen am Teich Coquelicot."

Der unglückliche Spielmann suchte also Baptiste auf und trug ihm sein Anliegen vor.

„Willst du gut oder sehr gut spielen?" fragte Baptiste.

„So gut wie möglich ..."

„Nun, dann also sehr gut. Sei in der nächsten Nacht Punkt zwölf Uhr am Teich Coquelicot. Schau dich zunächst um, ob auch niemand da ist; hinterlege deine Opfergabe im abgezogenen Balg eines Raben, wobei du darauf achten solltest, daß sie möglichst reichlich ausfällt. Alsdann mußt du dreimal rufen: Sabaoth! Sabaoth! Sabaoth!"

Der Spielmann tat, wie geheißen: er begab sich um Mitternacht an den Teich, legte dort das vorgeschriebene Opfer bereit und rief dreimal das gefährliche Wort „Sabaoth" aus. Beim dritten Mal sah er plötzlich eine in ein weißes Tuch gehüllte Gestalt vor sich, die mit Ketten einen gewaltigen Lärm vollführte.

„Was willst du von mir?" fragte der Teufel.

Der Spielmann überlegte, aber in seiner Aufregung fiel ihm keine Antwort ein. Der Teufel, der ihn offenbar gut kannte, fragte nun genauer:

„Du willst sicher sehr gut spielen können?"

„So ist es“, antwortete der Spielmann.

„Und wieviel Geld bringst du mit?“

„Fünfunddreißig Sous.“

„Fünfunddreißig Sous!“ schrie der Teufel. „Nun denn, so werde ich dir auch für diese Summe geben.“

Damit zog er unter seinem weißen Tuch einen dicken Knüppel hervor und verabreichte dem Spielmann eine ordentliche Tracht Prügel.

Es müssen ganz besondere Prügel gewesen sein: trotz der übergroßen Knauserigkeit des Spielmanns erwies sich Satan hier als ausgesprochen gütiger Teufel, denn der Musikant spielte von nun an tatsächlich sehr viel besser. Noch viele Jahre lang war er mit seinem bändergeschmückten Dudelsack bei Hochzeiten ein gerngesehener Gast. Der Geist Coquelicots oder die Sibylle von Céron müssen ihm entweder musikalische Begabung verliehen oder aber die Ohren der Tänzer verändert haben.

Zu der Zeit, als die Ärzte von Scheiterhaufen und Nadeln abgekommen waren, um sich statt dessen Fragen der Hypnose und des Somnambulismus zuzuwenden, lebte in Lapalisse eine Hexe namens Cathérine Maupertuis – auch bekannt als die „Schläferin“.

Nach Aussage eines Zeitgenossen, des Arztes Brisson, war sie außerordentlich reizbar und empfänglich für Eindrücke; sie pflegte im Schlaf zu sprechen; oft stand sie nachts auf und irrte im Haus umher. Ihre Schwester, mit der sie zusammenlebte, konnte sie leicht hypnotisieren, und in diesem Zustand sagte Cathérine „erstaunliche Dinge, die sämtlich der Wahrheit entsprachen“. Bei einer Untersuchung stellte Brisson fest, daß sie, wie sie selber sagte, das „Zweite Gesicht“ hatte; er machte der medizinischen Fakultät Clermont davon Mitteilung; diese veranlaßte eine genaue Prüfung. Brisson berichtet, Cathérine Maupertuis sei in Anwesenheit sämtlicher Professoren hypnotisiert worden. In diesem Zustand ging sie mit verbundenen Augen durch den ganzen Saal und nannte alle Gegenstände, die sich darin befanden, aber auch solche, die früher dort gewesen waren.

Ihr Ruhm wuchs, und bald kamen die Leute von weither angereist, um mit medialer Hilfe Auskunft über entfernt lebende Angehörige oder den Verbleib verlorengegangener Gegenstände zu erhalten; manche kamen auch krankheitshalber zu ihr. Cathérine beschränkte sich darauf, lediglich harmlose Arzneien zu verordnen: Kräutertees, Pillen, wurmtreibende Säfte sowie einige Geheimmittel; die Herstellung derselben war Sache der Apotheker, die ihr für die Rezeptur jeweils eine kleine Vergütung zukommen ließen. Auf diese Weise vermied Cathérine geschickt etwaige Strafverfolgungen wegen unerlaubter Ausübung der Heilkunde.

Es war keineswegs erforderlich, die Kranken zu ihr zu bringen. Die „Schläferin" wurde einfach hypnotisiert, worauf sie sich nur im Geist zum Hause des Betreffenden begab; den Weg, die Wohnung des Patienten und auch die Leute, die bei ihm waren, konnte sie genau beschreiben. Sie trug ständig eine weiße Haube, eine schwarzen Seidenschal mit Fransen, ein gefälteltes Kleid und um den Hals ein goldenes Kreuz.

Eines Tages kam ein Bauer, um sie wegen seiner bettlägrigen Frau um Rat zu bitten. Die „Schläferin" ging also im Geiste in das Haus der Kranken und sprach mit ihr; plötzlich rief sie aus:

„Großer Gott! Was sehe ich!"

„Was seht Ihr denn?"

„Einen Schatz."

Der Bauer geriet sogleich in höchste Aufregung: „Ein Schatz? Wo ist er?"

„In Eurem Hause!"

„Sagt mir, wo genau!"

„Das will ich wohl tun", rief das Medium, ohne zu erwachen, „aber Ihr müßtet mir wenigstens zwanzig Francs geben."

„Die habe ich nicht."

„Um so schlimmer für Euch."

„Ja aber . . ."

Die Frau erwachte aus ihrer Trance; sie konnte sich angeblich an nichts mehr erinnern. Der Bauer fuhr wieder nach Hause – in Gedanken allerdings mehr mit dem Schatz beschäftigt als mit der Gesundheit seiner Frau. Und wenn die Hexe nun wahr gesprochen hatte? Er suchte, grub, wühlte überall in seinem Haus – umsonst.

An einem späten Winterabend wollten seine Kinder nicht zu Bett gehen und vergnügten sich statt dessen damit, einander die Feuerzange zuzuwerfen, dabei traf diese zufällig einmal die Mauer neben dem Kamin, und es gab einen merkwürdigen Widerhall.

„Wartet!" rief der Vater. „Still! Hört auf!"

Die Kinder unterbrachen ihr Spiel.

„Du", sagte er zu dem Ältesten, „klopf auf die Mauer, aber nur ein einziges Mal!"

Das geschah, und wieder gab es einen ungewöhnlichen Klang – die Mauer war offenbar hohl. Sogleich nahm der Mann eine Hacke und fing an, vor den Augen seiner erstaunten Familie die Mauer aufzureißen; diese war aus Stampferde und hielt nicht lange stand. Nach kurzer Zeit wurde eine Öffnung sichtbar; es war eines jener Löcher, die man in früheren Zeiten neben der Herdstelle anlegte, um Zündhölzer oder Feuerzeug unterzubringen. In der Öffnung stand ein alter Milchtopf, und in diesem Topf fand der Bauer einen Schatz von Goldmünzen.

Wo früher die strohgedeckte Bauernkate gestanden hatte, da erhob sich bald ein neues, großes, schiefergedecktes Haus. Das Haus wird wohl noch stehen, während das Medium von Lapalisse schon längst in den ewigen Schlaf versunken ist.

Ausblick: Die Gegenwart

Die Hexenprozesse liegen weit zurück; öffentliche Teufelsaustreibungen gibt es heute nicht mehr; Schwarze Messen finden allenfalls in privatem Kreis statt. Wissenschaft und Vernunft herrschen vor – und trotzdem ...

Es war an einem Winterabend. Im Kamin glühten die Holzscheite; Jean, ein noch junger Mann, saß schwerfällig am Tisch vor den Schüsseln. Seine Frau Guillemette, der man die nahe bevorstehende Geburt eines Kindes ansah, war mit Auf- und Abtragen beschäftigt, wobei sie zugleich noch ein kleines Mädchen fütterte und mit Jean plauderte.

„Ich litt früher einmal an Warzen", erzählte sie. „Da tat ich abgeschnittene Fingernägel und eine Haarlocke in einen Briefumschlag, den ich Pater Georges brachte – nun, heute habe ich keine einzige Warze mehr."

„Fast wie bei den Hexen", unterbrach sie der Mann. „Meine Verwandten klagen häufig, ihr Vieh oder die Felder seien bezaubert worden; sie wenden sich dann wie alle anderen an den Pfarrer von Saint-Etienne oder an die heilige Mutter Odilia."

„Mutter Odilia bewahrt vor allem vor Feuersbrunst; Kranke heilt sie durch Berührung. Matthieu hat sie einmal aufgesucht: er hatte damals eine fingerdicke Narbe, die mittlerweile verschwunden ist."

„Und Jeanne? Erinnerst du dich noch noch daran?"

„Mit Jeanne war es etwas anderes, die sah immerzu Schlangen vor sich. Schließlich hat sie sich einem kirchlichen Exorzismus unterzogen; noch bei der Rückkehr wand sie sich wie ein Wurm."

Solche oder ähnliche Gespräche finden noch heute allabendlich überall nicht nur in Frankreich statt. Jedes Bistum hat seinen Exorzisten, jedes Dorf seine gefürchteten „bösen Leute"; in jeder Stadt leben Menschen, die sich lieber Heilpraktikern, Wunderheilern oder Wahrsagerinnen anvertrauen als akademisch ausgebildeten Ärzten und Psychiatern ...

Hexen – ein europäisches Phänomen

Ein systematisches Nachwort von Hildegard Gerlach

Der Titel des vorliegenden Buches lautete im französischen Original „Quand on brûlait les Sorcières“ (Als man die Hexen verbrannte). Für die deutschsprachige Ausgabe wurde er geändert in „Frauen, die hexen“. Ausschlaggebend für diese Entscheidung war die Tatsache, daß es sich eben nicht um eine der üblichen Darstellungen des spätmittelalterlichen und neuzeitlichen Hexen*wahns* in Europa – hier speziell in Frankreich – handelt, nicht um eine Analyse der vielschichtigen Ursachen und Hintergründe sowie der barbarischen Konkretisierungen dieses „Wahns“ seit dem Ende des 15. Jahrhunderts. Ohne die Problematik von meist erfolterten Geständnissen angeklagter „Hexen“, die unter psychischem Druck oft gefärbten Zeugenaussagen, die komplizierten Beziehungen zwischen einer „Hexe“ und ihrer Umgebung (Denunzianten, Richter, Henker), die kulturbedingten Vorurteilsstrukturen und Ventilfunktionen des Hexen*glaubens*, soziale, politische, psychische, materielle Faktoren der Hexen*jagden* in irgendeiner Weise verkennen zu wollen – bei Colette Piat liegt der Schwerpunkt des Interesses mehr auf dem Phänomen *Hexe* selbst; gefragt wird vor allem nach den kulturgeschichtlichen Wurzeln dieser Figur, nach der realen Gestalt der zauberkundigen Frau, deren Bild von der offiziellen Geschichtsschreibung jahrhundertelang nur in verkürzter und verzerrter Form überliefert worden ist. Bis in die Gegenwart hinein blieb die Vorstellung von der Hexe geprägt von Vorurteilen und Stereotypen: überlebt hat vor allem das Klischee der aus Grimms Märchen bekannten garstigen alten Frau, die Katzen oder Eulen auf dem Buckel trägt und kleine Kinder frißt. Wie die meisten Stereotypen ist auch dieses Bild eine sehr komplexe Mischung aus Phantasie und Tatsachen.

Colette Piats vehemente Verteidigung der zauberkundigen Frau stellt eine eigenwillige Mischung dar aus historischem Bericht und eigener Fabulierlust. Sie versucht die seit Jahrhunderten durch Lügen, Täuschungen, Mißverständnisse und Ignoranz verdunkelte Geschichte der Hexerei zu entwirren, das in den Quellen weitgehend dämonisierte Bild zu korrigieren und das wirkliche Denken und Tun der „Hexen" herauszuarbeiten; im Gewand poetischer Geschichtsschreibung begleitet sie den Weg der „Hexe" von ihren mytischen Anfängen duch die Jahrhunderte der Verfolgung bis an die Schwelle des 20. Jahrhunderts.

Zwar ist Piats Buch, was die Auswahl des Materials angeht, ganz und gar französisch – doch können die geschilderten Fälle in ihrer Grundproblematik auch für den deutschen Raum als typisch gelten, zumal es sich beim Hexenproblem um ein in den wesentlichen Zügen gesamteuropäisches Phänomen handelt. Freilich, Deutschland hatte weder eine Tiphaine noch eine Martine de Beausoleil oder gar eine Jeanne d'Arc – sonst aber unterscheidet sich der hier dargelegte Stoff nur sehr wenig von deutschen Quellen. Auch bei uns hat das Arsenal wohlbekannten und oft nicht zu Unrecht gefürchteten Hexenzaubers seit Jahrhunderten einen festen Bestandteil kultureller Wirklichkeit gebildet.

Der Hexenglaube, wie er sich in den rechtlichen, theologischen und literarischen Zeugnissen des späten Mittelalter und der Neuzeit darstellt, war auch in Deutschland keineswegs eine Erfindung jener Jahrhunderte, in denen die meisten Prozesse stattgefunden haben. Er stellt vielmehr ein außerordentlich kompliziertes Geflecht von Vorstellungen und Glaubensformen dar, die kulturhistorisch oft sehr viel älteren Schichten entstammen. In dem sich erst ganz allmählich typisierenden Bild der Hexe, wie es noch aus Märchen und Sagen bekannt ist, sind verschiedenste Komponenten zusammengeflossen. Sicher unterscheiden lassen sich heute Elemente der orientalischen und griechisch-römischen Religion und Dämonologie, Einflüsse aus der nordisch-germanischen Glaubenswelt, manichäische Vorstellungen der Katharer und unterschiedliche theologisch-philosophische Spekulationen der mittelalterlichen Kirche.

Die Frühgeschichte der Entwicklung, die wahrscheinlich bis in matriarchale Urzeiten zurückreicht, liegt noch sehr im Dunkeln. Die seit den Forschungen des Schweizer Altertumsforschers *Johann Jakob Bachofen* (1815–1887) mit dem Matriarchat in Verbindung gebrachten weiblichen Gottheiten der Erde, Unterwelt und Fruchtbarkeit finden sich sowohl in der keltischen Religion als auch im germanischen und mittelmeerischen Kulturraum. Bereits griechischen und römischen Schriftstellern ist die ungewöhnlich freie rechtliche und soziale Stellung der keltischen Frau und ihr starker Einfluß auf die Männer aufgefallen: sie beschreiben die Keltin als alleinherrschende Königin neben einem politisch recht bedeutungslosen Prinzgemahl, als Kämpferin und Heerführerin, als politische Schiedsrichterin, als Göttin, Priesterin und Mitglied kultischer Frauenbünde.

Weibliche Druiden sind bewandert in Künsten und Wissenschaften, vor allem in der Dichtkunst und der Heilkunde; weissagende gallische Druidinnen finden noch im 3. Jh. n. Chr. Erwähnung. Die Macht dieser Frauen wird vielfach durch Magie erklärt; oft sind sie unheimliche Zauberinnen, deren Wissen und Können mehr gefürchtet als bewundert wird. Auch Piats geheimnisvolle Druidin Petta ist so gesehen eine unverkennbare Vorläuferin der späteren Hexe.

Sehr charakteristisch nicht nur für die altkeltische Religion ist der Kult weiblicher Gottheiten, ganz besonders von Muttergöttinnen, deren Dienst von besonderen Priesterinnen versehen wird. Er erscheint eng verbunden mit einer uralten agrarischen Fruchtbarkeits- und Wachstumsreligion.

Für das Vorherrschen des weiblichen Elements in der keltischen Religion sprechen auch die bei Piat erwähnten neun jungfräulichen Orakelpriesterinnen der Insel Sena sowie die auf einer Insel vor der Loiremündung lebenden Namnitinnen, die alljährlich das Dach ihres Tempels abtragen und es am selben Tag wiederherstellen. Beide Schilderungen basieren auf antiken Quellen und sind nicht etwa von der Autorin erfunden. Der Bericht über die Druidinnen von Sena stammt von dem in Spanien geborenen *Pomponius Mela* (um 40 n. Chr.). Der griechische Geograph *Strabon* (ca. 43 v. – 26 n. Chr.) erzählt im vierten Buch seiner „Geographica" von Frauen, die auf einer vor der Loiremündung gelegenen Insel bacchantische Orgien feiern und sich nach Art der Amazonen nur der Nachkommenschaft wegen kurzfristig mit Männern einlassen, ohne ihnen den Zutritt zur Insel zu gestatten.

Weshalb das Dach des Tempels jedes Jahr erneuert werden muß, ist nicht überliefert. Vermutlich gehört dieser Brauch in den Umkreis zahlreicher Riten, deren Zweck es ist, eine neue Zeitperiode einzuleiten: das Alte wird abgetan und dafür etwas Neues eingesetzt. Die Erneuerung des Daches stellt eine symbolische Erneuerung des ganzen Tempelgebäudes dar. Menschenopfer zu kultischen Zwecken sind weltweit verbreitet; vor allem beim Bau von Häusern, Kirchen, Brücken und Dämmen wurde in früherer Zeit nicht selten ein lebendiges Wesen (meist ein Tier, manchmal auch ein Mensch, meist ein Kind) in die Grundmauern des Bauwerks eingemauert, damit sich seine Lebenskraft auf den Bau übertrage und ihn so festige. Auch im Kult mancher Gottheiten waren Menschenopfer durchaus üblich – bei den alten Kulturvölkern des Mittelmeers ebenso wie im europäischen Norden. Sie gehörten allerdings kaum zum täglichen Ritual, sondern wurden nur bei ganz speziellen Anlässen vorgenommen, etwa anläßlich eines großen Sieges oder bei einem religiösen Fest.

Menschenopfer könnten durchaus für die doppeldeutigen, mit magischen Kräften ausgestatteten Magna-Mater-Gottheiten gebracht worden sein, die sich auf der Frühstufe nahezu aller Religionen finden, und die nicht nur bei Kelten und Germanen unverkennbare Vorläufer der späteren Hexen sind. Im griechischen Raum war dies vor allem die Göttin Hekate. Die aus Kleinasien eingewanderte ehemalige Allgöttin, die in älterer Zeit Züge einer Magna Mater trägt und sowohl im Himmel wie auch auf der Erde und in der Unterwelt herrscht, ist erst in klassischer Zeit zur Herrin von Spuk und Magie, um welche sich allmählich alle Arten von bösem Zauber- und Gespensterwesen zentrieren, abgewertet worden. Hekate war Patronin der Zauberinnen, die sie bei der Bereitung von Zaubermitteln anriefen und ihr an Kreuzwegen Opfer brachten – erste Andeutungen der später den Hexen vorgeworfenen Orgien im nächtlichen Wald. Als Erdgöttin wurde Hekate gern mit anderen, ihr wesensverwandten Göttinnen in Verbindung gebracht: bei den Römern verschmolz sie mit der aus dem griechischen Artemis-Mythos entlehnten Diana, ebenfalls eine schon in vorgriechischer Zeit bekannte Fruchtbarkeitsgottheit. In Rom wurde Artemis-Diana als Mondgöttin verehrt; wie Hekate war Diana Frauengöttin, und es waren Frauen, die ihren Kult übten.

Wie im mittelmeerischen Raum, so finden sich auch bei den Germanen die ältesten Zeugnisse allen Hexenglaubens in der Mythologie. Gestalten wie Holda und Freya waren ähnlich wie Hekate oder Diana anfangs milde, gnädige Göttinnen; sie galten als die Beschützerinnen der Frauen und Herrinnen über alles Leben. Sie sind eng verbunden mit einer Ackerbaureligion, die deutliche Spuren agrarischer Kultfeiern aufweist. Freya entstammt einem uralten Göttergeschlecht, den Wanen, die als Fruchtbarkeitsgottheiten die Tiefen der Erde bewohnten; später heiratete sie in die religionsgeschichtlich jüngere Familie der Asen ein – von ihr hat der Asengott Odin einen den Wanen eigentümlichen Zauber, den sogenannten „Seidr", erlernt. Mit Seidkunst, einer schamanistischen Technik, die vor allem dazu diente, die Zukunft zu enthüllen und geheimes Wissen zu erlangen, befaßten sich bei den Germanen vor allem Frauen. Berühmte namentlich bekannte Seherinnen waren Albruna und Veleda, die vor wichtigen politischen Entscheidungen befragt wurden.

Auch im europäischen Norden üben Frauen religiös-magische Funktionen aus, treten auf als Priesterinnen und Zauberinnen. Das großartige Gesicht über die Urzeit, die Schöpfung und das Weltende, mit welchem die *Edda* beginnt, wird einer Seherin (Wölwa) in den Mund gelegt. Die isländischen Sagas erzählen von wandernden Seherinnen, die in Notzeiten von der Bevölkerung gern zu Rat gezogen wurden; man erwartete von ihnen Auskunft über die Dauer von Hungersnot und Krankheit, zuweilen auch Anordnungen und magische Hilfe zur Beseitigung dieser Übel. In Grönland sind solche Wahrsagerinnen noch im 11. Jahrhundert bezeugt.

Bereits in vorchristlicher Zeit scheint man den Zauber und vor allem den Zaubernden selbst – der in den meisten Fällen eine Frau war – trotz seiner Nützlichkeit mit einem gewissen Argwohn betrachtet zu haben. Sicher war es schon immer eine Tatsache, daß magische Praktiken sowohl zu guten als auch zu bösen Zwecken eingesetzt werden konnten. Tatsache ist aber auch, daß gerade die in geheimen Künsten besonders bewanderten *Frauen* ihren männlichen Zeitgenossen offenbar besonders unheimlich waren. Medea und Kirke, beide Töchter der Hekate und die berühmtesten Zauberinnen der Antike, sind noch gleichermaßen faszinierend wie auch erschreckend. Aber schon in der römischen Kaiserzeit überwiegt bereits die Furcht, die in den „sagae" (Wahrsagerinnen), „strigae" (eulenhafte Vögel), „venefiace" (Giftmischerinnen) und „malae mulieres" meist eindeutig Schadenzauber treibende böse Frauen sieht. Ähnlich uneinheitlich stellt sich die Entwicklung im vor- und frühchristlichen Nordeuropa dar: auch hier ist die Zauberin sowohl geachtet als auch gefürchtet. Die in sich dunkle Darstellung des Wanenkriegs in der „Edda" scheint die Wanen beziehungsweise eine von diesen zu den Asen geschickte Zauberin namens Gullweig für den Ausbruch des Kampfes verantwortlich zu machen; dreimal, so heißt es, hätten die Asen erfolglos versucht, diese Zauberin zu verbrennen. Ins Mythische überhöht, spiegeln sich in dieser Erzählung die zwischen bäuerlichen und kriegerischen Bevölkerungsanteilen bestehenden sozialen und religiösen Gegensätze sowie der unter schweren Kämpfen erfolgende allmähliche Übergang von matriarchal geprägten Gesellschaftsordnungen zu den historisch geläufigeren partriarchalen Strukturen. Parallel zu diesem sozialhistorischen Umbruch vollzog sich die Abwertung der zauberkundigen Frau: für Männer ist nun die Beschäftigung mit Magie entehrend, sie kann nicht „ohne Schande" ausgeübt werden.

Zunehmend erhalten die Großen Göttinnen negative Züge; die ihnen heilige Tiere – zu denen vor allem Eule und Katze gehören – wandeln sich zum Hexenattribut. So wurden die alten Gottheiten zwar degradiert, aber doch nicht aus dem Bewußtsein der Menschheit vertrieben; auch als Herrscherinnen der Finsternis waren sie noch immer Zeichen für die Macht des Weiblichen, das auf magische Weise mit den Kräften der Natur in Verbindung zu stehen scheint. Uralte Vorstellungen von der Großen Mutter, alter Erdmutterglaube, wonach die Priesterinnen der Magna Mater ihren Zauber auf Grund einer magischen Erdverbundenheit ausüben und in Vegetationskulten die mantisch-magischen Funktionen der Erdmutter übernehmen, sind für die Gestalt der späteren Hexe entscheidend wirksam geworden. Noch in den Hexenprozessen wurden mit den Angeklagten besondere Prozeduren vorgenommen, um die gefürchtete Erdkraft zu brechen: man setzte sie in kupferne Körbe und hängte diese an der Mauer auf; der gleiche Erdglaube liegt auch der Anschauung zugrunde, daß Hexen hängend zu verbrennen seien.

Die alten Vorstellungen von weiblichen Unholden und Zauberern haben Jahrhunderte überlebt – noch heute verbindet sich mit dem Wort *Hexe* das Bild einer durch Zauber Schaden stiftenden Frau; die Bezeichnungen *Hexer* und *Hexenmeister* sind etymologische Analogiebildungen zu dem zugrundeliegenden „Hexe“, womit immer eine weibliche Person gemeint ist. Männlichen Zauberkundigen wird zudem meist günstiges Wirken zugeschrieben: wenn sie auftreten, dann nur in den seltensten Fällen als Schädiger, sondern mehr als Weise und Gelehrte, deren Kunst gerade darin besteht, die Gemeinschaft schädigende weibliche Hexen abzuwehren.

Das Wort „Hexe“ findet sich im deutschen Sprachraum erst relativ spät. Die älteste Bezeichnung in Glossen des 9. und 10. Jh. ist *hagazussa* (Zaunweib) und meint wahrscheinlich ein dämonisches Wesen, das in den Bereich des Menschen einzudringen und über den Zaun zu klettern versucht, der Haus und Hof vom Wirkungsbereich der bösen Geister trennt. In mittelhochdeutscher Zeit ist der Begriff selten; erst im 16. Jh. drang „Hexe“ von der Schweiz her endgültig vor, verdrängte im Deutschen andere Zauberer- und Dämonennamen und faßte als Sammelbegriff sehr komplexe Erscheinungen zusammen. Frühmittelalterliche Schriftquellen verwenden hauptsächlich lateinische Bezeichnungen wie *lamia* (blutgieriger Dämon), *malefica* (boshafte Frau), *venefica* und *herbaria* (Kräuterfrau), die magische Einzelpraktiken charakterisieren und damit der Wirklichkeit wohl sehr viel näher kamen. Die ersten christlichen Missionare hatten bei den germanischen Stämmen allerlei „Aberglauben" und magische Bräuche vorgefunden, deren Bekämpfung und Überwindung ihnen nicht geringe Sorge machte. Es war nicht so, daß die Menschen im Zuge der Christianisierung ihre geistig-seelische Haltung mit einem Mal geändert hatten; Elemente der alten Glaubenswelt lebten im Untergrund weiter fort, allerdings ging der ursprüngliche geistige Zusammenhang allmählich verloren.

Noch die kirchliche Literatur des frühen Mittelalters enthält ebenfalls reichhaltige Angaben über das magische Brauchtum der Germanen. Wenn auch nicht alles auf Berichten von Augenzeugen beruht, so haben doch die Aberglaubensverzeichnisse, Sündenspiegel, Bußverordnungen und Synodenbeschlüsse gewiß nicht ohne Grund immer wieder die Verwendung von *incantationes* (Beschwörungen), *maleficia* (schädliche Zaubereien) und *veneficia* (Gift- oder Zaubertränke) verboten. Die alten Volksglaubensvorstellungen von der Möglichkeit einer magischen Beeinflussung des Wetters, von Tierverwandlung und nachtfahrenden Frauen wurden als abergläubische Verletzung des christlichen Glaubens mit Kirchenbußen belegt; für „echte" Malefizien, d.h. Handlungen, die Krankheit und Tod eines Menschen herbeiführen oder Schaden an fremdem Gut verursachen sollten, sah die weltliche Gesetzgebung je nach Schwere des Vergehens und sozialem Rang des Täters Geld- oder Körperstrafen vor – ein Verfahren, das schon im Strafrecht der Antike üblich gewesen war.

Erst seit dem 13. Jh. gehört zum Tatbestand der Hexerei die Vorstellung von einem Pakt mit dem Teufel, durch welchen die Hexe erst iher zauberischen Fähigkeiten erhält. Auf dieser theologischen Grundlage wurde die Hexerei nun zum „außerordentlichen Verbrechen", zu einem Abfall von Gott und dem christlichen Glauben; sie wurde fortan als Ketzerei betrachtet

„Anne Heinrichs, zu Amsterdam verbrent Anno 1571.“ Kupferstich von Jan Luyken, 1685.

und auch unabhängig von einer realen Schadenswirkung mit dem Tode bestraft. Ketzer- und Hexenprozesse haben seit dem 14. Jh. – unterstützt von den neuen Verfahrensprinzipien der Inquisition, bei denen ein- und dieselbe Instanz als Ankläger und Richter fungierte – überall in Europa aufeinander eingewirkt. Im 15. und 17. Jh. war vor allem Frankreich ein Mittelpunkt systematischer Massenaburteilungen; die meisten Prozesse wurden zwischen 1450 und 1670 durchgeführt. In Spanien hat die erste Hinrichtung einer Hexe im Jahre 1498 stattgefunden – allerdings kam es im ganzen verhältnismäßig selten zu regelrechten Hexenjagden, da hier wie auch in Italien die päpstliche Inquisition ihren Anspruch auf die Durchführung der Prozesse als Ketzerprozesse bewahrte. In Mitteleuropa erreichte der Hexen*wahn* vor und nach 1600 seinen Höhepunkt. In England und Schottland fanden im 16. und 17. Jh. Hexenprozesse statt; in Schweden kam es Ende des 16. Jh. zu einer Hexenpsychose.

Als Gegner der Hexenprozesse profilierten sich außer dem von Piat genannten niederrheinischen Arzt *Johann Weyer* auch der deutsche Jesuit *Friedrich von Spee* (1591–1635), der niederländische Theologe *Balthasar Bekker* (1634–1698) und schließlich der deutsche Philosoph und Jurist *Christian Thomasius* (1655–1728). Bei Weyer und Spee richtete sich die Kritik hauptsächlich gegen die Art und Weise der Prozeßführung, wohingegen die dämonologische Grundlage des Hexen*wahns* in der Vorstellung vom Teufelspakt der Hexe nicht ganz verworfen wurde. Die vor allem von Friedrich Spee angeprangerte ungeheure Brutalität der Hexenjäger – und -richter erklärt sich aber nicht nur aus den von Piat betonten sexuell-sadistischen Implikationen der Hexenvorstellung, sondern zum Teil auch aus der allgemeinen Angst vor dem Teufel und seinen „Verbündeten" sowie aus der Roheit der damaligen Verhörmethoden überhaupt.

Die aus dem römischen Recht übernommene *Folter* war bis ins 18. Jh. ein durchaus reguläres gerichtliches Untersuchungsmittel, das aber gerade in den Hexenprozessen unzählige Opfer forderte; denn sie führte nicht nur zu falschen Geständnissen, sondern auch zu falschen Beschuldigungen, so daß jeder Hexenprozeß automatisch weitere nach sich ziehen mußte. Im Inquisitionsprozeß galt erst das Geständnis des Angeklagten als sicherer Beweis des Verbrechens, und gerade ein Vergehen wie der Teufelspakt konnte naturgemäß nur von der Hexe selbst bezeugt werden. Überstand eine Beschuldigte die Tortur, was allerdings selten vorkam, so war sie freizulassen. Da sie also nur verurteilt werden konnte, wenn sie gestanden hatte, setzte man alles daran, sie zu einer entsprechenden Aussage zu veranlassen und von ihr die Namen weiterer Hexen zu erfahren. Als Teufelsbündnerin, so glaubte man, wird die Hexe auch während des Verhörs vom Teufel, der eine Wahrheitsfindung verhindern will, unterstützt und durch zauberische Mittel gegen die Schmerzen unempfindlich gemacht. Um dieser Gefahr entgegenzuwirken, war das Verhör mit verschiedenen exorzistischen Ritualen verbunden: Vor Beginn der Folter wurden der „Hexe" alle Haare – nach altem Glauben der Sitz magischer Kräfte – abgeschoren oder abgesengt;

Folterszene.
Deutscher Holzschnitt aus dem 16. Jh.

sie erhielt ein eigens für diesen Zweck angefertigtes Kleid und mußte Weihwasser trinken. Auch die Folter selbst diente der Dämonenabwehr; führende Theologen haben ernsthaft die Auffassung vertreten, der Teufel hindere die Hexe durch einen „Schweigezauber" daran, ein Geständnis abzulegen; erst wenn die Schmerzen der Tortur sie von ihm befreit hätten, sei sie wieder voll willensfähig und „könne" bekennen. Das besondere Verfahren des Hexenprozesses stellt sich somit in erster Linie als ein Kampf gegen den Teufel dar, der jedes Mittel rechtfertigt.

Vor der eigentlichen Folter unterwarf man die der Hexerei verdächtigten Personen meist der sog. *Hexenprobe*, von der mehrere Formen in Gebrauch waren: neben der von Piat ausführlich beschriebenen *Nadelprobe* die *Tränenprobe*, die *Wasser-* bzw. *Wiegeprobe* und die *Feuerprobe*. Die Tränenprobe basiert auf der Vorstellung von der angeblichen Unfähigkeit einer Hexe zum Weinen. Die echte Träne galt als Zeichen der Reue – dem Teufel aber, der mit Hilfe der Hexen sein widergöttliches Reich auf Erden errichten will, ist an ihrer endgültigen Unbußfertigkeit viel gelegen, und er verhindert daher das

Weinen. Der „Hexenhammer" enthält eine umfangreiche Beschwörungsformel, um die Angeklagte „zur Vergießung von wahren Tränen, falls sie unschuldig ist" zu veranlassen. Gewöhnlich stellte man mit Genugtuung fest, daß die Hexe sich vergebens zu weinen bemühte – kein Wunder bei den seelischen Belastungen, denen sie ausgesetzt war. Weinte sie aber wider Erwarten doch, so war dies unfehlbar ein teuflisches Blendwerk.

Die am weitesten verbreitete Hexenprobe war die Wasserprobe, ursprünglich ein Gottesurteil, das auf dem vorchristlichen Glauben von der Reinheit des Elements, das keinen Verbrecher in sich aufnehmen könne, basiert. Als Form der

Wasserprobe einer Hexe.
Hände und Füße der Verdächtigten wurden kreuzweise zusammengebunden,und man ließ sie an einem Seil ins Wasser. Wenn sie nicht unterging, galt sie als Hexe – ging sie unter, war sie keine.
Englischer Holzschnitt von 1613.

Rechtsfindung ist sie wesentlich älter als der Hexenprozeß, in welchem sie seit dem späten Mittelalter häufig zur Anwendung kam. Man fesselte die Angeklagte so, daß die Hände kreuzweise an die Füße gebunden waren, und ließ sie dann an einem Seil in ein offenes Gewässer. Sank sie unter, so war sie unschuldig – ertrank aber meist, wenn die Henker sie nicht rechtzeitig hochzogen. Blieb sie an der Oberfläche, so galt das als Beweis ihrer Schuld: einmal, weil das Wasser sie „abstieß", zum anderen, weil die vom Teufel verliehende Leichtigkeit sie am Untersinken hinderte. Die Vorstellung vom Flug zum Hexensabbat war der Verhörpraxis der Zeit durchaus geläufig; man glaubte, da die Hexen ja durch die Luft fliegen könnten, müsse ihr Gewicht unter einer gewissen Grenze liegen. Nach dem Gutachten eines deutschen Gelehrten des 16. Jh. ist der Teufel der Luft an Leichtigkeit spezifisch gleich; er teilt diese Schwerelosigkeit den Hexen mit, und darum müssen diese auf dem Wasser schwimmen, wie sehr sie sich auch bemühen unterzugehen. Manche Hexen haben sich freiwillig zur Wasserprobe gemeldet, da sie hofften, so ihre Unschuld beweisen zu können. Der Erfolg oder Mißerfolg hing aber völlig vom Henker ab, und nicht selten wurde die Beschwerde laut, dieser habe die Angeklagte so am Seil über dem Wasser gehalten, daß sie gar nicht habe sinken können. Nicht immer aber wurden die Hexen angeseilt; gingen sie trotzdem nicht unter, so ließ sich das auch ganz natürlich aus der speziellen Art der Fesselung erklären. Nach einem Gutachten der Universität Leyden aus dem Jahre 1594 kommen die Hexen dabei wie kleine Schiffe aufs Wasser zu liegen, weshalb sie oft oben schwimmen bleiben. Trotz dieser Vorbehalte hielt sich die Wasserprobe bis ins 19. Jahrhundert.

Eine ähnliche Hexenprobe war die des Wiegens, die ebenfalls auf dem Glauben an eine besondere Leichtigkeit der Hexe beruhte. Besonders berühmt wurde in diesem Zusammenhang die Stadtwaage von Oudewater/Holland, die bis zum Jahr 1745 als Hexenwaage in Gebrauch war. Sie zeigte immer Gewichte an, die vollkommen hinreichten, um die Gewogenen vom Verdacht der Hexerei zu befreien, weshalb sie außerordentlichen Zulauf auch aus entfernten Gegenden hatte. Ein entsprechendes Zeugnis – das man sich in Oudewater teuer bezahlen ließ – war ein wirksamer Schutz vor künftigen Beschuldigungen. Wenn nicht gerade böswilliger Betrug und Manipulation der Waagen im Spiel war, mußte diese Form der Hexenprobe stets zugunsten der Verdächtigen ausfallen. Auch hier fürchtete man jedoch die Macht des Teufels, der durch entsprechende Tricks die Unschuld seiner Verbündeten vorzutäuschen vermochte. Diese Vorstellung ist in deutschen Prozeßakten vielfach belegt und hat sich auch in der Volkssage erhalten: der Teufel verspricht der Hexe, ihr bei der Wasserprobe mit einem Stein oder einer Eisenstange zum Sinken zu verhelfen, läßt sie dann aber im entscheidenden Moment im Stich oder bringt ihr zum Hohn nur eine Nähnadel.

Die Feuerprobe – ebenfalls eine alte Form des Gottesurteils – war in Hexenprozessen unbeliebt, und der „Hexenhammer" warnt ausdrücklich vor ihr: zwar solle der Richter die Angeklagte fragen, ob sie zum Beweis ihrer Unschuld das glühende Eisen tragen wolle, ihr diese Probe aber nicht gestatten, denn – so lautet die Begründung – die meisten erklären sich dazu bereit, weil sie auf die Hilfe des Teufels hoffen: er kenne Mittel, die Hände unverletzt zu erhalten. Sicher ist, daß es in der Tat pflanzliche und andere Mittel gab, die einen bedingten Schutz gewährten, zumindest aber späteren Infektionen vorbeugten. Man erwartete bei der Feuerprobe nicht unbedingt ein „Wunder" – meist wurde schon ein sauberes Verheilen der Brandwunde als Beweis der Unschuld anerkannt. Die Betroffenen hatten daher allen Grund, sich nach Möglichkeit entsprechende Schutzmittel zu beschaffen. Neben geheimen Kräutern benutzte man vor allem Chrisam, das vom Bischof geweihte liturgische Salböl, dem übernatürliche Kräfte zugeschrieben wurden.

Die grausame Hinrichtung durch Feuer war die klassische Hexenstrafe und ist als solche noch 1749 ausdrücklich verteidigt worden, „weil das teuflische Verbündniß alle anderen Laster übersteiget . . ." Die dem Teufel verfallene Materie, das Böse sollte durch die reinigende Kraft des Feuers möglichst vollständig vernichtet werden; auch das Streuen der übriggebliebenen Asche in den Wind oder in fließendes Wasser dien-

Hexenverbrennung.
Deutsches Flugblatt aus dem Jahr 1555, das die Hinrichtung von drei Zauberinnen zu Derneburg im Harz schildert.

te diesem Zweck. Öffentliche Hinrichtungen, wie es die Hexenverbrennungen waren, sollten vor allem zur Abschreckung dienen; bis weit in die Neuzeit hinein bildeten sie eine Art Volksschauspiel, zu dem die Menschen in Scharen herbeiströmten. Die entscheidende Wende wurde auch in Deutschland erst durch die Aufklärung herbeigeführt, die zum einen die Folter aus dem Strafrecht verbannte und zum andern sich direkt gegen die theoretischen Grundlagen christlichen Hexenglaubens wandte: die Schriften von Bekker und Thomasisus erschütterten nachdrücklich den Glauben an Macht und Wirksamkeit des Teufels und entzogen damit dem Zauber- und Hexenglauben die theologische Rechtfertigung. Offiziell haben zuerst Preußen, dann Österreich den Hexenprozeß abgeschafft. Die letzten Verfahren, die mit dem Feuertod der Angeklagten endeten, fanden in Würzburg (1749), Endingen (1751), Kempten (1775), Glarus (1782) und Posen (1793) statt. Dennoch blieb der Hexenglaube, im Zeitalter der Aufklärung im theologischen Bereich aufgegeben, als volkstümliche Überzeugung bis in die Gegenwart erhalten. Vor allem in abgelegenen ländlichen Gebieten ist er noch ganz allgemein, wenn auch im Vergleich zu den spätmittelalterlichen Vorstellungen mancherlei Wandlungen eingetreten sind. Hexenfahrt und Teufelsbuhlschaft spielen heute gar keine Rolle mehr; geblieben sind die unendlich vielen Möglichkeiten des kleinen Schadenzaubers. Nach einer Umfrage des Instituts für Demoskopie Allensbach vom Jahr 1973 glaubt in der Bundesrepublik fast jeder zehnte, daß es „Hexen vielleicht doch gibt“; Berichte über die kriminellen Folgen gegenwärtigen Hexenglaubens füllen immer wieder die Spalten der Zeitungen. Nicht nur in Amerika wuchern Satanssekten, finden Hexenkonvente, Schwarze Messen und spiritistische Sitzungen statt. Auf den britischen Inseln ist die Hexerei im *Wicca-Kult* in Form einer religiösen Sekte, die Elemente matriarchaler Religionen aufgreift, wiederbelebt worden.

Die Idee vom Teufelspakt basiert auf der Vorstellung einer Möglichkeit von Verträgen mit der Geisterwelt, deren Motive teils materieller, teils ideeller Natur sind. Die gesteigerte religiöse Aufregung des Spätmittelalters, die weitgehend auf den Teufelsglauben fixiert war, kam auch in Zusammenhang mit dem allmählich einsetzenden Umbruch auf wissenschaftlichem Gebiet zum Ausdruck. Mit den Anfängen des Humanismus begann die Wissenschaft sich endgültig von der Theologie zu lösen; damit trat das Motiv der wissenschaftlichen Neugier als Grund für das Erlernen „magischer Künste“ in den Vordergrund. Der Teufelspakt wurde zur willkommenen Möglichkeit, tiefere, dem Menschen sonst nicht zugängliche Einsicht in die Naturvorgänge zu erlangen – selbst wenn der Betreffende dafür auf sein Seelenheil verzichten mußte. Anfällig für einen solchen Pakt war zunächst nur der – meist männliche – Gelehrte, der aus der Einheit des scholastischen Erkenntnisdogmas heraustrat und sich damit der Ketzerei verdächtig machte. Alle weltliche Forschung hat anfangs unter diesem Vorzeichen des schlechten Gewissens gestanden; fast alle großen Gelehrten der Übergangszeit gerieten in den Ruf, Magier und Zauberer zu sein.

Gestalten wie die Astrologin Tiphaine und die Berg-Ingenieurin Martine de Beausoleil sind hier um so bemerkenswerter, als Frauen damals der Zugang zu Hochschulen und sonstigen Möglichkeiten des Erwerbs wissenschaftlicher Bildung im allgemeinen verschlossen war. Dennoch haben einige es immer wieder verstanden, sich allen Widrigkeiten zum Trotz, und sei es auf allerlei Umwegen, eben doch entsprechende Kenntnisse anzueignen, die ihnen eine Existenz sicherten und unter Umständen sogar Möglichkeiten sozialer und politischer Einflußnahme eröffneten.

Die Karriere der von Piat geschilderten Martine de Beausoleil ist insofern ganz besonders ungewöhnlich, als sie sich für ihre Tätigkeit ausgerechnet ein traditionell männliches Gebiet, den Bergbau, ausgewählt hat. Die so risikoreiche bergmännische Arbeit ist zudem seit Jahrhunderten „vorbelastet" durch eine Fülle abergläubischer Vorstellungen. Besonders im Alpenraum verbreitet sind Erzählungen über geheimnisvolle Mineralsucher, die als Landfremde („Venediger", Wälsche" oder „Walen", „Italiener", „Franzosen") mehr von den Bodenschätzen wissen als die Einheimischen und alljährlich ungeheure Reichtümer mit nach Hause nehmen. Sie verfügen nicht nur über außergewöhnliche geologische und handwerklich-technische Kenntnisse, sondern verstehen sich auch auf Zauberpraktiken. Bei ihrer Suche benutzen sie besondere Instrumente, Erdspiegel und Wünschelrute, die ihnen die Lagerstätten unterirdischer Reichtümer zeigen. In der deutschen Volkssage gelten solche „Venediger" als Zauberer und Teufelsbündner. Vor diesem kulturhistorischen Hintergrund wird auch das Schicksal Martines, die planmäßig mit der Wünschelrute arbeitet und deswegen der Zauberei beschuldigt wird, verständlich.

Die von ihren Gegnern als „Zauberstab" bezeichnete *Wünschelrute*, auch „Glücks"-, „Wicke"- (= Weissagen) oder „Wahrsagerute" genannt, ist ein altes, weltweit verbreitetes, wissenschaftlich aber noch heute umstrittenes Gerät, mit dessen Hilfe Wasseradern, Erzgänge und vergrabene Schätze entdeckt werden können. Bereits der Wasserfund des Moses in der Wüste mit Hilfe eines Stabes (AT 2 Mos 17,6) wird gelegentlich als Anhaltspunkt für eine frühe Verwendung der Wünschelrute gedeutet; auch das Nibelungenlied nennt sie. Ihre höchste Anerkennung fand die Wünschelrute im 16. und 17. Jh. in Deutschland, wo sie bei Bergleuten und Schatzgräbern sehr beliebt war. Berichte über erfolgreiches Rutengehen sind zahlreich. *Georg Agricola*, der in seinem Hauptwerk „De re metallica" (1556) das hochentwickelte Berg- und Hüttenwesen seiner erzgebirgischen Heimat ausführlich geschildert hat, beschreibt die Wünschelrute als meist einjährige Astgabel vom Haselstrauch, die der Rutengänger an den Enden hält. An entsprechenden Lagerstätten soll die Wünschelrute in den Händen ihres Trägers zucken und „ausschlagen". Über den Nutzen und die Erlaubtheit dieses Instruments war man schon damals sehr unterschiedlicher Meinung. Agricola rät vom Gebrauch des „Zauberstabs" ausdrücklich ab.

Der Würzburger Jesuit *Kaspar Schott* (17. Jh.) erklärte in seiner „Magie naturalis", das Ausschlagen der Rute gehe nicht mit rechten Dingen zu, sondern sei teuflischen Ursprungs; entweder habe der Rutler einen Vertrag mit dem Teufel unterzeichnet, oder diese habe auch ohne einen solchen die Hand im Spiel.

Aus heutiger Sicht ist der *Rutengänger* oder *Pendler*, der sein Instrument vor allem zum Aufsuchen von Erdstrahlen, Wasseradern, Uran, zum Feststellen von Krankheiten und gelegentlich zur Okkultfahndung nach Verbrechern, Diebesgut, entführten Kindern einsetzt, ein ernsthafter Forscher, der eine uralte, naturgegebene Kunst ausübt. Schon Karl von Eckartshausen hat in seinen 1788 erschienenen „Aufschlüssen zur Magie" betont, es gebe zwar „unter den Leuten, die durch die Wünschelrute wahrsagen, meistentheils Betrüger; unterdessen wäre es aber auch ein Vorurteil, wenn man solche Wirkungen vollkommen verwerfen wollte." Ungeklärt ist noch immer das physikalische Problem des Rutenausschlags; es könnte beruhen auf einer gewissen Hypersensitivität des Rutengängers für geoelektrische Reizzonen und unbewußte Muskelreaktionen auf diese.

Über „paranormale" Fähigkeiten verfügen insgesamt nicht weniger als neun von Colette Piats zauberkundigen Frauen. Außer Martine de Beausoleil sind dies vor allem die Druidin Petta, die „Frau von Tourves" und Jeanne d'Arc, die alle drei über visionäre, von der modernen Parapsychologie als *Hellsehen* oder *Zweites Gesicht* bezeichnete Kräfte verfügen. Diese so unheimlich wirkende Fähigkeit, in die Zukunft zu schauen und vor allem Unheil in einer der Zeit vorauseilenden Wahrnehmung gleichsam vorwegzuerleben, ist sehr alt und auch in anderen Kulturkreisen bekannt. Menschen mit Zweitem Gesicht sind hochgradige Eidetiker, d. h. Menschen, die Vorgänge des bewußten oder unbewußten Seelenlebens in Form von plastischen Anschauungsbildern nach außen projizieren. Subjektive Erlebnisse, die sinnbildlich auf ein räumlich oder zeitlich entferntes Ereignis verweisen, werden vor allem in Situationen gesteigerter Erregung wie Furcht vor Krankheit, Tod oder Katastrophenfällen sinnlich wahrgenommen. Eine Vorstufe solcher Gesichte sind die Ahnungen; sie entstehen vor allem bei besonders sensitiven Naturen unter Gemütsdruck oder affektiven Erschütterungen.

Neben solchen natürlichen hellseherischen Talenten gab es schon in der Zeit des Hellenismus eine gewerbsmäßige Ausübung des Wahrsagens: die vorgebliche Aufdeckung gegenwärtiger oder zukünftiger Zusammenhänge, Ereignisse, Lebensumstände mittels magischer und mantischer Praktiken. Hierher gehören etwa Quellen- und Spiegelschau, Stern- und Traumdeutung, Handlesen und Kartenlegen. Frauen, die diese Orakelpraktiken beherrschten, waren offenbar zu allen Zeiten recht gefragt. Douceline Truc, die sich bei der „Frau von Tourves“ gewissermaßen zur berufsmäßigen Magierin ausbilden läßt, erhält von dieser u. a. ein sogenanntes *Hexenbuch.* Solche Schriften haben tatsächlich existiert und zählten zu den „verbotenen Büchern“. Es handelt sich um Zusammenstellungen magisch-mantischer Anweisungen, durch die natürliche Vorgänge auf übernatürliche Weise beeinflußt werden sollen. Schwarzmagische Zauberbücher des Mittelalters, die ihrerseits auf sehr viel ältere Quellen zurückgehen, werden schon im 11. Jh. erwähnt. Vor allem die Renaissance mit ihrer Wiederbelebung der antiken Magie hat zahlreiche Zauberbücher hervorgebracht, die seit Erfindung des Buchdrucks häufig erschienen. Sie enthalten Sammlungen von Beschwörungen, Vorschriften zum Anfertigen glückbringender Talismane sowie Anweisungen, mittels Dämonenzwang die Offenbarung verborgener Schätze, Hilfe in Liebesproblemen und anderen Nöten zu erlangen. Die meisten Zauberbücher stammen ursprünglich aus dem 17. Jh., doch tauchen bis in die Gegenwart immer neue Ausgaben auf. Das bekannteste deutsche Zauberbuch ist das seit 1797 bekannte „Sechste und Siebte Buch Moses", eine immer wieder neu aufgelegte Kompilation volkstümlicher Segen, Beschwörungen und Heilpraktiken.

Berufsmäßige Wahrsagerinnen, Seherinnen und Somnambule wie Piats „Hexe von Céron" oder das „Medium von Lapalisse" gab es auch außerhalb Frankreichs, unter anderem in Dänemark, England und auch in Deutschland, wo das reelle Vorhandensein solch hellseherischer Fähigkeiten experimentell erstmals 1920 durch den Augenarzt und Privatgelehrten Rudolf Tischner (1879–1961) nachgewiesen wurde. Er unternahm mit begabten Sensitiven eine lange Reihe psychometrischer Versuche, wobei die außersinnlichen Wahrnehmungsleistungen der Medien durch bestimmte Hilfsmittel (Gegenstände, die zu der geforderten hellseherischen Aufgabe in irgendeiner Weise in Beziehung standen) angeregt wurden. Überdurchschnittliche Reaktionsbereitschaft und gesteigertes Wahrnehmungs- und Empfindungsvermögen können auch in Zusammenhang mit manchen seelisch-geistigen Grenzzuständen auftreten, wie sie etwa bei Piats Cathérine Maupertuis, dem „Medium von Lapalisse", beschrieben werden. Solche durch Autosuggestion oder Hypnose in einen somnambulen Zustand versetzte Personen entwickeln nicht selten eine gesteigerte Sensibilität und verfügen über paranormale Fähigkeiten. Besonders berühmt wurde in diesem Zusammenhang die deutsche Somnambule Friederike Hauffe (1801–1829), die „Seherin von Prevost", deren Geschichte der Arzt und Dichter Justinus Kerner (1786–1862), der sich eingehend mit Magnetismus und Somnambulismus beschäftigte, überliefert hat. Einige dieser Medien übten auch eine spezielle heilkundliche Tätigkeit aus; sie stehen damit in der Nähe jener modernen Gesundbeter und Spruchheiler, die von der Schulmedizin gerne als Kurpfuscher und Scharlatane bezeichnet werden.

Viele der von Heilern angewandten Mittel und Methoden gehören jedoch zu den bewährten Beständen schon der frühen Arzneiwissenschaft; oft liegen ihnen uraltes, wohlerprobtes Wissen um die heilenden Kräfte der Natur, gediegenes empirisches Können sowie eine ausgezeichnete Beobachtungsgabe und Menschenkenntnis zugrunde.

Der Streit um die Frage, was unter heilkundlicher Tätigkeit, unter „un"- und „außerwissenschaftlichen" Heilmethoden eigentlich zu verstehen sei, ist schon alt und bis heute nicht entschieden. Bereits im späten Mittelalter gab es neben einer zahlenmäßig sehr geringen und entsprechend teuren Ärzteschaft mit Universitätsausbildung ein Subsystem halbprofessioneller oder auch nur interessierter Laien, die die medizinische Versorgung der breiten Volksmassen übernahmen und mit ihrer Kenntnis natürlicher pflanzlicher Mittel und unter Zuhilfenahme des gesunden Menschenverstandes, garniert mit allerlei Zauberformeln, eine Art vorwissenschaftlicher Heilkunst betrieben. Zu ihnen gehörten etwa Barbiere, Wundärzte, Bader und Apotheker, außerdem Schäfer, Zigeuner und

Frauen im Kräutergarten.
Titelbild des „Hortulus" von Wahlafried Strabo, Kloster Reichenau, 9. Jh.

vor allem die *Weisen Frauen*, deren Nachfolgerinnen auch in Deutschland noch heute zu finden sind, vor allem in ländlichen Gebieten. Als Ärzte ohne Titel haben sie jahrhundertelang manches praktische Wissen weitergegeben – selbst Paracelsus sagte von sich, er habe von Quacksalbern, Kurpfuschern, Scharfrichtern und alten Weibern manches Gute und Nützliche gelernt. Auch ein 1672 als Teufelsbündner verdächtigter bäuerlicher Zauberarzt Jakob Krischan aus der Steiermark, der sich auf allerlei sympathetischen Heil- und auch Krankheitszauber verstand, behauptete, dies bei alten Weibern gelernt zu haben.

Teils ins Mythische überhöht, steht die Gestalt der heilkundigen Frau schon in der Frühzeit der Medizin im Mittelpunkt des Interesses. Die keltische Göttin Cerridwen, die in ihrem Zauberkessel magische Pflanzen kocht, ist insofern bereits der Prototyp der späteren Kräuterhexe. Die griechische Hekate ist Patronin der Zauberinnen; von ihr hat Medea die Kenntnis der Gifte und Zauberkräuter erlernt, und noch in der berühmten Hexenküchen-Szene in Shakespeares *Macbeth* (1506) tritt sie als Herrin der Hexen auf, die auf magische Weise mit den Kräften der Natur in Verbindung stehen. In der ausgehenden Antike gab es zahlreiche heil- und kräuterkundige Frauen, die sich auch auf Giftmischerei und Magie verstanden. Ihr Bereich war vor allem die Frauenheilkunde: als Geburtshelferinnen nahm man sie ebenso in Anspruch wie zu Abtreibungen sowie zur Bereitung von Verhütungsmitteln und Liebestränken. In der antiken Dichtung und dann auch im beginnenden Mittelalter werden diese Frauen bereits als *Zauberinnen* bezeichnet und mit entsprechendem Argwohn betrachtet, wenn sie auch noch nicht als Teufelsbündnerinnen gelten. Die germanische Literatur kennt ebenfalls Weise Frauen, die sich mit Heilkunst befassen. In spätmittelalterlichen und frühneuzeitlichen Quellen zum Hexenwesen ist nicht selten auch von einem positiven Wirken der Hexe die Rede: sie kann nicht nur schaden, sondern auch heilen, freilich nicht mit Hilfe der anerkannten Medizin und vor allem – nach Ansicht der mittelalterlichen Theologie, die in Krankheiten eine Strafe für begangene Sünden sah und sie deshalb durch ihre eigenen Vertreter und mit entsprechenden Mitteln behandelt wissen wollte – nicht im Sinn des göttlichen Heilsplans. Der Versuch, mit menschlicher Kunst zu erzwingen, was nur Gott gewähren konnte, galt als sündhaft und Teufelswerk; wer mit Salben, magischen Sprüchen und Praktiken statt mit Gebeten gegen die Krankheit anging, der mußte mit dämonischen Gewalten im Bund sein.

Gerade als empirisch arbeitende Ärztin scheint die Hexe damals eine außerordentlich wichtige Funktion gehabt zu haben. Hexenprozeßakten enthalten eine Fülle volksmedizinischer Anschauungen und Heilverfahren, und es war gar nicht selten, daß gegen diese Volksheilkundigen nicht wegen Schadenzaubers, sondern wegen verbotener Heilkünste verhandelt wurde, so auch gegen Douceline Truc, Raymonde Audier und Marguerite Touret. Wenn Marguerite Touret einer Kundin rät, eine bestimmte Heilpflanze vor Sonnenaufgang und unter Beachtung gewisser magischer Riten zu pflücken, steht sie damit in einer nachweislich sehr alten Tradition.

Eine der berühmtesten Zauberpflanzen ist die *Alraune* oder *Mandragora*, ein in den Mittelmeerländern heimisches, sehr giftiges Nachtschattengewächs, dessen pharmakologisch wirksame Bestandteile schon in der Antike zur Herstellung von Heil-, Schlaf- und Schmerzmitteln und zur Bereitung von Liebestränken benutzt wurden. Der rübenartige, oft seltsam verschlungene Wurzelstock dieser Pflanze erinnert entfernt an die Gestalt eines Menschen, was ihr den Ruf einer Zauberwurzel einbrachte. Zog man sie aus der Erde, so schrie sie angeblich wie ein Kind. Um beim Ausgraben nicht Schaden zu erleiden, mußte man sie bis auf einen kleinen Rest freilegen und von einem schwarzen Hund aus der Erde ziehen lassen, der dann als stellvertretendes Opfer zugrundeging. Erst dann konnte man die Alraune ohne Lebensgefahr berühren und mitnehmen. Mit der Völkerwanderung war das Wissen um die Zauberwurzel auch in die Länder nördlich de Alpen gelangt, wo man die Pflanze geradezu als Fetisch behandelte: sie wurde regelmäßig gebadet, gekleidet und sorgfältig in Kästchen aufbewahrt. Der Besitz einer Alraune – auch *Galgen-, Glücks-* und *Geldmännchen* genannt – verschaffte dem Eigentümer

Alraungräber. Nach einer Handzeichnung des 16. Jahrhunderts.

Liebe, Reichtum und alles erdenkliche Glück, schützte ihn vor Krankheit und Übel. Echte Alraunen, die nördlich der Alpen nicht mehr wuchsen, waren sehr teuer; bei den meisten der von Kräutersammlerinnen und Wurzelgräbern feilgebotenen „Alraunen" handelt es sich um Fälschungen. Das Geschäft blühte jedoch bis weit in die Neuzeit hinein; sogar Kaiser Rudolph II. (1576–1612) hat zwei Alraunen besessen, die noch heute in der kaiserlichen Hofbibliothek in Wien zu sehen sind. Daß die stark von Volksglaubensvorstellungen geprägte Jeanne d'Arc – wie im Prozeß angedeutet – möglicherweise tatsächlich eine solche Alraune bei sich getragen hat, kann zumindest nicht ganz ausgeschlossen werden.

In den Bereich der Volksmedizin gehört auch das von Marguerite Touret praktizierte *Besprechen von Pflanzen* sowie deren Gebrauch als heilkräftiges *Amulett.* Das Sammeln von Kräutern zu ungewöhnlichen Zeiten – nachts oder am frühen Morgen – beruht wohl auf empirischem Wissen um den besonderen Lebensrhythmus der Pflanzen. Anweisungen zum Besprechen sind bereits in einem christlich gefärbten angelsächsischen *Neunkräutersegen* aus dem 11. Jh. überliefert. In einem Würzburger Zauberprozeß aus der Mitte des 17. Jh. wurde ein gewisser Adam Schäffer von Großenheim, ehemals Schafhirt und als Heilkünstler noch im Alter von dreiundsiebzig Jahren ein gesuchter Mann, nach seinen Behandlungsmethoden gefragt. Er berichtete u. a., wie er ein durch „Verhexung“ verursachtes Leiden durch einen entsprechenden Gegenzauber zu vertreiben suchte, indem er dem Kranken ein Amulett umhängte, das neben geweihten Dingen auch Pflanzenteile enthielt. Die nötigen Kräuter mußte er zu einer ganz bestimmten Zeit pflücken und beim Einsammeln einen Zauberspruch sagen. Zur Erhöhung der suggestiven Wirkung verbot er seinen Patienten, die „Knötlein“ aufzumachen. Neugierige, die sie dennoch öffneten, sagten aus, „es seye mehr dürre Biernschalen und Würtzelein darin.“

Der Erfolg solcher in ihrem magisch-religiösen Aspekt vor allem psychologisch orientierten Praktiken der Volksmedizin ist weitgehend abhängig von der Person des Heilenden. Bei Piat sind es vor allem Douceline Truc und Marguerite Touret, die über eine solche persönliche Ausstrahlungskraft (Charisma) zu verfügen scheinen. Doch auch die von Leonora Galigaï zu Rate gezogenen jüdischen Ärzte sowie die Geistlichen, die sie schließlich mit Exorzismen und allerlei christlich gefärbtem „Heilzauber“ behandeln, können in diesem Sinn als Vertreter der Volksheilkunde betrachtet werden.

Alle diese kräutersammelnden und tränkebrauenden Männer und Frauen erschienen ihrer Umgebung oft unheimlich; denn einmal waren sie im Besitz eines für damalige Verhältnisse erstaunlichen Wissens, zum andern kamen neben überraschenden Heilerfolgen durchaus auch manche Fehlschläge vor, die man als *Schadenzauber* auffaßte. Deshalb wurden vor allem Hebammen (wie Douceline und Marguerite) häufig als Hexen verdächtigt – der „Hexenhammer“ bezeichnet sie als die gefährlichsten überhaupt –, wenn etwa bei der Entbindung etwas mißglückte oder auch, weil sie auf Wunsch Abtreibungen vornahmen, was nach damaliger Auffassung einer

Auflehnung gegen die göttliche Schöpfungsordnung gleichkam. Man warf ihnen vor, Neugeborene dem Teufel zu weihen und Kinderkörper zu Zaubermitteln zu verarbeiten. Im Rahmen dieser zunehmenden Dämonisierung und Diabolisierung der heilkundigen Frau konnte auch das Bereiten wohltuender Heiltränke leicht zu einer Sudelköcherei umgedeutet werden, wurde der Hexenkessel zum Attribut der Hexe und zum unentbehrlichen Requisit auch beim Hexensabbat.

Über die Zusammensetzung solcher Gebräue waren die Meinungen der Zeitgenossen sehr geteilt. Piats Heil- und Zauberkundige verwenden vor allem Kräuter, gelegentlich aber auch andere Bestandteile magischen Charakters. Die berühmte Hexenszene in „Macbeth“ zeigt drei Hexen beim Brauen eines Zaubermittels, für das die merkwürdigsten Zutaten benötigt werden: neben giftigen Kräutern wie Schierling und Bilsenkraut sind dies Kröten und Schlangen, Krähenhirn, Eulenfedern, Wolfszähne, Eingeweide von Raubtieren und Paviansblut, außerdem die Lunge eines Juden, die Nase eines Türken und die Hand eines neugeborenen Kindes. Vergleichbare Angaben finden sich in vielen zeitgenössischen Rezeptsammlungen und medizinischen Handbüchern. Shakespeares unheimliche Schwestern befinden sich ebenso wie Piats Hexen durchaus auf der Höhe des damaligen medizinischen Wissens. Gerade pharmakologisch unwirksame Mittel, deren Wirkung im Verein mit magischen Ritualen in den meisten Fällen auf Suggestion – heute würde man sagen: auf dem Placebo-Effekt – beruht haben dürfte, bildeten unter den damaligen Heilmitteln die größte Gruppe.

Ähnliche Mittel verwendete man auch im *Liebeszauber*, der häufigsten Form magischer Beeinflussung, durch die in dem Auserwählten maßlose Liebesraserei hervorgerufen werden sollte. Schon die antike Literatur erwähnt zahlreiche Liebestränke; viele Rezepte sind wohl aus dem Orient nach Europa gelangt. Neben rein magischen und symbolhaltigen Mitteln, die meist eine enge Beziehung zum menschlichen oder tierischen Geschlechtsleben aufweisen (u. a. Samen, Menstruationsblut, Schweiß, Speichel, Hasenhoden, Bocksblut, Schwalbenherzen u. ä.), enthielten solche Liebesmittel aber

Liebeszauber. Gemälde der flämischen Schule, um 1500.

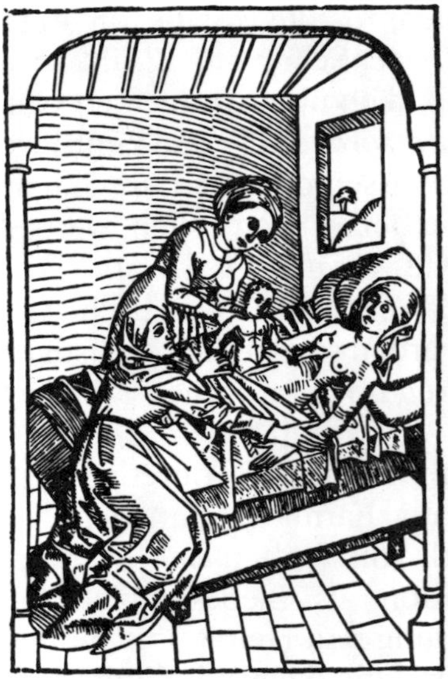

Links: Hebammen führen einen Kaiserschnitt aus. Holzschnitt von 1483.
Rechts: Unter Aufsicht des Teufels wird von der Hexe ein Trank bereitet. Stich von J. Aliamet nach einem Gemälde von David Teniers d. J. (1610–1690).

auch pharmakologisch wirksame Extrakte aus bestimmten Kräutern. Sie wirkten sexuell stimulierend, konnten je nach Dosierung aber auch schwere Vergiftungserscheinungen hervorrufen: etwa Extrakte aus Mandragorawurzeln und anderen Nachtschattengewächsen, Hanfpräparate oder auch das aus getrockneten und gemahlenen Spanischen Fliegen gewonnene Kantharidin, das einen schmerzhaften Tod verursacht, wenn es nicht in ganz geringen Mengen genommen wird.

Der Liebeszauber wurde vorwiegend von Frauen ausgeübt – eine Tatsache, die historisch-soziologisch begründet ist, denn ihnen verwehrte die Sitte weitgehend jedes aktive Handeln; sie kämpften deshalb mit geheimen Waffen, mit List oder Magie. In der Antike und Renaissance war das Verfertigen von Liebes-, Verhütungs- und Abtreibungsmitteln vor allem Sache altgewordener Dirnen, für die es eine wichtige, oft die einzige Einnahmequelle war. Schon im 12. Jh. wird berichtet, daß Frauen Zauberpraktiken übten, um einen Gatten zu gewinnen. *Liebes- und Heiratsorakel,* die den künftigen Bräutigam im Spiegel erscheinen lassen oder den unwilligen Liebhaber auf magische Weise herbeizwingen sollen, werden von Theologen und Predigern wie *Abraham a Sancta Clara* (1644–1709) als „abergläubische Werk“ und „teufflische Ceremonien“ verurteilt; dennoch wurden sie von heiratslustigen Mädchen vielfach geübt und waren noch im frühen 18. Jh. in vielen Formen verbreitet.

Tierische Amulette wie die von Marguerite Touret verwendete Fledermaus sind noch relativ harmlos; man benutzte auch Falkenköpfe, Knochenmark von Wölfen und Mandragorawurzeln. Die älteste Tradition als Liebesamulett hat jedoch der noch heute bei Verlobung und Heirat übliche Fingerring, der das künftige Glück und die dauernde Zuneigung des Paares sichern soll. Schon die volkstümliche Magie der Antike kannte den Ring als glückbringenden Talisman: er ist der sichtbar gemachte Zauberkreis und dient zur magischen Bindung. Zauberringe, die in Mythos, Märchen und Sage häufig vorkommen, müssen aus Gold, Silber, Kupfer oder auch aus Eisen sein. Der Besitz magischer Ringe kann erreicht werden, indem der Mensch diese unter Beachtung gewisser Vorschriften selbst anfertigt; öfter aber ist der Zauberring Geschenk eines übernatürlichen Wesens, das sich auf diese Weise in die Macht des Empfängers gibt und an ihn gebunden wird. Die Vorstellung vom Ring als Aufenthalt von Dämonen basiert auf dem Glauben an die ihm innewohnenden und aktiv wirkenden magischen Kräfte. Mit der Diabolisierung des alten Ringaberglaubens in christlicher Zeit wurde der Besitz eines solchen Zaubermittels verhängnisvoll; in Hexenprozeßakten des 14. Jh. ist die Bezauberung durch magische Ringe ein häufiger Anklagepunkt.

Gerade in höfischen Kreisen war der Liebeszauber sehr verbreitet, vor allem bei den großen Mätressen des 17. und 18. Jh. Diese Frauen, die meist aus dem Adel, gelegentlich aber auch (wie Madame Pompadour oder Gräfin Dubarry, beide Geliebte Ludwigs XV.) aus bürgerlichen Schichten stammten, scheinen Aphrodisiaka und magische Praktiken mit Vorliebe eingesetzt zu haben, um mit ihrer Hilfe zur Geliebten eines Potentaten aufzusteigen und so den eigenen Sozialstatus zu verbessern. Blieben Mittel zur Gewinnung und Erhaltung von Liebe wirkungslos, so gab es andere, um an dem Treulosen und einer etwaigen Nebenbuhlerin Rache zu nehmen – teilweise tödlich wirkende Mittel, die dann aus Eifersucht und Erbitterung auch wirklich angewandt wurden. Daher wurden unter dem Vorwurf der Zauberei vielfach auch Giftmordverbrechen abgehandelt; manche theoretischen Schriften verwenden die Begriffe „Hexe“ und „Giftmischerin“ synonym.

Eine andere Möglichkeit war die zauberische Schädigung des abtrünnigen Geliebten oder auch anderer Feinde durch einen *Fernzauber*, wobei man eine sympathetische Beziehung zu dem potentiellen Opfer herzustellen versuchte. Zu diesem Zweck wurde eine den zu Behexenden darstellende Wachsfigur im Feuer geschmolzen (um Liebesglut hervorzurufen), unter Umständen aber auch mit Nadeln durchbohrt, vergraben oder verstümmelt – so wird der Liebes- zum Rache- und Todeszauber. Häufig wurde die Wirkung durch ein verbindendes Element (meist Haare oder ein Stück von der Kleidung der zu beeinflussenden Person) noch verstärkt. Beispiele für eine solche Praxis gibt es schon in der antiken Dichtung; seit dem späten Mittelalter finden sich zahlreiche Hinweise auf zauberische Anschläge im Sinne eines echten Bildzaubers. Vor allem an den Fürstenhöfen müssen die Versuche, politische Gegner, unerwünschte Rivalen, untreue Liebhaber durch Zerstören eines Wachsbildes zu verderben, recht verbreitet gewesen sein, und es kam in diesem Zusammenhang verschiedentlich zu Hexenprozessen. Besonders berühmt in Deutschland ist der Prozeß gegen die Generalin Ursula Margarethe von Neitschütz im Jahr 1694. Man warf ihr vor, den Kurfürsten Johann Georg III. von Sachsen auf magische Weise umgebracht, dessen Sohn Johann Georg IV. aus Habsucht mit ihrer Tochter Magdalena Sybilla verkuppelt und nach deren frühem Tod auch die tödliche Erkrankung des jungen Kurfürsten verursacht zu haben. Der Prozeß, in den eine ganze Anzahl Höflinge verwickelt war, endete mit lebenslänglicher Verbannung der Generalin in ein entlegenes Dorf.

Obwohl beide Fürsten zweifellos eines natürlichen Todes gestorben sind (und die meisten Beschuldigungen gegen die alte Neitschütz vermutlich von weniger erfolgreichen Rivalen um die Gunst der Herrscher stammen dürften), besteht an der kulturhistorischen Realität solcher Zauberpraktiken kein Zweifel. In manchen Fällen scheint die beabsichtigte Wirkung auch tatsächlich eingetreten zu sein, sofern nämlich die betroffene Person von dem gegen sie gerichteten Zauber erfuhr und – was damals allgemein der Fall war – von der realen Kraft magischer Beeinflussung selbst überzeugt war. Das gilt nicht nur für den Zauber mit Wachsbildern, sondern auch für viele andere auf psychogenem Wege wirkende Formen von Heil- oder Schadenzauber. Das gefürchtete *Nestelknüpfen* zum Beispiel ist ein alter Analogiezauber, der im Sinn magischer Entsprechungen Bindungen bewirken oder Lösungen verhindern soll. Das Knüpfen von Knoten im Liebeszauber, die das Glück binden sollen, ist schon in der Antike bezeugt. Im Mittelalter diente das Nestelknüpfen als Schadenzauber, um Empfängnis und Geburt unmöglich zu machen. Vor allem verstand man darunter auch das zauberische Verknoten der Hosennestel, die Impotenz des Mannes verursachen sollte. Psychogener Natur sind auch die nervösen Attacken Lenonora Galigaïs, die angeblich durch den „Bösen Blick" behext worden ist, und die von Marguerite Touret verursachte Erkrankung ihrer Besucherin durch einen Fluch der angeblichen „Hexe". Wie häufig eine persönliche Notlage den Hintergrund für die Anwendung solcher zugegebenermaßen unfairen Mittel gebildet hat, zeigt der Fall der beiden Hexen von Cassis (Kap. IV), die beide vor allem bei familiären Schwierigkeiten, in Liebes- und Eheproblemen, zu Rat gezogen werden. Vor allem für Frauen scheint die Anwendung eines *Schadenzaubers*, der unter Umständen auch wieder rückgängig gemacht wurde, oft die einzige Möglichkeit gewesen zu sein, sich in einer patriarchalisch geprägten Gesellschaft zu behaupten. In der Steiermark kam es 1661 zu großen Prozessen wegen Hexerei, in denen u. a. folgendes zur Sprache kam: Eine der Angeklagten, die mehrfach von einem „bösen Nachbar“ verprügelt worden war, bat ihre zauberkundige Freundin, diesem Mann eine Krankheit anzuhexen. Die Hexe verlangte ein Stück Rinde von dem benutzten Prügel und bezauberte es; sodann wurde die Rinde dem Nachbarn untergestreut, worauf dieser schwer erkrankte. Als die Frau ihn nach einiger Zeit wieder gesund machen wollte, erhielt sie von der Hexe die Anweisung, ein Bad aus neunerlei Kräutern zu bereiten; darin wurde der Kranke gebadet und genas.

Die moderne Sozialpsychologie beschreibt den Wirkungsmechanismus „magischer“ Praktiken mit „Erfüllungszwang“. Magie ist der Versuch einer spirituellen Beeinflussung mit Hilfe von Entsprechungen und Sympathien. Empirische Beobachtungen über die Möglichkeit einer suggestiven Beeinflussung von Menschen führten schon früh zur Wahl entsprechender Symbole. Die möglichen Reaktionen hatten immer psychologische Gründe, denn real feststellbare Wirkungen magischer Praktiken treten nie ohne innerliche Beteiligung der betroffenen Person auf. Glaubt sie das Ziel einer magischen Beeinflussung zu sein und ist sie von deren Kraft überzeugt, so können physisch entsprechende Folgen auftreten, und das sogar unabhängig davon, ob der Zauber nun realiter stattgefunden hat oder nicht. Entscheidend für die Wirkung ist allein das subjektive Erleben: je intensiver Glaube oder Angst, Vertrauen oder Abneigung, Lebenswille oder Todeswunsch sind, um so intensiver ist sie. Bis auf den heutigen Tag ist das Magische als seelisches Potential eine in jedem Menschen wirksame und unter Umständen aktivierbare Schicht geblieben. Das Vertreiben von Warzen etwa durch Besprechen, Abbeten und Methoden des kleinen Analogiezaubers ist noch heute verbreitet und hat als Suggestivbehandlung auch in die moderne Arztpraxis Eingang gefunden.

Bekannt sind auch die Berichte über den zauberischen Voodoo-Tod bei außereuropäischen Völkern: Hat jemand ein Tabu verletzt oder glaubt er, daß der Schamane ihm den Tod „angehext“ hat, so stirbt er in kurzer Zeit an seiner eigenen Angst, die durch suggestiven Einfluß auf dem Umweg über

„Hexen machen ihre Salbe aus Kinderleichen". Holzschnitt aus Guazzos „Compendium Maleficarum", 1626.

die Psyche den Körper schädigt. In allen diesen Fällen handelt es sich nicht um paranormale und „übernatürliche" Vorgänge, sondern um autosuggestive Mechanismen. Das Wesen dieser uralten Praktiken, in denen die Macht eines durch Jahrtausende hindurch bewahrten Wissens spürbar wird, läßt sich bei den historischen Hexen ebenso feststellen wie bei modernen Heiler(innen) oder bei Zauberärzten fremder Kulturen.

Das berühmteste Zaubermittel der Hexen war die *Hexensalbe*, deren Gebrauch ebenfalls schon in antiken Zeugnissen belegt ist. Über ihre genaue Zusammensetzung war selten etwas in Erfahrung zu bringen. Nach dem „Hexenhammer" wurde sie aus dem Fett ungetaufter Kinder gekocht; andere Quellen nennen als Zutaten die Asche einer mit Hostien gemästeten Kröte, Knochenmehl von einem Gehängten sowie verschiedene Kräuter. Die genannten magischen Mittel haben auch in der Volksmedizin dieser Zeit Verwendung gefunden;

bei den übrigen Bestandteilen der Salbe handelt es sich um giftige Pflanzensubstanzen mit berauschender, z. T. stark erotisierender Wirkung – sie sind insofern mit den im Liebeszauber verwendeten Drogen identisch. Teilweise erhaltene Rezepte nennen vor allem Bilsenkraut, Stechapfel, Schierling und Tollkirsche. Die Anwendung einer Hexensalbe ist wenigstens für einen Teil der Phämomene des historischen Hexenwesens verantwortlich. Sie wurde vornehmlich auf Stirn, Achselhöhlen und Genitalien aufgetragen, wo die Gifte besonders anregend wirkten und die sexuelle Bereitschaft förderten. Der Gebrauch solcher Mittel muß früher recht verbreitet gewesen sein; die ständigen Kriege hatten eine unverhältnismäßig starke Dezimierung der männlichen Bevölkerung zur Folge, und die erotischen Wünsche der Frauen blieben vielfach unbefriedigt. Aus dieser sexuellen Not suchten sie einen Ausweg und griffen daher zur Hexensalbe; diese ließ sie in einen narkotischen Schlaf fallen, wobei sie mancherlei erotische Träume haben mochten, in deren Verlauf sich die Liebe auch ohne Mann genießen ließ. Die damalige Gesellschaft, der die chemische Zusammensetzung und psychopharmakologische Wirkweise solcher Stoffe noch weitgehend unbekannt war, war natürlich leicht geneigt, in derlei das Wirken des Teufels zu sehen.

Dämonen, die wollüstige Träume verursachen und im Schlaf in Gestalt von Männern mit Frauen (Incubus) oder in Gestalt von Frauen mit Männern (Succubus) verkehren, kannte schon das Altertum. In das Teufelsbild des Mittelalters sind sowohl Vorstellungen aus dem antik-hellenistischen Götter- und Dämonenglauben als auch aus der jüdischen Mythologie eingeflossen; auch der Glaube an die Möglichkeit einer geschlechtlichen Verbindung zwischen Menschen und übernatürlichen Wesen stammt von dort. Ihre theologische Fundierung fand sie in der Scholastik, die die Möglichkeit der Teufelsbuhlschaft mit Genesis 6,2 begründete, wonach die Göttersöhne sich mit den Menschentöchtern verbanden; gleichzeitig wurden Wesen der heidnischen Mythologie zu Dämonen umgedeutet, die sich mit den Menschen zu vermischen suchen. Im pferdefüßigen Satan der Teufelsbuhlschaft

Frau mit Incubus.
Säulenskulptur aus Mollien-Vidame.

leben antike Naturwesen weiter, die sich durch wilde, sexuell geprägte Vitalität auszeichneten. Im Kult des Dionysos traten sie seit dem 6. Jh. v. Chr. als Fruchtbarkeitsdämonen auf: als zweibeinige, aufrechtgehende Pferde- oder Bockwesen mit deutlich phallischer Ausprägung. Mit Hörnern, Tierfüßen, Schwanz und Krallen, sonst aber in menschlicher Gestalt, erscheint auch der Teufel auf Hexenbildern des 15. Jh. als Liebhaber der Hexe.

Der Glaube an *Buhlteufel* hat in Hexenprozessen eine schwerwiegende Rolle gespielt: er beinhaltete sowohl den Abfall von Gott und der Kirche als auch Sodomie und (bei verheirateten Hexen) Ehebruch. Mit der Verlagerung der Teufelsbundvorstellung vom männlichen, nach Wissen strebenden Magier auf die weibliche, schadenstiftende Hexe erscheint diese nun in tiefer Unterwürfigkeit als Vasallin des Satans; man dachte sich ihn als Mann, dessen Herrschafts- und Besitzanspruch sich in erster Linie auf das weibliche Geschlecht richtete. Der Pakt wurde geschlossen durch Einschreiben ins Buch des Teufels und die anschließende sexuelle Vereinigung mit ihm. Nach Aussage mancher Hexen war der Beischlaf mit dem Teufel (aus dem unter Umständen auch

Kinder hervorgehen konnten) sehr schmerzhaft, weil er unförmig große und sehr harte Genitalien habe – andere erklärten hingegen, der Genuß sei bedeutend größer als beim Verkehr mit einem wirklichen Mann. Beides sind Vorstellungen, in denen sich erotische Wunschphantasien einerseits, Sexualneid und Minderwertigkeitskomplexe andererseits eigentümlich mischen. In vielen Fällen dürfte der angebliche „Buhlteufel" sehr realer Natur gewesen sein, der Aussage also ein tatsächliches Liebeserlebnis zugrunde gelegen haben, dessen Einzelheiten die Hexen auf die Erwartungen ihrer Richter abgestimmt hatten: so etwa Piats Marguerite Touret, die nach dem Tod ihres Ehemannes mehrere Liebesverhältnisse unterhalten hat, die nicht ohne Folgen blieben. Im Gefängnis scheinen sich die sexuellen Wünsche dieser offenbar sehr triebstarken Frau dann auf die Person des Kerkermeisters zu konzentrieren.

Vor allem für Klosterfrauen hatten Phantasien von Buhlteufeln, Flugträume und vor allem das Sichausmalen des Hexensabbats mit seinen wirklichen oder eingebildeten Ausschweifungen offenbar in besonders hohem Maß die Funktion von Ersatzbefriedigungen, die in extremen Fällen und auf dem Weg geistiger Ansteckung zu ausgeprägten Massenerkrankungen psychosomatischer Natur führen konnten. Die von Piat geschilderten klösterlichen Besessenheitsepidemien in Lille, Aix-en-Provence, Loudun und Louviers sind nur einige wenige Beispiele; weitere Fälle ereigneten sich in Cambrai, Auxonne, Paris und Madrid. Auch außerhalb Frankreichs waren im 16. und 17. Jh. hysterische Massenerkrankungen unfreiwilliger Nonnen häufig. Johann Weyer berichtet von mehreren Fällen im Gebiet von Rhein und Maas, u. a. in Xanten und Köln, die den französischen Parallelen fast aufs Haar gleichen.

Die tiefere Ursache für das so häufige Auftreten derartiger Phänomene muß in der sozialen Funktion von Nonnenklöstern in früheren Jahrhunderten gesucht werden. Unverheiratet und gleichzeitig von weltlichem Stande zu sein, war für eine Frau praktisch unmöglich und galt geradezu als Schande. Witwen und Lediggebliebene taten also gut daran, sich ins Kloster zurückzuziehen, denn dort waren sie versorgt. Das galt für Angehörige des Hochadels ebenso wie für Töchter aus verarmten Familien oder für Bürger- und Bauernmädchen, die dann allerdings auch im Kloster nur als Mägde Aufnahme fanden. Klöster boten zudem die einzige Möglichkeit, behinderte Kind über den Tod der Eltern hinaus finanziell abzusichern, und nicht zuletzt waren sie Zufluchtsstätte der „Reuerinnen", ehemaliger Dirnen, für die es einen speziellen Orden (den der hl. Magdalena) gab. Ausschlaggebend für den Eintritt ins Kloster waren in vielen Fällen nicht die Religiosität der Frauen, sondern materielle Gründe. Viele Mädchen wurden von Eltern oder Vormund zwangsweise, oft schon als Kinder, ins Kloster gesteckt, von wo es kein Fortkommen mehr gab und so gut wie jeder Kontakt mit der Außenwelt untersagt war; die Gelübde legten sie ab, ohne die Konsequenzen dieses Schritts überschauen zu können. Die Folge war vor allem seit dem ausgehenden Mittelalter ein zunehmender Verfall von Moral und Sittlichkeit. Liebeskummer oder unerfülltes Liebesverlangen waren die Hauptursachen für das Auftreten einer Sexualneurose, die man damals als „teuflische Besessenheit" mißverstand. In anderen Fällen stellte das „Besessensein" die Reaktion auf eine erlittene Enttäuschung dar.

Die hysterischen Nonnen, die selbst als unglückliche, willenlose Opfer galten, beschuldigten entweder einen Mönch oder Priester, manchmal aber auch eine ihrer Mitschwestern, ihnen durch bösartige Hexenkünste den Teufel in den Leib gejagt zu haben. Piats Marie de Saint und Simone Dourlet kommen noch vergleichsweise glimpflich davon (auch die historische Simone Dourlet ist, abweichend von Piats Darstellung, nicht auf dem Scheiterhaufen hingerichtet, sondern zu ewigem Kerker verurteilt worden). Schlimmer erging es in dieser Hinsicht einigen deutschen Klosterhexen. Die besessenen Nonnen des Klosters Rentrop im Herzogtum Cleve beschuldigten die Köchin Elsa, sich mit dem Teufel verständigt zu haben, um ihnen diese Plagen zuzufügen. Auf der Folter bekannte diese, Gift in die Speisen gemischt und so die Bezauberung verursacht zu haben. Sie wurde mitsamt ihrer Mutter verbrannt. So ging es auch Maria Renata Singer von Mossau, die am 21. 6. 1749 als eine der letzten Hexen in Deutschland hingerichtet worden ist. Geboren 1680, trat sie im Alter von neunzehn Jahren in das Prämonstratenserinnenkloster Unterzell bei Würzburg ein, wo sie es im Lauf der Zeit bis zur Subpriorin brachte. Allerdings war sie nicht glücklich mit dem ihr aufgezwungenen Leben, das sie sich möglicherweise mittels ihrer besonderen Kenntnisse ein wenig farbiger zu gestalten versucht hat. Als 1748 auch im Kloster Unterzell eine Besessenheitsepidemie ausbrach und einige Nonnen behaupteten, von Maria Renata durch Wurzeln und Kräuter, die sie dem Essen beigemischt habe, behext worden zu sein, durchsuchte man deren Zelle und fand dort – wie das Protokoll vermerkt – „ihren Schmierhafen, ihre Zauberwurzel und Zauberkräuter, sodann einen goldenen Rock, in welchem sie zu ihrem gewöhnlichen Hexentanz auszufahren pflegte."

Auch bei vielen anderen der als Hexen angeklagten Frauen sind solche *Salbentiegel* tatsächlich gefunden worden. In Berichten und Protokollen ist immer wieder davon die Rede, daß Hexen vor der Ausfahrt zum Sabbat sich selbst und zum Teil auch ihre Reitgeräte (Besen, Stock, Ofengabel u. ä. mit deutlich phallischem Charakter) mit einer besonderen Salbe einreiben. Da sie dies aus Gründen der Geheimhaltung hinter verschlossener Tür tun, benutzen sie zur Ausfahrt den Schornstein und kommen auf demselben Weg auch wieder zurück – eine Vorstellung, die sich bis in die Moderne erhalten hat.

Frauen, die eine solche Hexensalbe nachweislich, zum Teil vor Zeugen, benutzt hatten, fielen nach kurzer Zeit in einen tiefen Schlaf und behaupteten nach dem Erwachen hartnäkkig, sie seien „ausgefahren" und „auf dem Blocksberge zum Tanz gewesen"; von dieser Meinung ließen sie sich allenfalls nach langem Zureden abbringen. Ob dem Flug zum Sabbat Realität zuzusprechen sei, ob also die Hexe wirklich durch die Luft reiten können oder ob sie sich dies nur einbilde, war eine von Theologen und Gelehrten vieldiskutierte Frage. Der „Hexenhammer" läßt beide Möglichkeiten offen. Andere waren der Ansicht, es handle sich bei den Hexenflügen um durch teuflische Illusionen verursachte Wahnvorstellungen.

Hexenfahrt durch den Kamin.
Holzschnitt aus dem Jahr 1579.

Mit dem Flug durch die Luft häufig gekoppelt war die Vorstellung der *Tierverwandlung.* Der Glaube an die Möglichkeit von Tierverwandlungen geht wahrscheinlich auf Vermummungen zu kultischen Zwecken zurück; der heidnische Brauch, sich bei bestimmten Anlässen als Tier zu verkleiden und Tiermasken anzulegen, ist noch im frühen Mittelalter bezeugt, wird aber als „teuflisch“ verdammt. Sehr oft ist in Sagen von der Verwandlung in einen Wolf die Rede. Es handelt sich hier um einen selbständigen Vorstellungskomplex, der mit Hexen ursprünglich gar nichts zu tun hatte.

Der *Werwolf* (von ahd. Wer = Mann) ist ein Wolf, der in Wirklichkeit ein Mann ist. Die Vorstellung, gewisse Menschen besäßen die Gabe, sich nach Belieben in Wölfe zu verwandeln, ist schon in der Antike bezeugt; sie war auch in Westeuropa, Skandinavien und den slawischen Ländern bis in neuere Zeit verbreitet. Die Verwandlung wird ermöglicht durch Anlegen eines Tierfelles, eines Zaubergürtels oder durch Bestreichen mit einer Salbe; die Rückverwandlung erfolgt durch Ablegen der Zaubermittel. Durch Verwundung kann ein Werwolf zur Rückverwandlung auch gezwungen und an der Verletzung später erkannt werden.

Piats Geschichte vom Jäger, der die einem Wolf abgehauene Pfote als Jagdbeute in die Tasche steckt und bei der Heimkehr zu seinem Entsetzen sieht, daß es die Hand (s)einer Frau ist, hat auch im deutschsprachigen Raum Parallelen. In einer schweizerischen Chronik des ausgehenden 16. Jh. wird von einem Bauern berichtet, den in einem Gehölz ein unnatürlich großer Wolf anfiel. Er verteidigte sich und hackte dem Tier ein Vorderbein ab – da verwandelte sich der Wolf in eine Frau, der ein Arm fehlte. Sie wurde als Hexe verbrannt.

Auffallend häufig trat vor allem in Frankreich die Hexerei als Lykanthropie auf; überall erzählte man sich mit größter Angst von Zauberern und Zauberinnen, die vom Teufel die Fähigkeit erhalten hätten, sich in Wölfe zu verwandeln und in dieser Gestalt Mensch und Tier überfielen, zerrissen und fräßen. In den meisten Fällen wird es sich um Überfälle wirklicher Wölfe, die in Mitteleuropa erst spät ausgerottet wurden, gehandelt haben. Einer der letzten Hexenprozesse im geistlichen Fürstentum Salzburg war durch eine Wolfsplage in den Jahren 1715–17 veranlaßt worden, der Vieh und Wildtiere in großen Mengen zum Opfer gefallen waren. Auch in neueren Sagen verübt die Hexe als Werwolf großen Schaden unter den Herden, behext die Kühe und raubt Fleisch für ihren eigenen Hausgebrauch. Diese Art des Auftretens der Hexe als Schädiger der bäuerlichen Produktion entspricht genau den Lebensverhältnissen eins großen Teils der damaligen Bevölkerung. Eine psychopathologische Deutung des Werwolf-Syndroms etwa als Folge einer Persönlichkeitsspaltung, die unter Umständen entsprechende Verwandlungsempfindungen auslösen konnte, wurde nur von wenigen in Betracht gezogen. Welches Tier in einem solchen Fall als „Zweitpersönlichkeit“ gewählt wird, hängt teils von der konkreten Erfahrung ab, teils aber auch von der im Tier inkarnierten Symbolik: es steht für die Charakterzüge, Sehnsüchte und Leidenschaften des Men-

Der Werwolf.
Holzschnitt von Lucas Cranach d. Ä., 16. Jh.

schen, der sich verwandelt oder verwandelt wird. Für die Frau des auvergnischen Aristokraten, deren Schicksal Colette Piat schildert und die offenbar unter schweren Depressionen leidet, dürfte die tierische Existenz nicht nur Ausdruck ihres verwilderten Gemüts sein, sondern auch größere Freiheit, Kraft und Ungebundenheit bedeuten.

Zu einem großen Teil ist die Vorstellung der Verwandlung in einen Wolf oder in ein anderes Tier durch die Verwendung bestimmter pharmakologischer Stimulanzmittel verursacht worden. Die „Werwölfe" des 15. und 16. Jh. sagten im Prozeß häufig aus, sie hätten Salben und Narkotika benutzt, um ihre Gestalt wechseln zu können. Zeitgenössische medizinische Werke berichten von einem Verfahren, durch Verabreichen bestimmter pflanzlicher Gifte wie Stechapfel und Tollkirsche Menschen zu suggerieren, sie seien Tiere. Es waren gerade die Hexensalben, die die Vorstellung, ein Tier zu sein, begünstigt haben; sie enthielten Substanzen, die ein starkes Hautkribbeln verusachten; das hierdurch bewirkte Gefühl des Entstehens von Haar- und Federkleid war sehr geeignet, die Suggestion der Tierverwandlung zu verstärken. Im Rahmen dieser Vorstellung wird das Tier auch zum Transportmittel, zum Reittier, das die Hexe durch die Luft zum Sabbat trägt.

Die Benutzung narkotisch wirkender Pflanzen zu Kultzwecken ist aus der vergleichenden Kultur- und Religionsgeschichte und der Völkerkunde bekannt. Die Riten des Hexensabbats erinnern in vielem an heidnische Fruchtbarkeitskulte, wobei auch an echte Frauengeheimbünde – vor allem in Rückzugsgebieten – zu denken ist. Die ältesten Spuren finden sich in den Magna Mater-Kulten des Mittelmeerraums; auch die römischen Bacchanalien, von denen der Historiker Livius berichtet, sind direkte Vorläufer der *Hexentänze.* Ursprünglich wohl vorderasiatische Frauendienste, drangen sie über Griechenland und Rom nach Norden vor, wo sie mit dort bestehenden Kulten verschmolzen. Das Gebaren der von Strabon geschilderten Dionysosverehrerinnen auf der Atlantikinsel ist tatsächlich mänadenhaft; der so barbarisch wirkende Opferritus durch Zerstückeln erinnert an die aus dem antiken Dionysosmythos bekannten Tod- und Wiedergeburtsriten. Im alpenländischen Raum haben sich diese Vorstellungen in der Sage von der „Haselhexe“ erhalten: ein Bauernknecht folgt einem Mädchen heimlich zum Hexenfest, wo er beobachtet, wie sie von den übrigen Hexen zerrissen und verzehrt wird. Anschließend wird sie durch Einsammeln aller Knochen wieder zum Leben erweckt – eine von dem Lauscher weggenommene Rippe durch ein Stück Haselholz ersetzt. Kannibalismus und Menschenopfer waren neben perversen Ritualen und orgiastischer Promiskuität auch in den Hexenprozessen oft erhobene Vorwürfe.

Die so phantastisch wirkenden Vorgänge beim Sabbat, von denen die zeitgenössischen Quellen berichten, stellen wahrscheinlich eine tendenziöse Verzerrung durchaus realer Vorgänge dar. Die englische Anthropologin *Margaret Murray* hat in ihrem 1921 erschienenen Buch „The Witch Cult in Western Europe“ als eine der ersten das Hexentum ernsthaft als religiöses Phänomen ins Auge gefaßt. Sie vertrat die Auffassung, das Hexenwesen sei eine organisierte, vorchristliche Religion, die durch das Christentum unterdrückt und dämonisiert worden sei; es handle sich dabei um eine durchaus eigenständige Religion mit besonderen Riten und Gemeinschaftsformen, die vor allem in Rückzugsgebieten neben der offiziellen Religion weiterhin praktiziert worden sei. Sie charakterisiert sie als einen Fruchtbarkeitskult, bei dem die Gottheit in Tiergestalt, meist als Bock, erschien. Zu den großen Kultfeiern in den Nächten vor dem 1. Mai – der deutschen Walpurgisnacht – und dem 1. November kamen die Teilnehmer an bestimmten Treffpunkten zusammen und vollzogen alle die Riten, die aus den Akten der Hexenprozesse bekannt sind: die Aufnahme von Neulingen, Blutunterschrift, Tätowierung und allerlei Fertilitätstänze und -riten, deren Höhepunkt die rituelle Vereinigung mit dem Gott bildete.

Bisher ist diese Theorie einer geschlossenen Geheimreligion und eines organisierten Hexenkults nicht bewiesen – doch dürften zumindest Relikte aus heidnischer Zeit im Untergrund überlebt haben: noch im 13. Jh. scheint man mancherorts in tierischer Vermummung Fruchtbarkeitstänze um die phallische Darstellung eines Gottes aufgeführt zu haben.

Ort und Zeit des Hexensabbats stehen jedenfalls in einer sehr alten religiösen Tradition. Die Nacht zum 1. Mai war die Zeit für Vegetationsriten; als vorchristliches Frühlingsfest ist dieser Termin wesentlich älter als die Heiligsprechung der Äbtissin Walpurga († 793), deren Name erst sekundär mit den später verteufelten Berggipfel-Riten aus älterer Epoche verknüpft worden ist. Die Bevorzugung von Bergeshöhen zu Kultzwecken geht weit in vorchristliche Zeit zurück. Im deutschsprachigen Raum gilt der Brocken, die höchste Erhebung des Harzes, volkstümlich auch „Blocksberg“ genannt, als klassischer Versammlungsort der Hexen. In der Geschichte des Hexenglaubens ist der Blocksberg weniger ein Eigen- als vielmehr ein geographisch nicht fixierter Gattungsname. Mit „Blocksberg“ bezeichnete man etwa seit dem 16. Jh. alle Orte, von denen man glaubte, daß dort nächtliche Hexenfeste stattfänden. Jede Landschaft hatte ihren eigenen Blocksberg: allein im deutschen Sprachraum sind rund 1100 Namen für Hexensabbat-Orte bekannt: etwa in Schwaben der Heuberg, im Breisgau der Kandel, in den Tiroler Alpen der Somrig, in Franken der Staffelberg. Kreuzwege, Richtstätten, Wald-, Moor- und Heidegebiete galten ebenfalls als Treffpunkte der Hexen.

Zum festen Bestandteil der christlichen Hexenvorstellung wurde der Sabbat erst im 16. Jh., zunächst in Südfrankreich, wo auch die Ketzerbewegungen zuerst einsetzten. Bereits frühchristliche Sekten sind häufig verdächtigt worden, bei ihren Zusammenkünften sexuelle Orgien zu veranstalten; in den mittelalterlichen Ketzerprozessen bildeten sie einen der Hauptanklagepunkte. Man warf den Angeklagten den Teufelskult oder die Schwarze Messe vor, eine orgiastische Feier, bei welcher der in Bocksgestalt erscheinende Teufel mit obszönen Riten und Pervertierungen der christlichen Liturgie verehrt wurde.

Der *Satanismus*, die Verehrung des widergöttlichen Prinzips, geht zurück auf die Annahme einer prinzipiellen Gleichrangigkeit von Gut und Böse, Gott und Teufel (Dualismus). Vor allem manche Riten und Gebräuche der Katharer, einer dualistischen Sekte des 12. Jh., gaben Anlaß zu Verleumdun-

Nadelprobe. Kupferstich von 1676.

„Ursel, Schulmeysterin zu Yardricht (Maastricht), jämmerlich gepeiniget, gepeitschet und darnach verbrent. Anno 1570". Kupferstich von Jan Luyken, 1685.

gen: das *consolamentum*, die Aufnahme in den Kreis der Auserwählten durch den Katharerbischof, wurde in den Inquisitionsverhören umgedeutet zur Teufelsanbetung; die „Geisttaufe" und der „Bruderkuß" werden zu der von Satan persönlich vorgenommenen feierlichen Initiation des Adepten und zum berüchtigten rituellen Kuß auf das Gesäß des alles ins Negative verkehrenden Anti-Gottes. Die Bocksgestalt, in der der Teufel auf vielen Sabbatdarstellungen erscheint, stellt ihn in die Nähe der antiken Götter Dionysos und Pan, die als Vegetationsgottheiten in Gestalt des Ziegenbocks verehrt wurden. Da sowohl die Ketzer als auch die Hexen eines Pakts mit dem Teufel verdächtigt wurden, ließen sich alle Gerüchte leicht übertragen: analog zu den den Katharern angelasteten Verbrechen warf man nun auch den Hexen Sakramentenschändung und das Zelebrieren Schwarzer Messen vor.

Da die Inquisition in Südwesteuropa tatsächlich auf solche „Antikirchen" gestoßen war, konnte sich durchaus die Überzeugung herausbilden, das Hexenwesen sei eine reale, gefährliche Sekte mit einer christentumsfeindlichen Ideologie. Die im Vergleich zum strikt patriarchalischen Standpunkt der offiziellen Kirche relativ große Frauenfreundlichkeit ketzerischer Sekten, die sowohl ihrer Ideologie als auch ihrer Struktur nach eine grundsätzliche wie faktische Gleichheit von Mann und Frau vertraten und Frauen auch im Bereich der kultischen Tätigkeit (Predigt, Taufe, Absolution) entsprechend Zugang boten, hatte zur Folge, daß der Zustrom von Frauen zu den Häresien des 12.–14. Jh. recht groß war. Eine dominierende Rolle spielten Frauen auch im *Hexenkult*, der sogar eine „Königin des Sabbats" kennt. Nicht wenige Forscher sehen im Hexensabbat generell ein Ventil, weniger sexueller als vielmehr politisch-sozialer Natur, einen Ausdruck des Protestes gegen eine ungerechte Sozialordnung.

Hexenzusammenkunft auf dem Blocksberg. In der Mitte ist der Kuß des Bocks-Hinterteils durch die Hexe dargestellt, im Umkreis Reigentänze mit Dämonen und die Luftfahrt der Hexen.
Kupferstich zu „Blockes-Berges Verrichtung“ des J. Praetorius, 1668.

Weiterführende Literatur

Aus der Zeit der Verzweiflung. Zur Genese und Aktualität des Hexenbildes. Beiträge von *Gabriele Becker, Silvia Bovenschen, Helmut Brackert, Sigrid Brauner, Ines Brenner, Gisela Morgenthal, Klaus Schneller, Angelika Tümmler.* Frankfurt/M. 1977 (edition suhrkamp Bd. 840) *(Mit Materialienteil)*

Baroja, Julio Caro: Die Hexen und ihre Welt. Mit einer Einführung und einem ergänzenden Kapitel von Will-Erich Peuckert. Stuttgart 1967

Baschwitz, Kurt: Hexen und Hexenprozesse. Die Geschichte eines Massenwahns. München 1963 (Taschenbuchausgabe 1966 als dtv Bd. 365)

Biedermann, Hans: Handlexikon der magischen Künste von der Spätantike bis zum 19. Jahrhundert. Graz 1968 (Auch als Knaur-Taschenbuch Bd. 421)

Biedermann, Hans: Hexen. Auf den Spuren eines Phänomens. Traditionen, Mythen, Fakten. Graz 1974

Cavendish, Richard: Die schwarze Magie. Frankfurt/M. 1969

Deschner, Karlheinz: Das Kreuz mit der Kirche. Eine Sexualgeschichte des Christentums. Düsseldorf-Wien 1974 (Auch als Heyne-Taschenbuch Bd. 7032)

Diepgen, Paul: Frau und Frauenheilkunde in der Kultur des Mittelalters. Stuttgart 1963

Döbler, Hannsferdinand: Hexenwahn. Die Geschichte einer Verfolgung. München 1977 (Auch als Bastei-Lübbe-Taschenbuch Bd. 64035)

Donovan, Frank: Zauberglaube und Hexenkult. Ein historischer Abriß. München 1971 (Goldmann-Taschenbuch Bd. 11124)

Droß, Annemarie: Die erste Walpurgisnacht. Hexenverfolgung in Deutschland. Frankfurt/M. 1978 (Auch als Rowohlt-Taschenbuch Bd. 7427)

Duerr, Hans Peter: Traumzeit. Über die Grenze zwischen Wildnis und Zivilisation. Frankfurt/M. 1978

Ehrenreich, Barbara und Deidre English: Hexen, Hebammen und Krankenschwestern. München [3]1976
Eliade, Mircea: Das Okkulte und die moderne Welt. Zeitströmungen in der Sicht der Religionsgeschichte. Salzburg 1978
Endres, Franz Carl: Kulturgeschichte der Frau. Bern 1942
Engel, Fritz-Martin: Zauberpflanzen – Pflanzenzauber. Hannover 1978
Ernst, Cecile: Teufelaustreibungen. Die Praxis der katholischen Kirche im 16. und 17. Jahrhundert. Bern 1972
Favret-Saada, Jeanne: Die Wörter, der Zauber, der Tod. Der Hexenglaube im Hainland von Westfrankreich. Frankfurt/M. 1979 (edition suhrkamp Bd. 981)
Frischbier, H.: Hexenspruch und Zauberbann. Ein Beitrag zur Geschichte des Aberglaubens in der Provinz Preußen. Berlin 1870
Gardner, Gerald B.: Ursprung und Wirklichkeit der Hexen. Weilheim/Obb. 1965
Gifford, Edward S.: Liebeszauber. Stuttgart 1964 (Taschenbuchausgabe 1966 als GGT 1708)
Ginzburg, Carlo: Die Benandanti. Feldkulte und Hexenwesen im 16. und 17. Jahrhundert. Frankfurt/M. 1980
Göttner-Abendroth, Heide: Die Göttin und ihr Heros. Die matriarchalen Religionen in Mythos, Märchen und Dichtung. München 1980
Golowin, Sergius: Die weisen Frauen. Die Hexen und ihr Heilwissen. Basel 1982 (Auch als Goldmann-Taschenbuch Bd. 14004)
Gould Davis, Elizabeth: Am Anfang war die Frau. München [5]1983
Gubalke, Wolfgang: Die Hebamme im Wandel der Zeiten. Ein Beitrag zur Geschichte des Hebammenwesens. Hannover 1964
Haag, Herbert: Teufelsglaube. Mit Beiträgen von *Katharina Elliger, Bernhard Lang* und *Meinrad Limbeck.* Tübingen 1974
Haining, Peter: Hexen. Wahn und Wirklichkeit in Mittelalter und Gegenwart. Oldenburg und Hamburg 1977
Hammes, Manfred: Hexenwahn und Hexenprozesse. Frankfurt/M. 1977 (Fischer Taschenbuch Bd. 1818)
Hansen, Harold: Der Hexengarten. München 1980
Hansen, Joseph A.: Quellen und Untersuchungen zur Geschichte des Hexenwahns und der Hexenverfolgung im Mittelalter. Bonn 1901 (Nachdruck Hildesheim 1963)
Harless, Christian Friedrich: Die Verdienste der Frauen um Naturwissenschaft und Heilkunde. Göttingen 1830
Hauschild, Thomas/Heidi Staschen/Regina Troschke: Hexen. Katalog zur Ausstellung in Hamburg. Museum für Völkerkunde. 1979

Hays, Hoffman R.: Mythos Frau. Das gefährliche Geschlecht. Düsseldorf 1969 (Auch als Fischer Taschenbuch Bd. 3003)

Heiler, Friedrich: Die Frau in den Religionen der Menschheit. Berlin-New York 1977 (Theologische Bibliothek Töpelmann 33)

Die Hexen der Neuzeit. Studien zur Sozialgeschichte eines kulturellen Deutungsmusters, hrsg. v. *Claudia Honegger.* Frankfurt/M. 1978 (edition suhrkamp Bd. 743) *(Enthält eine umfangreiche Bibliographie zum Thema, die auch ältere Werke verzeichnet)*

Hexenprozesse. Deutsche und skandinavische Beiträge, hrsg. v. *Christian Degn, Hartmut Lehmann, Dagmar Unverhau.* Neumünster 1983 (Studien zur Volkskunde und Kulturgeschichte Schleswig-Holsteins Bd. 12)

Huxley, Aldous: Die Teufel von Loudun. München-Zürich ^{2}1978 (Auch dtv Bd. 10190)

Karger-Decker, Bernt: Gifte, Hexensalben, Liebestränke. Leipzig ^{2}1967

Keller, Werner: Was gestern noch als Wunder galt. Die Entdeckung geheimnisvoller Kräfte des Menschen. München-Zürich ^{3}1977 (Knaur Taschenbuch Bd. 436)

Kingston, Jeremy: Hexenzauber – Hexenwerk. Frankfurt/M.-Berlin-Wien 1978 (Ullstein Taschenbuch Bd. 3547)

Knaut, Horst: Das Testament des Bösen. Kulte, Morde, Schwarze Messen – Heimliches und Unheimliches aus dem Untergrund. Stuttgart ^{3}1979

Koch, Gottfried: Frauenfrage und Ketzertum im Mittelalter. Die Frauenbewegung im Rahmen des Katharismus und des Waldensertums und ihre sozialen Wurzeln (12.–14. Jahrhundert). Berlin 1962 (Forschungen zur mittelalterlichen Geschichte 9)

Kruse, Johann: Hexen unter uns? Magie und Zauberglauben in unserer Zeit. Hamburg 1951 (Nachdruck Leer 1978)

Kunze, Michael: Straße ins Feuer. Vom Leben und Sterben in der Zeit des Hexenwahns. München 1982 (Auch als Knaur-Taschenbuch Bd. 1189)

Leibbrand, Werner und *Annemarie Leibbrand-Wettley:* Vorläufige Revision des historischen Hexenbegriffes, in: Wahrheit und Verkündigung. Festschrift für Michael Schmaus I. München-Paderborn-Wien 1967, S. 819–850

Leithäuser, Joachim G.: Das neue Buch vom Aberglauben. Geschichte und Gegenwart. Berlin 1964

Leproux, Marc: Médecine, Magie et Sorcellerie. Paris 1954

Le Roy Ladurie, Emmanuel: Montaillou. Ein Dorf vor dem Inquisitor 1294 bis 1324. Frankfurt/M.-Berlin-Wien 1983 (Ullstein Taschenbuch Bd. 34114)

Lethbridge, T. C.: Witches. Investigating an ancient Religion. London 1962
Leubuscher, Rudolf: Über die Werwölfe und Tierverwandlungen im Mittelalter. Ein Beitrag zur Geschichte der Psychologie. Berlin 1850 (Nachdruck Allmendingen 1980)
Leuenberger, Hans: Zauberdrogen. Reisen ins Weltall der Seele. Stuttgart 1969 (Auch als Humboldt-Taschenbuch Bd. 140)
Luck, Georg: Hexen und Zauberei in der römischen Dichtung. Zürich 1962
Ludwig, Otto: Im Thüringer Kräutergarten. Von Heilkräutern, Hexen und Buckelapothekern. Gütersloh 1982
Magie und Wunder in der Heilkunde. Ein Tagungsbericht, hrsg. v. *Wilhelm Bitter.* Stuttgart 1959 (Auch als Kindler-Taschenbuch „Geist und Psyche" Bd. 2016)
Mandrou, Robert: Magistrats et Sorciers en France au XVIIe siècle. Une analyse de psychologie historique. Paris 1968
Mandrou, Robert: Possessions et sorcellerie du XVIIe siècle. Textes inédits. Paris 1979
Maple, Eric: Hexensabbat. Schwarze Kunst und Zauberei im Spiegel der Jahrtausende. Eltville/Rh. 1978
Marzell, Heinrich: Zauberpflanzen – Hexentränke. Brauchtum und Aberglaube. Stuttgart 1964 (Kosmos-Bibliothek Bd. 241)
Massenwahn in Geschichte und Gegenwart. Ein Tagungsbericht, hrsg. v. *Wilhelm Bitter.* Stuttgart 1965
Masters, Robert E. L.: Die teuflische Wollust. Sex und Satanismus. München 1968
Mayer, Anton: Erdmutter und Hexe. Eine Untersuchung zur Geschichte des Hexenglaubens und zur Vorgeschichte der Hexenprozesse. München und Freising 1936 (Historische Forschungen und Quellen 12)
Michelet, Jules: Die Hexe. Mit einem Vorwort von *Roland Barthes* und einem Essay von *Georges Bataille,* hrsg. v. *Traugott König.* München 1974
Muchembled, Robert: La Sorcière au Village (XVe–XVIIIe siècle). Paris 1979
Muchembled, Robert: Kultur des Volkes – Kultur der Eliten. Die Geschichte einer erfolgreichen Verdrängung. Stuttgart 1982
Murray, Margaret A.: The Witch-Cult in Western Europe. Oxford ^{4}1971
Murray, Margaret A.: The God of the Witches. Oxford ^{4}1973
Nette, Herbert: Jeanne d'Arc in Selbstzeugnissen und Bilddokumenten. Reinbek bei Hamburg 1977 (rowohlts monographien Bd. 253)

Pedrazzani, Jean-Michel: Geheime Zeichen – Magische Kräfte. Kastellaun 1976

Pernoud, Régine: Jeanne d'Arc. Paris 1981 (Que sais-je? Bd. 211)

Peters, Hermann: Der Arzt und die Heilkunst in alten Zeiten. Düsseldorf-Köln ²1976 (Fotomechanischer Nachdruck der Erstausgabe 1900)

Peuckert, Will-Erich: Geheimkulte. Heidelberg 1951

Peuckert, Will-Erich: und *Karl Heinrich Bertau:* Der Blocksberg, in: Zeitschrift für deutsche Philologie 75, 1956, S. 347–356

Peuckert, Will-Erich: Hexensalben, in: Medizinischer Monatsspiegel 8, August 1960, S. 169–174

Der Prozeß Jeanne d'Arc. Akten und Protokolle 1431–1456. Übersetzt und herausgegeben von *Ruth Schirmer-Imhoff.* München 1978 (dtv dokumente 2909)

Ranke-Graves, Robert von: Die weiße Göttin. Sprache des Mythos. Berlin 1981

Rudolph, Ebermut: Die geheimnisvollen Ärzte. Von Gesundbetern und Spruchheilern. Olten und Freiburg i. Br. 1977

Runeberg, Arne: Witches, Demons and Fertility Magic. Analysis of their significance and mutual relations in west-european folk religion. Helsingfors 1947

Schäfer, Herbert: Hexenmacht und Hexenjagd. Ein Beitrag zum Problem der kriminellen Folgen des Hexenaberglaubens der Gegenwart. Hamburg o. J.

Schöck, Inge: Hexenglaube in der Gegenwart. Empirische Untersuchungen in Südwestdeutschland. Tübingen 1978 (Untersuchungen des Ludwig-Uhland-Instituts der Universität Tübingen Bd. 45)

Schönfeld, Walther: Frauen in der abendländischen Heilkunde vom klassischen Altertum bis zum Ausgang des 19. Jahrhunderts. Stuttgart 1947

Schormann, Gerhard: Hexenprozesse in Deutschland. Göttingen 1981 (Kleine Vandenhoeck-Reihe Bd. 1470)

Seligmann, Kurt: Das Weltreich der Magie. 5000 Jahre Geheime Kunst. Wiesbaden o. J.

Shahar, Shulamith: Die Frau im Mittelalter. Königstein/Ts. 1981 (Auch als Fischer Taschenbuch Bd. 3475)

Soldan, Wilhelm Gottlieb/Heinrich Heppe: Geschichte der Hexenprozesse. 2 Bde., neu bearbeitet und herausgegeben von Max Bauer. München 1912 (Nachdruck Darmstadt 1972)

Spee, Friedrich von: Cautio Criminalis oder Rechtliches Bedenken wegen der Hexenprozesse. Aus dem Lateinischen übertragen und eingeleitet von *Joachim-Friedrich Ritter.* München 1982 (dtv bibliothek 6122). Zuerst Weimar 1939

Sprenger, Jacob/Heinrich Institoris: Der Hexenhammer. Zum ersten Mal ins Deutsche übertragen und eingeleitet von *J. W. R. Schmidt.* Darmstadt 1974 (Unveränderter reprografischer Nachdruck der 1. Auflage in 3 Teilen, Berlin 1906). Auch als dtv-Taschenbuch Bd. 6121

Volksmedizin. Probleme und Forschungsgeschichte, hrsg. v. *Elfriede Grabner.* Darmstadt 1967 (Wege der Forschung LXIII)

Von Werwölfen und anderen Tiermenschen. Dichtungen und Dokumente, hrsg. v. *Klaus Völker.* München 1972

The Witch Figure. Folklore essays by an group of scholars in England honouring the 75th birthday of Katherine M. Briggs, edited by *Venetia Newall.* London and Boston 1973

Wittmann, Alfred: Die Gestalt der Hexe in der deutschen Sage. Phil. Diss. Heidelberg 1933

Wolf, Joachim: Hexenwahn und Exorzismus. Ein Beitrag zur Kulturgeschichte. Krifteln/Ts. 1980 *(Mit umfangreichem Literaturverzeichnis)*

Wolf-Graaf, Anke: Die verborgene Geschichte der Frauenarbeit. Eine Bildchronik. Weinheim und Basel 1983

Wuttke, Adolf: Der deutsche Volksaberglaube der Gegenwart. Dritte Bearbeitung von *Elard Hugo Meyer.* Berlin 1900 (Nachdruck Leipzig 1970)

Zacharias, Gerhard: Satanskult und Schwarze Messe. Ein Beitrag zur Phänomenologie der Religion. Wiesbaden ²1970

tunritha

häxen haghetissen

zunrite

HEXE hekse wicca

xorguina

hexse hagazussa indivina

stregha malefica

sorciere

bruja

witch

lamia

maga

hägs